新实践美学丛书

张玉能 主编

Specialty
and
Aesthetic Sense

黄健云 著

『特殊』与美感
——新实践美学视域下的美感研究

人民出版社

总　序

张玉能

　　"新实践美学丛书"在"实践美学终结论"的叫喊声和"实践美学终而未结"的叹息声之中推出了。这表明实践美学并没有"终了"和"结束"，而是"终究""结出硕果"。这是实践美学走向"新"阶段的一个标志。

　　实践美学，作为中国特色的当代美学流派，生成于20世纪50—60年代的美学大讨论，并且在20世纪80—90年代成为中国当代美学的主潮。与此同时，后实践美学与实践美学的论争也拉开帷幕。正是在这场论争之中，实践美学发展到了新阶段。20世纪90年代，著名美学家蒋孔阳的《美学新论》，既总结了实践美学的成果，也开启了新实践美学的发展新路。蒋孔阳是新实践美学的奠基人。我，作为蒋孔阳的学生，既爱真理，也爱吾师，因为吾师走在真理的路上。我和我的学生和朋友们，也将继续行进在真理的路上。这是一条马克思主义美学中国化的道路，也是坚持马克思主义实践观点发展实践美学的康庄大道，是新实践美学不断开拓前进的探索之路。前不久朱立元主编了一套"实践存在论美学丛书"，已经展示了新实践美学的锦绣前程，现在我们又出版这一套"新实践美学丛书"。这一切都表明，我们是脚踏实地、认认真真、兢兢业业地在为建构中国特色当代美学而努力奋斗，这也是我们的新实践美学的实践。我们认为，只有潜下心来，认真研究，坚持真理，才是繁荣和发展中国当代美学的现实历程。

　　《新实践美学论》作为本丛书的第一本著作，第一次印刷不到三个月就重印了，这应该是一件非常令人鼓舞的事情。它不仅显示了实践美学的新的生命力，而且更昭示着新实践美学生生不息的力量。我们将在近年向学术界和读者朋友们推出新实践美学的研究系列新成果。它们都是年轻的教授、副教授、博士生们精心研究的结晶。

　　我们将不再与一些没有根底的人进行所谓"终结"或"终而未结"的无谓

争论,我们将不断地潜心研究实践美学的新发展,为建设中国特色的当代美学作出应有的贡献,为繁荣当前多元共存的美学和文艺学学术尽心尽力。希望那些没有根底的人也找到自己的根,拿出一点像样的自己的东西来,别老是鹦鹉学舌般地到处信口开河,宣布这个"终结",那个"终而未结",然而自己却没有立足之地,悬在西方人概念的半空之中。还是脚踏实地地建构一点事业为好。因此,我与我的学生和朋友们将义无反顾地为建构新实践美学而走自己的路。

本来学术上的争论和切磋是非常正常的事情,但是,对于那些只有哗众取宠之心却无实事求是之意的"无根者",我们将不再正视了,让这样一些人去鼓噪吧,我们还是明确方向,一步一个脚印地行进在我们自己的道路上。我们的成果将是我们努力的见证。我们也真诚地欢迎真正做学问的同行和朋友们批评指正,大家共同建设中国特色当代美学,在百家争鸣之中多元共存,携手前进。

是为序。

2009 年 7 月 6 日于武昌桂子山

目　录

新实践美学对美感研究的
新拓展(序)

张玉能

　　黄健云副教授的博士学位论文《"特殊"与美感——新实践美学视域下的美感研究》现在就要在人民出版社正式出版了。这是一件值得关注的事情,因为从实践美学和新实践美学的角度来研究美感经验的学术成果长期以来一直是比较少的,而且,黄健云的这部著作具有自己独特的见解——把实践过程之中美感的生成与人们对"特殊"的把握密切联系起来。这样,黄健云的这部著作的原创性和学术价值就显现出来了。正因为如此,在此著作出版之际,我欣然答应为其写一个序言。

　　众所周知,实践美学是以马克思主义实践唯物主义及其实践观点作为哲学基础的美学流派,它兴起于20世纪50—60年代的新中国"美学大讨论"之中,其代表人物主要是李泽厚;到了20世纪80—90年代,实践美学在蒋孔阳、刘纲纪、周来祥等美学家的推动下逐步成为中国当代美学的主导思潮。就在这样的形势下,随着改革开放的潮流,西方后现代主义思潮传入中国,引发了所谓"后实践美学"对实践美学的批判以及实践美学与后实践美学的论争。在后实践美学的推动下,实践美学发展到了新实践美学阶段。新实践美学的主要代表人物是朱立元及其实践存在论美学,邓晓芒及其情感本体论美学,张玉能及其实践本体论美学。新实践美学全面推进了实践美学的发展。黄健云副教授的《"特殊"与美感——新实践美学视域下的美感研究》就是在华中师范大学文学院攻读博士学位的论文的整理和完善。这部著作选择了实践美学研究相对比较少的美感问题进行深入研究和探讨,发现了美感与人类对"特殊"把握的深度关系,从而打开了美感研究的一个新局面。

　　黄健云的这部著作揭示了:按新实践美学的观点,美感表现为人的本质力量对象化或者自由显现之后主体对它的感受、体验、观照、欣赏和评价,以及由此在内心生活中所引起的满足感、快感、幸福感、和谐感和自由感。美感的特征表现为：生成的直觉性、过程的情感愉悦性、结果的情感陶醉性。这些应该是对美感本质的一种新的揭示，特别是凸显了美感的生成性、过程性、动态性，把原来实践美学美感论的静态客观性还原为动态客观性，把原来实践美学美感论的能动反映论还原为过程创造性，把原来实践美学美感论的情感本体性还原为实践情感性，无疑是对以李泽厚为代表的实践美学的美感论的进一步发展和深化，充分体现了新实践美学对实践美学的丰富和发展。

不仅如此，黄健云的著作还抓住了美感与人们把握"特殊"的关系，进行了原创性的探索。这部著作指出：从表面层次看，美感是源于审美主体对审美客体的"特殊"的体验和把握。所谓"特殊"，从哲学意义上说，"特殊"是指一个事物区别于其他事物的明显特征或标志。从美学意义上说，"特殊"首先是指不同的审美对象以具体特殊的形态存在——或者是动态的主观体验、生命的模式、感知、情绪、情感，或者是特殊的声音，或者是特殊的形状，或者是特殊的色彩，甚至是特殊的运动态势等，这些特殊的情绪、声、光、色、形或运动态势都能够以独特的形态唤起审美主体的审美体验。其次，"特殊"还指由人创造并能使人产生美感的一种能够直观感受到的事物的独特表现。"特殊"对美感的意义表现在两个方面：从对"欣赏型"的审美主体的美感产生的意义看，起着"震惊"的作用；从对"创造型"的审美主体的影响意义看，起着"引导"的作用。对"特殊"的重视，是西方美学的传统之一，古希腊罗马时期，视"形式"的"特殊"为美感之源；文艺复兴时期，视"规则"的"特殊"为美感之源；启蒙主义时期，视"理性"的"特殊"为美感之源；与启蒙主义同时兴起的英国经验主义，则视"经验"的"特殊"为美感之源；德国古典主义美学时期，视"先验理性"或"理念"的"特殊"为美感之源。因此，从"特殊"与美感的关系探讨其形态及其根源是有理论渊源和学理依据的。"特殊"向"美感"的转化需要三个条件：一是一般客体本身蕴涵着审美潜能；二是一般主体本身具有审美潜力；三是主体和客体之间要建构起审美关系。审美潜能的发挥、审美潜力的挖掘、审美关系的建构都离不开人的实践活动的开展和拓展。

这些论述，对于美感的生成、美感的特征、美感的历史发展、美感的转化条件等美感论的至关重要的问题都做了持之有故、言之成理、自圆其说的阐述和解释，使得美感问题在一定程度上得以学理化、科学化、系统化，应该说是一种具有原创性的研究成果。尽管这部著作还不是尽善尽美,还可以深化和丰富,但是已经开了一个非常好的头。我相信,黄健云一定会在学术道路上勤奋耕耘,硕果累累。

是为序。

牛年元宵节于桂子山上

导论 近百年来美感研究的历史回顾

第一节 西方近百年来的美学主潮

20世纪80年代,瓦迪斯瓦夫·塔塔尔卡维奇就说:"在过去的一百年间,大部分有关美与艺术的著作,都具有心理学的性格,它们的主题通常总是人类对于美和艺术的感应:也就是所谓的美感经验;美感经验的属性、元素和发展都被考察过;它所需要的心理态度,其性质也被探究过。它被认为是美学的主题;不仅这样,还被认为是美学仅有的主题,相比之下,其他的课题都显得有些虚幻、无稽。"①这个断语揭示出了这么一个事实:自近代以来,美学研究发生了很大的改变:第一,是研究方法的改变:从"自上而下"的哲学探讨到"自下而上"的实验分析——心理学成为美学研究中的主要方法。第二,是研究中心的改变:从追问"美"是什么到探究"美"为何发生——美感成为研究的中心。第三,是研究对象的改变:从研究"客体"之美到研究"主体"如何审美——审美主体(人)成为主要的研究对象。第四,研究内容的转变:从"客体"美的元素到"主体"对美之感应——美感的效应、美感的属性、元素和发展等。这个断语是基本符合西方现代美学转型的状况的。

那么,在这近百年中,西方的心理学美学是如何兴起和发展的呢? 这一方法真的揭示了美感的奥秘吗?

一、心理学美学兴起的背景

1. 哲学思想的影响

心理学美学的兴起首先与近代科学和哲学的发展密切相关。罗素说:"近代世界与先前各世纪的区别,几乎每一点都能归源于科学,科学在17世纪收到

---

① 〔波〕瓦迪斯瓦夫·塔塔尔卡维奇:《西方六大美学观念史》,刘文潭译,上海:上海译文出版社,2006年版,第318页。

了极其壮丽的成功。"①在近代,产生了几个科学巨人,即哥白尼、开普勒、伽利略和牛顿。哥白尼的"日心说"打破了传统的"地心说",从某种意义上讲,它对柏拉图以来的"形而上学"哲学思辨方式也起到了动摇的作用。开普勒发现的行星运动三定律、伽利略在动力学方面的成就以及牛顿发现的运动三定律,都对17世纪的哲学信念产生了重大的影响:第一,打破了自亚里士多德以来认为物体运动是靠神来推动的理念。第二,转变了传统关于人在宇宙间的地位的想法。"因为科学的辉煌胜利使人的自尊复活了。"②特别是西欧人的骄傲情绪更是与日俱增。对此,罗素评价说:"西欧人急速地富足起来,逐渐成为全世界的主子:他们征服了北美和南美,他们在非洲和印度的势力浩大;在中国,受尊敬,在日本,人惧怕。所有这种种再加上科学的辉煌胜利,无怪乎17世纪的人感觉自己并非在礼拜日还自称的可悲罪人,而是十足的好样人物。"③人良好的自我感觉在哲学上很快就有了反响。培根提出"知识就是力量",并在理论上明确反对形而上学的演绎法而强调建立在经验之上的归纳法。而被称为近代哲学始祖的笛卡儿更是一反柏拉图以来的传统,提出"我思故我在"这一全面颠覆形而上学哲学基础的命题,使西方哲学实现了从自然本体论(宇宙论)向认识论的转向。他的影响,正如罗素所言:"笛卡儿以后的哲学家大多注重认识论,其所以如此主要由于笛卡儿。'我思故我在'说得精神比物质确实,而(对我来讲)我的精神又比旁人的精神确实。因此,出自笛卡儿的一切哲学全有主观主义倾向,并且偏向把物质看成是唯有从我们对于精神的所知、通过推理才可以认识(倘若可认识)的东西。"④笛卡儿代表的大陆理性主义哲学从总体上看还是重视演绎法的,但他对"我思"的当下重视,表明其对个人主观精神的高度重视。笛卡儿之后英国经验主义美学的理论代表霍布斯、洛克、夏夫兹博里、哈奇生、休谟和博克等更是强调感性经验是一切知识的来源,实际上就是强调人在审美中的重要作用。同时,我们也看到,英国经验主义美学家对美的研究已经十分重视人的心理对美和美感的影响。被誉为英国经验美学的集大成者休谟就坚决反对美是对象属性的

---

① 〔英〕罗素:《西方哲学史》(下卷),何兆武、李约瑟译,北京:商务印书馆,2004年版,第43页。
② 〔英〕罗素:《西方哲学史》(下卷),何兆武、李约瑟译,北京:商务印书馆,2004年版,第58页。
③ 〔英〕罗素:《西方哲学史》(下卷),何兆武、李约瑟译,北京:商务印书馆,2004年版,第58—59页。
④ 〔英〕罗素:《西方哲学史》(下卷),何兆武、李约瑟译,北京:商务印书馆,2004年版,第87页。

形式主义美学观,在《论怀疑派》中,休谟举例说:

> 幽克立特曾经充分说明了圆的每一性质,但是不曾在任何命题里说到圆的美。理由是明显的,美并不是圆的一种性质。美不在圆周线的任何一部分上,这圆周线的部分和圆心的距离都是相等的。美只是圆形在人心上所产生的效果,这人心的特殊构造使它可感受这种情感。如果你要在这圆上去找美,无论是用感官还是用数学推理在这圆的一切属性上去找美,你都是白费气力。①

休谟的研究表明,经验主义哲学已经完全渗透在美学研究中了。而到了18世纪中叶,德国的鲍姆嘉登更是明确地提出美是研究"感性认识"的科学,再次密切了人和美的关系。之后,康德的"三大批判"(《纯粹理性批判》、《实践理性批判》和《判断力批判》)的发表,更是从哲学的高度审视人的认识何以可能的条件,实际上把认识论哲学推上了顶峰,也把对人重新认识的问题推上了顶峰。

总的来说,认识论哲学的转向和发展,为心理学美学的兴起准备了充分的理论支持。

2. 心理学研究的发展

但是,无论如何,哲学的探讨,只是给人一种方向性的引导,或者说,最多给人一种研究思路上的启发,单靠思辨的哲学远远不能解开美和美感之谜。正如托马斯·门罗所言:

> 从人们通常写的美学文章和大学讲授的美学课程看,美学是一门高度抽象……它不是根植于某些经过验证的和有组织的知识领域,而这些领域恰恰又是使许多抽象的学科变得有趣的因素。一个具有科学气质的人在阅读美学书籍时,往往因为其内容的模糊不清和缺乏系统而感到失望。而那些只对艺术感兴趣的人,又希望能通过阅读美学著作解决某些令人迷惑的艺术价值问题,然而,结果总是与愿望相反,在读完美学著作之后,总感到这些著作还远远没有接触到自己想要解决的问题,这些著作对于"美的含义"、"创作冲动"和"艺术在生活中的功能"等问题所进行的冗长而博学的讨论并没有使自己的思想变得更加清楚一些。②

门罗的评价是对的,无论是本体论美学,还是认识论美学,当它们不与具体

---

① 朱光潜:《西方美学史》(上卷),北京:人民文学出版社,1979年版,第226页。
② 〔美〕托马斯·门罗:《走向科学的美学》,石天曙译,北京:中国文艺联合出版公司,1984年版,第1—2页。

的审美实践相结合时,它们的研究过程就是抽象的,结论也是很难让人满意的。因此,在18世纪,心理学美学的兴起既是对形而上学的美学传统的反叛,也是对认识论美学的推进。

这种推进,主要得力于心理学的兴起和发展。德国著名的心理学家冯特于1879年在莱比锡建立了世界上第一个心理学实验室。而把心理学的研究方法引进美学研究领域的则是德国的费希纳。美国哈佛大学心理学教授波融(E. G. Boring)曾经说:"如果说是费希纳'发现'了心理物理学,那么,也正是他'发现'了实验美学。他关于黄金分割的论文是他在这个领域的第一篇论著,发表于1865年。"[1]他所说的"实验美学"实际上指的就是借助心理学的研究方法和成果研究美与美感的美学。从这一年开始,美学家开始了漫长的探索历程,心理学美学从此慢慢发展成为美学研究的主潮。从这一年开始到现在的一百多年间,主要的心理学美学有费希纳、屈尔佩、齐亨、华伦丁等的实验美学;立普斯、谷鲁斯、伏尔盖特、浮·龙李等移情说美学;萨利的快乐说美学;布洛的"心理距离"说美学;闵斯特堡的"孤立"说美学;弗洛伊德的精神分析美学;阿恩海姆的"格式塔"美学;马斯洛的"人本主义心理学"美学等。除了这些具有明显的心理学品格的美学之外,还有生命哲学美学、唯意志论美学、进化论美学、表现主义美学、生命直觉美学、存在主义美学、后现代精神分析美学等也具有心理学美学的特征。"心理学美学的一个重要特点是运用自然科学的手段,通过精确的量度、统计和实验,对美学中一系列重大问题作出回答。"[2]也就是说,在研究方法上,心理学美学试图借鉴自然科学研究中的实验方法,其目的是摆脱形而上学的哲学思辨,把研究的目光聚焦在主体自身,以期求得对美和美感的完满的解释。

二、心理学美学研究的核心

毫无疑问,美感(有的称为审美经验)自然成为心理学美学研究的核心。在对这个核心问题的研究过程中,"什么是美感"和"美感是怎样发生的"分别成为本体论美学和心理学美学研究的中心。前者以康德为最高峰,后者以实验美学、"移情说"美学、"快乐说"美学、"距离说"美学、"孤立说"美学、"精神分析说"美学、"格式塔"美学和"人本主义心理学"美学影响最大。

---

[1] E. G. Boring,*A History of Experimental Psychology*, New York, Apleton-Century-Crofts,1957 年版,第282页。

[2] 蒋孔阳、朱立元主编,张玉能、陆扬、张德兴等著:《西方美学通史》(第五卷),上海:上海文艺出版社,1999 年版,第91页。

　　心理学美学的不同流派在研究"美感是如何发生"的这个核心问题上却显示了不同的看法。

　　实验美学的理论代表有费希纳和屈尔佩。实验美学从方法上讲首先是颠覆了自柏拉图以来的"自上而下"(也就是从最一般的观念和概念出发下降到个别)地研究美的方法;开创了"从下而上"(就是从个别上升到一般)地研究美的方法。在前者,审美经验领域只被纳入或从属于一种由最高观点构造出来的观念的框架;在后者,则根据审美的事实和规则自下开始去建构整个美学。在前者,首要而又最高的职责涉及美、艺术、风格和概念,以及它们在一般概念体系中的地位,特别是它们同真和善的关系,而且总喜欢攀登上绝对、神、神的观念和创造活动,然后再从这个一般性的规则的高处下降到个别的美、一时一地的美这种世俗经验的领域,并以一般为标准去衡量一切个别;在后者,则从引起快和不快的经验出发,进而支撑那些应当在美学中占有位置的一切概念和规则,并在考虑快乐的一般规则时必须始终从属于"应该"的一般规则的条件下去寻找它们,逐渐使之一般化和进而达到一个尽可能是最一般的概念和规则的体系。实验美学最大的贡献不在于它所得出的个别美学结论,而在于为现代美学提供了一种新的方法,并开辟了一个新的研究方向,即注重审美经验的研究。费希纳常用的"选择法"、"制作法"、"常用物测量法",屈尔佩常用的"印象法"、"制作法"、"表现法"成为后来的心理学美学常用的方法。然而实验美学本身的局限性十分明显,因为它不可能解决诸如美的本质、艺术的本质等一些重大问题。心理学实验本身就受到许多主观和客观因素的干扰而影响了它的可靠性。屈尔佩自己也承认,由于联想的干扰,迄今还想不出精确的方法来检验审美鉴赏中的非直接性因素。

　　按"移情说"的理论代表立普斯的观点,审美欣赏实质上是一个移情的过程。审美活动中的移情现象由两个方面构成,一方面,审美主体把自己的情感、意志和思想投射到对象上去。另一方面,审美对象并不是事物本身,而只是事物的"空间意象"。如当我们在观赏道芮式石柱时,耸立上腾的并不是石柱本身,而是石柱所呈现给我们的"空间意象"。也就是说,石柱的线、面、形构成的"空间意象",不是包含在线、面、形中的物质堆。只有石柱的线、面、形构成的"空间意象"才是审美观照的对象。

　　上述两个方面的结合就形成了审美移情现象,这时,审美主体就获得了美感,对象就成为审美对象。通过审美移情而获得的美感本质上是一种"自我价值感"。立普斯指出:"审美的欣赏并非对于一个对象的欣赏,而是对于一个自我的欣赏。它是一种位于人自己身上的直接的价值感觉。"①所以在立普斯看来,审美移情的一个基本特征就是物我同一,这时,审美主体感到的愉快的对象与自我密不可分,是同一个自我。所以,审美欣赏的对象与其说是物体,不如说是自我,也就是说,"是对于自我的欣赏,这个自我就其受到审美的欣赏来说,却不是我自己而是客观的自我"。②也就是说,这个客观的自我是观照的自我,而不是日常生活中的自我。立普斯认为,一切审美欣赏都是对于一种具有伦理价值的东西的欣赏。在审美移情中获得的自我价值感是对主体自我价值的肯定,也是对美与善之间所具有的内在联系的肯定。

从立普斯的论述中可以看出,他所说的美感主要是发生在移情过程中主体的自我认同感。也就是说,美感的产生首先要以移情为前提;其次是美感是主体的自我认同感的发生;再次是美感是主体对对象所蕴涵的伦理价值感的认同。

对"移情说"作出了贡献的还有谷鲁斯的"内模仿"说、伏尔盖特的"象征移情"说和浮龙·李的"线形运动"说等。伏尔盖特认为移情作用是美感经验的基本特征。总的来说,"移情说"的共同特点是:第一,它们都是一种主观主义的美学理论,都把美看成是由主体思想情感所赋予对象的;第二,都把研究的重点转移到主体的心理功能、对客体的体验方面;第三,都把情感、想象等非理性因素提到首位,认为艺术创造、审美活动取决于审美态度和情感等;第四,都把审美活动的本质归结为超功利、非理性的主客体融合;第五,都采用一种内省的心理学方法研究美学问题。

"快乐说"的代表是萨利,他认为,美感具有情感性、观照性、社会性、扩散性和丰富性等特点。③他强调的观点实质上是从心理学的角度解释康德的观点。

布洛的"心理距离"说的核心是要求以不涉及利害关系的态度观赏和创造审美对象。他所说的距离是一种"心理距离"。布洛指出:"取得距离的办法,是使对象及其感染力同自我分开,使它同实用的需要和目的脱节。因此,只可能'观照'这个对象。"④布洛认为,距离是一种艺术的要素,是一种审美原理,也是

---

① 〔德〕立普斯:《论移情作用、内模仿和器官感觉》,转引自伍蠡甫主编:《现代西方文论选》,上海:上海译文出版社,1983年版,第4页。

② 〔德〕立普斯:《论移情作用、内模仿和器官感觉》,转引自伍蠡甫主编:《现代西方文论选》,上海:上海译文出版社,1983年版,第5页。

③ 参见蒋孔阳、朱立元主编,张玉能、陆扬、张德兴等著:《西方美学通史》(第五卷),上海:上海文艺出版社,1999年版,第711—713页。

④ 〔瑞士〕布洛:《作为艺术因素与审美原则的"心理距离"》,转引自章安琪编订:《缪灵珠美学译文集》(第四卷),北京:中国人民大学出版社,1998年版,第376页。

美感产生的必要条件。实际上,距离的产生有待于主体的主观努力。

"孤立说"美学的理论代表是闵斯特堡。他是通过把艺术与科学相比较来阐述他的"孤立"说的。他指出:"科学就是联系,而艺术作品则是孤立。并且孤立就是美,不管这是自然界赋予我们的,还是艺术家的想象赋予我们的。"①由此出发,他进一步把艺术创作的本质也归结为创造孤立。他认为我们直接经验到的世界有两个:"知识的世界"和"美的世界"。科学属于知识的世界,它要找到事物之间的本质联系;艺术则属于美的世界,要求事物孤立,以其本来的面目呈现给观赏者。他还认为美和美感与人的本能和欲望的区别在于其具有可分享性。闵斯特堡的观点表明,美感产生的前提是欣赏者要具有把对象"孤立"起来的能力,美感具有能与人分享的特征。这个看法,从某种意义上看,也是对康德美感理论的阐发。

弗洛伊德的精神分析学说则从深层心理的角度揭示了美和美感产生的原因。按他的说法,美是艺术家"性欲的升华"后的表现形式。艺术家的创作是一种"白日梦",通过这个"白日梦"把自己受压抑在深层的无意识以艺术的形式表现出来,而欣赏者也通过欣赏这种艺术形式获得一种替代性的满足,从而产生快感或美感。弗洛伊德学说,确实能对一些艺术家的创作行为及其作品进行似乎合理的解释,但是,他的学说,不能解释社会美和自然美的原因,也不能解释在欣赏这两种美的过程中所产生的美感。

阿恩海姆的"格式塔"美学则以"同形"说为理论基石解释美和美感的成因。所谓"同形"说,实际上是指生理历程与意识历程在结构的形式方面彼此完全等同。阿恩海姆关于"同形"说的理解主要集中在以下几个方面:第一,艺术品中存在的力的结构可以在大脑皮层中找到生理力的心理对应物。第二,外物的力的结构之所以与大脑皮层生理力结构一致,根本原因就在于它们都服从共同的组织规律,即格式塔心理学所推崇的图形律或完形趋向律。第三,艺术表现性的最终原因就在于艺术品的结构与人类的结构是同构的。第四,审美欣赏使艺术作品的力的结构与主体情感结构的一致性得到具体实现。② 在审美欣赏中,欣赏者的神经系统并没有把艺术品的主要样式原原本本地复制出来,而只是唤起一种与它的力的结构相同的力的式样,这就使得"观赏者处于一种激动的参与

---

① 〔德〕闵斯特堡:《艺术教育原理》,转引自伍蠡甫主编:《现代西方文论选》,上海:上海译文出版社,1983 年版,第 412 页。

② 参见蒋孔阳、朱立元主编,张玉能、陆扬、张德兴等著:《西方美学通史》(第五卷),上海:上海文艺出版社,1999 年版,第 715—716 页。

状态,而这种参与状态,才是真正的艺术经验"。① 审美快感就来源于审美对象
与大脑皮层在力的结构上的一致。"也就是说,组织良好的视觉形式在大脑视
觉投射区产生一个相应的平衡组织。这对形式会产生快感这样一种心理和审美
的事实补充了生理学上的解释。"②从阿恩海姆对美感产生的原因解释中可以看
出,格式塔心理学十分强调对象的"力"的结构和主体内在的"力"的结构存在的
客观性,这是进行艺术活动的前提,而它们之间的"同形"则可以使主体产生
快感。

马斯洛的"人本主义心理学"是从建立一种完美人格的角度来谈美学问题
的。在他的学说中,他认为人的需要从低级到高级分为七个层次的需要:生理需
要(食、性等),安全需要,归属和爱的需要,尊重的需要,认知需要,审美需要,自
我实现的需要。③ 人是一个具有多重需要的整体,其中的自我实现的需要是一
种超越性的需要。自我实现的一个重要内容便是创造美和欣赏美的活动。他指
出:"审美需要与意动、认识需要的重叠之大使我们不可能将它们截然分离。秩
序的需要,对称性的需要,闭合性的需要,行动完美的需要,规律性的需要,以及
结构的需要,可以统统归因于认知的需要,意动的需要或者审美的需要,甚至可
以归于神经过敏的需要。"④这里,马斯洛从人的心理冲动的角度揭示了人的审
美需要的最终根源。他的合理之处在于揭示了审美需要是人类发展过程中的一
种发展性需要(或称精神性需要),并把这种需要看成是促使人类不断完善人格
的内驱力,这对我们深入理解人的本质是有启发意义的。

除了上述几个典型的心理学美学流派外,现代美学的其他流派也在不同程
度上揭示了审美心理的问题,如前面提到的生命哲学美学、唯意志论美学、进化
论美学、表现主义美学、生命直觉美学、存在主义美学、后现代精神分析美学等,
它们的探索都极大地丰富了美和美感的理论。

三、心理学美学对美感研究的贡献及局限
以蒋孔阳先生为代表的新实践美学对心理学美学共同特点作出了精辟的概

---

① 〔美〕鲁道夫·阿恩海姆:《艺术与视知觉》,滕守尧、朱江源译,北京:中国社会科学出版
　　社,1984 年版,第 631 页。
② 〔美〕鲁道夫·阿恩海姆:《知觉抽象与艺术》,转引自刘纲纪:《美学述林》第 1 辑,武汉:武
　　汉大学出版社,1983 年版,第 331—332 页。
③ 参见孟昭兰主编:《普通心理学》,北京:北京大学出版社,1994 年版,第 370—371 页。
④ 〔美〕马斯洛:《动机与人格》,许金声等译,北京:华夏出版社,1987 年版,第 59 页。

括:第一,都采用费希纳提出的"自下而上"的研究方法,把研究的重点从传统美学的审美客体转向审美主体的心理功能和审美体验。第二,都强调了审美活动的非功利性。第三,一般都侧重于对审美活动作经验性的描述。第四,普遍都否定审美对象具有一种独立的美的性质,把美的本质归结为主体的主观心理状态与客体的具体特性之间的融合。①

这个概括实际上也概括了心理学美学对美感研究的贡献:第一,研究方法的改变,可以使人从更为直观的角度审视美感的真实情态。第二,研究中心的转移,可以使人对发生在自身上的情感的洞察更为真切。第三,对审美经验(或美感)本身作经验性的描述,有效地避免了形而上学的抽象论证。第四,重视主体在美和美感形成中的作用,既有效地摒弃了形而上学把美和美感神秘化的倾向,也有效地解释了美和美感的辩证关系——它们二者是相互依存,相互作用,相互促进的。

但是,心理学美学是否解决了美和美感的所有问题呢?这是一个值得探讨的问题。从实验美学采取的方法看,他们的实验比较强调实验的"客观性",这当然是科学研究所应该具备的一种态度。但是,美,特别是美感发生的特殊性、个体性和当下性都有意或无意地被忽略了。从研究者的角度看,似乎是想很"理性"地解释美感的本质,却因此忽略了美感的"非理性"的一面,这样,就使得心理学美学显示出其过于刻板的一面。对心理学美学的缺陷,早就有美学家指出,如维特根斯坦就明确反对心理学美学。他说:"人们常说,美学是心理学的一个分支,这个观点进一步发展就是:每一个事物——艺术的所有奥秘——通过心理学试验都将被理解——这是一个极其糊涂的观点。"②维特根斯坦认为,具有审美能力的个人在对具有审美特性的对象作出审美判断之后,必然会获得美感。在他看来,产生美感的主体条件除了具有审美能力之外,还需要特定的心境,他特别强调要有审美热情。这种看法与马克思所说的"忧心忡忡的、贫穷的人甚至对最美丽的景色都没有什么感觉"的观点有一致之处。因此,维特根斯坦的批评是比较正确的。苏联的列夫·谢苗诺维奇·维戈茨基也批评过实验美学,认为它有三大错误:(1)它是从审美快感和审美评价开始,忽视了过程本身。

---

① 参见蒋孔阳、朱立元主编,张玉能、陆扬、张德兴等著:《西方美学通史》(第五卷),上海:上海文艺出版社,1999年版,第702页。

② 〔奥〕维特根斯坦:《美学、心理学和宗教信仰讲演与对话集》,牛津:1966年版,第17页,转引自蒋孔阳、朱立元主编,朱立元、张德兴等著:《西方美学通史》(第六卷),上海:上海文艺出版社,1999年版,第361页。

（2）实验美学无法区别审美体验与一般体验，因此永远也不能进入美学，"因为它所提供的评价对象只是一些最简单的颜色、声音和线条等的组合，忘记了这些因素根本不能说明审美知觉本身"。（3）实验美学最大的错误是因为它把复杂的审美体验作为一些小小的审美快感总和而产生的。① 维戈茨基的批评虽然有些偏激，但确实指出了实验美学的一些不足。

心理学美学虽然力图为美学的发展开拓新的途径，但在客观上却仍然没有解开美和美感的全部奥秘，因此，后来者还必须另辟蹊径。

第二节　当代中国美感研究的勃兴

中国当代美学对美感问题的研究始于新中国成立后的 20 世纪 50 年代中期至 60 年代的第一次美学大讨论中，80 年代重新成为热点问题，实践美学在中国当代美感研究中占有特殊的地位。

一、20 世纪 50—60 年代：美感探索新视角——马克思主义美学理论的初步运用

在 20 世纪 50—60 年代的美学大讨论中，形成了主观派、客观派、主客观统一派、实践派这四个美学派别。当时的美和美感研究主要就体现在这几派相互论争的观点中。但它们的观点无论有如何的差异，都是源于对马克思主义美学理论的不同理解。它们都自称是正确地理解了马克思主义的理论内涵。从论争的过程和内容来看，它们引用最多的是马克思主义经典著作，包括《1844 年经济学哲学手稿》（马克思）、《德意志意识形态》（马克思、恩格斯）、《〈政治经济学批判〉导言》（马克思）、《关于费尔巴哈的提纲》（马克思）、《费尔巴哈和德国古典哲学的终结》（恩格斯）等。马克思主义理论蕴涵着以下几个与美感相关的美学命题。首先，从政治经济学的角度，马克思通过考察人与自然的关系，揭示了美感的物质前提和实践根源，认为美是第一性的，美感是第二性的，美感根源于美，美是人类社会实践的产物，美感也是实践的产物，并随着实践的变化而变化，发展而发展；其次，对于艺术，马克思认为，艺术作为美的最高表现形态，作为"生产的特殊方式"也要"受到生产的普遍规律的支配"。人类的物质生产决定精神生产，美感作为一种精神生产，也是由物质生产所决定的；再次，马克思从人与自

---

① 参见方汉文：《现代西方文艺心理学》，西安：陕西人民教育出版社，1999 年版，第 7 页。

然的关系入手,提出了"人化的自然"理论,指出人的五官感觉,包括美的感官和感觉,如"有音乐感的耳朵","能感受形式美的眼睛",都是"人化自然"的结果,是人类长期实践的产物;最后,马克思在论述美与美感的关系时提出的"只有音乐才能激起人的音乐感,对于没有音乐感的耳朵来说,最美的音乐也毫无意义"等观点,是当时美感研究的重要理论资源。

"主观派"的代表是吕荧和高尔太。他们都认为美是主观的,美感决定美。吕荧强调:"美是物在人的主观中的反映,是一种观念。"①他认为:"美的观念(即审美观),一如任何第二性现象的观念,它是第一性现象的反映,是由客观所决定的主观,在它里面,客观性和主观性是统一的。"②这里的"观念"就是马克思所说的:"观念的东西不外是移入人的头脑并在人的头脑中改造过的物质的东西而已。"③也就是恩格斯所说的"来自经验"的、"现实的反映"("一切观念都来自经验,都是现实的反映——正确的或歪曲的反映"④)。所以吕荧又说:"美是人的社会意识。它是社会存在的反映,第二性的现象。"⑤因此,他认为美的观念离不开人的生活:"我们认为:美是生活本身的产物,美的决定者,美的标准,就是生活。凡是合于人的生活概念的东西,能够丰富提高人的生活,增进人的幸福的东西,就是美的东西。美不是超现实的,超功利的,无所为而为的。美随历史和社会生活本身的变化和发展而变化发展,并且反作用于人的生活和意识。美不是超然的独立的存在,也不是物的属性。美和善一样,是社会的观念。"⑥吕荧的这一思想明显地来自马克思主义认识论,这是无须引证就明白的。

吕荧在论及美感的问题时说道:"辩证唯物论者不仅认为美的意识,美的观念具有社会的历史的内容,而且认为美的感觉,美感或快感也是如此。"⑦他还说道:"人是理性的动物,美感是人的感性认识,美的观念是人的理性认识。人对事物的美的认识的基础,就是人的社会生活。美的评价或判断的标准,就是人的生活实践。一切合乎人的生活的概念,对于人的生活有益,能够增进人的生活幸福的事物,人称之曰美。一切不合乎人的生活概念,对于人的生活有害,能够妨

---

① 吕荧:《美学书怀》,北京:作家出版社,1959 年版,第 5 页。
② 吕荧:《美学书怀》,北京:作家出版社,1959 年版,第 41 页。
③ 《马克思恩格斯选集》(第 2 卷),北京:人民出版社,1995 年版,第 112 页。
④ 《马克思恩格斯全集》(第 20 卷),北京:人民出版社,1971 年版,第 661 页。
⑤ 吕荧:《美学书怀》,北京:作家出版社,1959 年版,第 39 页。
⑥ 吕荧:《美学书怀》,北京:作家出版社,1959 年版,第 30 页。
⑦ 吕荧:《美学书怀》,北京:作家出版社,1959 年版,第 129 页。

害或破坏人的生活幸福的事物,人称之曰丑。"①

吕荧还对美感的起因做了界定:"美感——这种感觉,是外物作用于我们的感官引起的。眼耳口鼻的感官,人皆有之,这些感官的感觉也是人人相同的。因此悦目的美色,悦耳的美音,悦口的美味,悦鼻的美嗅,人人都感到一种快感(或美感),但是人的感觉所知道的只是物的形状、颜色、声音、味道、气味等,这些形色声味是美还是不美以及美到什么程度,这种美的意义如何,就要通过意识的判断。"②

吕荧对美和美感及其关系的论述表明,他的哲学基础是马克思主义的认识论——社会存在决定社会意识,社会意识对社会存在起反作用。因此,他关于美和美感的理解就有如下的特征:第一,社会生活是美的前提,也是美感的基础。第二,美感是一种与一般感觉不一样的快感,它的形成遵循感性认识—理性认识的规律,所以美感是具有理性成分的快感。第三,美和美感都包含着社会生活的内容,都会随着社会生活的变化而变化。第四,一方面美和美感的形成受制于生活,另一方面对社会生活是否美也起着"判断"作用。

高尔太在20世纪50年代的美学思想的哲学基础是马克思的"自然的人化",但他在阐释这个命题时却把人的感觉的对象化也看成"自然的人化",所以,他虽然从马克思出发,却与马克思不同,马克思强调的是通过实践使人的本质力量"对象化"于对象之中,从而使"自然人化"。高尔太在《论美》一文中指出:"美底本质,就是自然之人化。"③然而他同时认为"自然人化的过程不仅是一个实践的过程,而且是一个感觉的过程。在感觉过程中人化的对象是美的对象"。④

从感觉的对象化出发,高尔太认为,人们常有一种错觉,当他们觉得某事物、现象美时,这美本来是一种感觉,他们却把这感觉的内容派作物的属性,实际上是用主观代替客观,把主观当做客观。有鉴于此,他指出:

> 美与美感虽然体现在人物双方,但是绝不可能把它们割裂开来。美,只要人感受到它,它就存在,不被人感受到,它就不存在,要想超美感地去研究美,事实上完全不可能。超美感的美是不存在的,任何想要给美以一种客观

---

① 吕荧:《美学书怀》,北京:作家出版社,1959年版,第134页。
② 吕荧:《美学书怀》,北京:作家出版社,1959年版,第45页。
③ 高尔太:《论美》,兰州:甘肃人民出版社,1982年版,第8页。
④ 高尔太:《论美》,兰州:甘肃人民出版社,1982年版,第8页。

性的企图都是与科学相违背的。①

他认为：

> 事物之成为美的，是因为欣赏它的人心里产生了美感。所以，美和美感，实际上是一个东西。②

他还认为，客观对象本身（主要是指形式）只是美和美感产生的条件。他解释说：

> 美感本身是世界历史的产物，是一种人化了的自然。这种内在的自然的人化（我们把它称为主观条件）对应于外在的自然的人化（我们把它称为客观条件）。美感不可能凭空产生，它的产生有赖于对象形式的触发。对象形式作为客观条件是感觉内容的材料，美是美感用这些材料加工而成的创造物。③

总之，按高尔太的看法，美感决定了美，美感创造了美，美感点燃了美，这些不同的说法，都是一个意思：美即美感。

基于美即美感这一观点，高尔太认为，美的规律、美的标准都是主观的。那么，这种主观的标准或规律是什么呢？高尔太认为，是善与爱。

> 爱与善是审美心理的基础。美永远与爱、与人的理想关联着。黑夜的星、黑夜的灯、黑夜的荧光，在我们看来是美的，因为我们爱黑暗中的光明，因为它们装饰了温柔的夜。但是，当我们知道了那是对于狼的眼睛的错觉的时候，我们就不再爱它，同时，它也就因此消失了一切的美。同是一个现象，黑暗中幽微的亮光，从形式上、直觉上来说，它们是相同的，但是，人凭自己的主观爱憎，修改了它的美学意义。④

从高尔太的有关论述可以看出，高尔太的关于美感的思考，虽然是从马克思出发，却最终回到了康德。他的"自然的人化"的阐释，是对"人的本质力量"的内涵及其过程的过度张扬，他关于美和美感的标准既吸收了博克的思想，更是对康德的"美是无概念却有普遍性"的改造。他的思想，在那简单地以唯物主义和唯心主义作为评价好坏的标准的时代，很自然地成为众矢之的了。

客观派的代表蔡仪先生是最坚定的马克思主义美学家，他被认为是"20世

---

① 高尔太：《论美》，兰州：甘肃人民出版社，1982年版，第47页。
② 高尔太：《论美》，兰州：甘肃人民出版社，1982年版，第3页。
③ 高尔太：《论美》，兰州：甘肃人民出版社，1982年版，第22页。
④ 高尔太：《论美》，兰州：甘肃人民出版社，1982年版，第9页。

纪中国美学史上最早试图运用唯物主义建构新的美学体系的人"。① 他始终坚持认为美是事物本身的属性,美感是美的反映。蔡仪对美和美感分别做了界定:

> 我们认为美是客观的,不是主观的;美的事物之所以美,只在于这事物本身,不在于我们的意识作用。但是客观的美是可以为我们的意识所反映,是可以引起我们的美感的。而正确的美感根源正是在于客观事物的美。没有客观的美为根据而发生的美感是不正确的,是虚伪的,乃至是病态的。②

蔡仪首先指出美是一种客观存在,美感是美的反映。但是,并不是所有的客观事物都美,都能引起人的美感。那么,哪些客观事物才能实现呢?蔡仪提出了"典型说":

> 我们认为美的东西就是典型的东西,就是个别之中显现着一般的东西;美的本质就是事物的典型性,就是个别之中显现着种类的一般。

> 总之美的事物就是典型的事物,就是种类的普遍性、必然性的显现者,在典型的事物之中更显著地表现着客观现实的本质、真理,因此我们说美是客观事物的本质、真理的一种形态,对原理原则那样抽象的东西来说,它是具体的。③

但是,蔡仪却无法有力地回答吕荧的质疑:"典型的恶霸,典型的帝国主义者,是不是也美?"④

主客观统一派的理论代表朱光潜先生是 20 世纪 50—60 年代美学大讨论中的绝对主角。在解放前,他受康德、立普斯、布洛、克罗齐的影响很深,认为美是"心"与"物"的统一。"美不仅在物,亦不仅在心,它在心与物的关系上面;但这种关系并不如康德和一般人所想象的,在物为刺激,在心为感受;它是心借物的形象来表现情趣。"⑤对美感,朱光潜先生认为是主体对"形象的直觉",在美感状态下,有如下几个表现:第一,"美感经验是一种聚精会神的观照"。第二,"要达到这种境界,我们须在观赏的对象和实际人生之中辟出一种适当的距离"。第三,"在聚精会神地观赏一个孤立绝缘的意象时,我们常由物我两忘走到物我同一,由物我同一走到物我交注,于无意之中以我的情趣移注于物,以物

---

① 戴阿宝、李世涛:《问题与立场——20 世纪中国美学论争辩》,北京:首都师范大学出版社,2006 年版,第 64 页。
② 蔡仪:《美学论著初编》(上),上海:上海文艺出版社,1982 年版,第 237 页。
③ 蔡仪:《吕荧对"新美学"美是典型之说是怎样批判的?》,《学术月刊》1957 年第 9 期。
④ 吕荧:《美学书怀》,北京:作家出版社,1959 年版,第 7 页。
⑤ 朱光潜:《文艺心理学》,北京:三联书店,2005 年版,第 140 页。

的姿态移注于我"。第四,"在美感经验中,我们常常模仿在想象中所见到的动作姿态,并且发出适应的运动,使知觉愈加明了,因此,筋肉及其他器官起特殊的生理变化"。第五,"形象并非固定的。同一事物对于千万人即现出千万种形象,物的意蕴深浅以观赏者的性分深浅为准"。① 以上表述说明,解放前朱光潜先生对美和美感确实是"主观唯心主义"的。在大讨论中,朱光潜首先发表《我的文艺思想的反动性》,试图用马克思主义来武装自己,彻底划清"唯心"和"唯物"的界限,把立场移到马克思主义一边来。讨论开始后,朱光潜先后发表《美学怎样才能既是唯物的又是辩证的》(载《人民日报》1956 年 12 月 25 日)和《论美是客观与主观的统一》(载《哲学研究》1957 年第 4 期)。前一篇文章提出了著名的"物甲"、"物乙"说,"物甲"是不依赖于人的主观意识而独立存在的自然物,"物乙"是"物的形象",是"'物'在既定的主观条件(如意识形态、情趣等)的影响下反映于人的意识的结果,所以只是一种知识形式"。② 在后一篇文章中,朱光潜明确提出美是主观和客观的统一:

> 美是既经过美感影响又经过美感察觉的一种特质,它可以在美感前(察觉的对象),也可以在美感后(影响的对象)。把美限于只在美感前或后的看法是个机械的看法。如果给"美"下一个定义,我们可以说,美是客观方面某些事物、性质和形状适合主观方面意识形态,可以交融在一起而成为一个完整形象的那种特质。③

从朱光潜先生当时发表的文章看,他需要重点解决的问题是"美"本身的问题,是试图通过对"美"本身的解决确立自己的"唯物主义者"的立场和身份,而对主观性质很浓的"美感"问题就自然被"悬置"起来了。

在美学大讨论中杀出的一匹黑马是被称为中国"实践美学"的创始人李泽厚。李泽厚当时提出的一个最基本的美学主张是"美的客观性和社会性是统一的"。这一主张来自于他自身对美学的研究和领悟,当然也来自于对朱光潜和蔡仪美学思想的批判。李泽厚本人认为自己的主张既不同于朱光潜,也不同于蔡仪。他与朱光潜的分歧在于:美是在心还是在物? 美是客观的还是主观的? 是美感决定美还是美决定美感? 从唯物主义的立场出发,对美的客观性的捍卫自然是他克服朱光潜的主观唯心主义美学思想的必然选择。他与蔡仪的分歧则

① 朱光潜:《文艺心理学》,北京:三联书店,2005 年版,第 64—65 页。
② 朱光潜:《美学怎样才能既是唯物的又是辩证的》,《人民日报》1956 年 12 月 25 日。
③ 朱光潜:《论美是客观与主观的统一》,《哲学研究》1957 年第 4 期。

在于:如何理解美的客观性? 因为蔡仪强调美的客观性,却否认美依存于人类社会这一根本性质,也就是说,否认美的客观的社会性。所以,强调美的社会性,强调美的客观性与美的社会性的统一,是他克服蔡仪的机械唯物主义的必然选择。该如何理解美的客观性和美的社会性的统一呢? 李泽厚指出:

> (美)不在心,就在物,不在物,就在心,美是主观的便不是客观的,是客观的便不是主观的,这里没有中间的路,这里不能有任何的妥协、动摇,或"折中调和",任何中间的路或动摇调和就必然导致唯心主义。必须承认,美具有不依赖于人类主观意识、情趣而独立存在的客观性质。美感和美的观念只是这一客观存在的反映、模写。美是第一性的,基元的,客观的;美感是第二性的,派生的,主观的。承认或否认美的不依存于人类主观意识条件的客观条件是唯物主义与主观唯心主义的分水岭。[①]

他还强调"美是不依赖于人类的主观美感而存在的,而美感却必须依赖于美的存在才能存在"。[②] 针对朱光潜先生的美感的"形象的直觉"这个特点,李泽厚提出了"美感的矛盾二重性"这个观点:

> 美感的矛盾二重性,简单说来,就是美感的个人心理的主观直觉性质和社会生活的客观功利性质,即主观直觉性和客观功利性。美感的这两种特性是互相对立矛盾着的,但它们又相互依存不可分割地形成为美感的统一体。前者是这个统一体的表现形式、外貌、现象,后者是这个统一体的存在实质、基础、内容。[③]

很明显,李泽厚是依据马克思关于物质第一性,意识第二性来给美、美的观念和美感定位的。他的观点在当时得到了普遍的欢迎。因为它似乎解决了这样几个问题:第一,确立了美是一种客观存在的唯物主义立场。第二,解决了美是第一性,美感是第二性的问题。第三,解决了美感直觉性的客观存在及其深层原因问题。但是,正如后来的学者所指出的那样,李泽厚的关于美、美感的思考存在着严重的逻辑问题。李志宏先生就批评说:

> 从字面意义上看,认为美先于美感的观点最符合辩证唯物主义认识论的。但如果采取这个观点,则需要说明先于美感而存在的美是个什么。偏偏这个问题极其难以回答,所有作此主张的理论从来也没有明确地说出美

---

① 李泽厚:《论美感、美和艺术》,《哲学研究》1956 年第 5 期。
② 李泽厚:《论美感、美和艺术》,《哲学研究》1956 年第 5 期。
③ 李泽厚:《论美感、美和艺术》,《哲学研究》1956 年第 5 期。

是什么,只能以辩证唯物主义认识论为一般原则,逻辑地作出结论:美应该先于美感而存在。没有美就不能有美感,正如没有事物就不能有反映一样。①

当代著名学者易中天先生也质疑李泽厚关于"美是客观性和社会性的统一"这个观点:

> 什么叫"客观性与社会性的统一"? 要么是主观与客观的统一,要么是自然与社会的统一,哪有什么"客观性与社会性的统一"? 客观性和社会性不是一个层面上的概念,你让它们如何统一? 这就好比说,某某是男孩与学生的统一,某某是女人与老师的统一,原来美就是男同学、女老师呀?②

这个质疑表明,李泽厚关于"美"的看法的确有问题,所以,他所说的美感是美的模写、美的反映自然就难以成立了。另外,李泽厚关于美感矛盾二重性中的"直觉与社会功利性的统一"也存在着类似的逻辑错误,直觉与推理相对,功利性和非功利性相对,它们也不是一个层面上的概念,李泽厚也随意地把它们组合在一起了。

从以上各派对美感的理解和解释中可以看出,20世纪50—60年代的美感研究具有以下特点:

第一,美感研究是作为"美本质"研究的一个部分,即是作为美本质研究的附庸的,因此,美感问题是在美和美感的关系中得以彰显的。

第二,美感研究的理论资源主要是马克思和恩格斯的著作,他们分别在各自的研究中建立了自己的美学、美感理论体系,从哲学的高度对马克思主义美感论中的辩证观点和历史观点、实践观点、认识论观点进行了理论阐发与运用,奠定和建构了马克思主义美感研究的基本思路和框架。

第三,由于历史所限,当时的美感研究主要是以认识论为哲学基础,论述就显得简单化和概念化,没有从根本上探讨到美感的本质和特征。

第四,从研究方法看,主要是一种哲学上的探讨,具有形而上的特点。

第五,从思维方式看,是简单的二元对立的思维。唯物和唯心,主观和客观,物质和意识,存在与反映,现象与本质都被看成是不可调和的对立面。

第六,单一的价值判断标准影响了对美和美感的进一步的探讨。在当时看来,"唯物"就是先进的、好的观点,"唯心"就是落后的、不好的观点,学术探讨中

---

① 李志宏:《当代中国美与美感关系研究的回顾与分析》,《社会科学战线》2003年第6期。

② 易中天:《破门而入谈美学》,上海:复旦大学出版社,2006年版,第48—49页。

的阶级斗争的气味非常浓厚。

二、20 世纪 80 年代:美感奥秘的深入挖掘——实践美学一枝独秀

20 世纪 80 年代,美学热再度在中国大陆出现,与 50—60 年代不同的是,实践美学成了当时占绝对话语权的美学流派。

实践美学的创始人李泽厚在 80 年代研究美和美感的理论基点是其提出的"人类学本体论哲学"或"主体性实践哲学"。他认为,"哲学研究(人类及个体)的命运,或者更准确一点说,哲学是对人的命运的关怀、思考和谈论。从机械化的理性桎梏和语言世界中逃脱,从一个破碎的解构废墟上重新站起,不正是人类学本体论或主体性实践哲学(两者异名而同实)所面临、关怀、思考和探究现代人的命运吗?"①这表明,李泽厚在 80 年代的研究视角已经发生了根本的改变,侧重从主体实践的角度来审视美学问题。那么,什么是"人类本体论哲学"或"主体性实践哲学"呢? 李泽厚在《批判哲学的批判》中解释道:

> 本书所讲的"人类的"、"人类学"、"人类学本体论",就完全不是西方的哲学人类学的那种离开具体的历史社会的或生物学的含义,恰恰相反,这里强调的正是作为社会实践的历史总体的人类发展的具体行程。它是超生物族类的社会存在。所谓"主体性",也是这个意思。人类主体既展现为物质现实的社会实践活动(物质生产活动是核心),这是主体性的客观方面即工艺—社会结构亦即社会存在方面,基础的方面。同时主体性也包括社会意识亦即文化心理结构的主观方面。从而这里讲的主体性心理结构也主要不是个体主观的意识、情感、欲望等,而恰恰首先是指作为人类集体的历史成果的精神文化、智力结构、伦理意识、审美享受。②

在《美学四讲》中,李泽厚将自己的美学理论概括为哲学美学、马克思主义美学和人类本体论美学,是很精到的学术定位。所谓人类本体论美学,即是李泽厚美学有一特定的主题——人类审美意识之发生。而这一问题的解决又被置于一更广泛的学术背景——人类学。甚至可以说,李泽厚是首先用心于人类学的主题,然后又在人类审美意识之发生这一美学的具体题目上验证其人类学哲学思维成果。于是,"自然的人化"、"内在自然的人化"、"积淀"、"新感性"等就成了其美学的关键词。

---

① 李泽厚:《美学三书》,天津:天津社会科学院出版社,2003 年版,第 419 页。
② 李泽厚:《美学三书》,天津:天津社会科学院出版社,2003 年版,第 419—420 页。

李泽厚认为，要正确认识人的认识，必须从人类社会最基本的活动——实践出发：

> 从哲学上说，这也就是，不是从语言（分析哲学），也不是从感觉（心理学），而是应从实践（人类学）出发研究人的认识。语言学、心理学应建立在人类学（社会实践的历史总体）的基础上，这才是马克思主义的能动反映论，也就是实践论。真正感性普遍性和语言普遍性只能建立在实践的普遍性之上。①

从李泽厚20世纪50—60年代的文章中可以看出，他是把美感看成美的反映、美的认识的，他在80年代对美感的研究仍然如此，但在研究思路上却超越了过去简单地从主观和客观的关系来考察，而是从主体的实践出发，所以，在80年代，他研究美感就有了新的突破。主要表现在：

第一，李泽厚把美和美感的产生置于审美人类学的宏大视阈下，这就从正面提出了人类审美意识起源问题，这是实践美学最大的学术贡献。历史从哪里开始，逻辑也当从哪里开始，人类审美意识之源当是美学原理中的最基础性的问题。科学美学理论体系之建构，美学理论模型之提出应当在扎实的人类学美学研究成果基础上进行，如此才算学有根底，如此才算坚持了历史唯物主义。

第二，李泽厚将整个审美意识（狭义的美感）产生的过程称为"新感性"的建立过程。所谓新感性，即不同于动物的自然的感性，即其中积淀群体理性社会内容的感性。他曾说：

> 要研究理性的东西怎样表现在感性中；社会的东西怎样表现在个体中；历史的东西怎么表现在心理中。后来我造了"积淀"这个词。"积淀"的意思，就是指把社会的、理性的、历史的东西累积沉淀为一种个体的、感性的、直观的东西，它是通过自然人化的过程来实现的。我称之为"新感性"，这就是我解释美感的基本途径。②

也就是说，个体的美感从本质上看是人类社会长期实践积累的结果。

第三，李泽厚把美感看成是一个实践的过程，它包括准备阶段、实现阶段和成果阶段三个动态发展的阶段。③在准备阶段中的审美态度和审美注意对美感的生成具有重要的意义。在实现阶段中，主体的感知、理解、想象和情感等因素

---

① 李泽厚：《美学三书》，天津：天津社会科学院出版社，2003年版，第420—421页。
② 李泽厚：《美感谈》，载《李泽厚哲学美学文选》，长沙：湖南人民出版社，1985年版，第386—387页。
③ 参见李泽厚：《美学三书》，天津：天津社会科学院出版社，2003年版，第458页。

对美感则具有"合力"的作用，它们共同影响着美感的生成和状态。在成果阶段中，审美主体进入一种愉快的精神享受状态，并对主体的审美能力（包括其趣味、观念、理解）有促进作用。这样的理解，就超越了机械唯物主义简单的反映论，主体在审美活动中的能动性得到彰显。

第四，他认为，美感是"内在自然的人化"①的必然结果。这个"人化"分为两个方面："感官的人化"②和"情欲的人化"③。前者指的是感性的功利性的消失，或者说是感性的非功利性的呈现，也就是说人的感性失去其非常狭窄的维持生存的功利性质，而成为一种社会性的东西。后者指的是在审美实践中主体对动物性的情欲或感性欲望的一种超越。这个看法，成功地综合了康德、席勒和马克思的观点，对美感的超功利性质及其实现的过程作出了精辟的解释。

第五，李泽厚依据美感发展的不同程度，把审美形态分为三种："悦耳悦目"、"悦心悦意"、"悦志悦神"。④"悦耳悦目"指的是人的耳目感到快乐，它是在生理基础上又超出生理的感官愉悦，它主要培育着人的感知。"悦心悦意"指的是通过耳目愉悦走向内在心灵。它是在理解、想象诸功能配置下培育人的情感心意。"悦志悦神"可分两层，"悦志"，"是对某种合目的性的道德理念的追求和满足，是对人的意志、毅力、志气的陶冶和培育"；所谓"悦神"，"则是投向本体存在的某种融合，是超道德而无限相同的精神享受"。⑤"悦志悦神"在道德的基础上达到某种超道德的人生感性境界。

纵观李泽厚20世纪80年代的美感研究，可以看出其基本思路：从其产生的背景看，必须依托于人类发展的宏大背景，这是讨论美感产生的前提；从其产生的过程看，美感是个体在审美实践中对群体"积淀"的突破，这个过程有准备、实现和结果三个阶段；从其状态看，先后经过感官享受、精神愉悦和道德陶冶等阶段。这个思路体现着李泽厚美感研究的学术特色和贡献。

当然，李泽厚的美感理论还存在着明显的缺陷，就是过于强调美感的理性、群体性的一面，忽略了美感的非理性、个体性的一面。这点，许多学者敏锐地感受到了，蒋孔阳、刘纲纪、周来祥、朱立元、张玉能等"新实践美学"的理论代表就在此基础上开始中国当代美感理论的新探索。

---

① 李泽厚：《美学三书》，天津：天津社会科学院出版社，2003年版，第468页。
② 李泽厚：《美学三书》，天津：天津社会科学院出版社，2003年版，第468页。
③ 李泽厚：《美学三书》，天津：天津社会科学院出版社，2003年版，第470页。
④ 参见李泽厚：《美学三书》，天津：天津社会科学院出版社，2003年版，第491页。
⑤ 李泽厚：《美学三书》，天津：天津社会科学院出版社，2003年版，第497页。

三、20 世纪 80—90 年代:美感奥秘的深度透视——审美心理学的理论贡献

受实践美学的影响,20 世纪 80 年代在中国兴起了普及大江南北的美学热。同时,西方各种美学思潮也随即被介绍到中国来。在西方现代美学思潮的影响下,人们对实践美学这种有着很强的意识形态色彩和哲学意味的美学渐感不满,因为它的很多结论都是无法证实,也无法证伪的,这势必引起人们借鉴西方科学美学的理论和方法继续求解美和美感的奥秘的热情。就是在这样的背景之下,在中国当代美学中就出现了一支热衷于从实验、实证角度探索美和美感的奥秘的队伍。他们在研究美和美感时或者借鉴心理学的研究成果,或者借鉴"老三论"(信息论、系统论和控制论)或"新三论"(耗散结构论、协同论和突变论)的思维方式。经过努力,也取得了比较丰硕的成果,发表了很多论文,也出版了很多论著。其中,较有代表性的著作有《审美谈》(王朝闻)、《文艺心理学论稿》(金开诚)、《审美心理的奥秘》(庄志民)、《创作心理研究》(鲁枢元)、《审美心理描述》(滕守尧)、《美感心理研究》(彭立勋)、《文艺心理学》(陆一帆)、《审美中介论》(劳承万)、《文艺心理学教程》(钱谷融、鲁枢元主编)、《从动物快感到人的美感》(刘骁纯)、《审美经验论》(彭立勋)、《喜剧心理学》(潘智彪)等。到了 90 年代,虽然"美学热"已经过去,但审美心理研究仍然方兴未艾,而且又出版了一批有新意、有深度、有特色的审美心理学或文艺心理学专著,如《艺术创作与审美心理》(童庆炳)、《文艺创造心理学》(刘烜)、《文艺欣赏心理学》(胡山林)、《走向创造的世界——艺术创造力的心理学探索》(周宪)、《审美心理学》(邱明正)、《现代心理美学》(童庆炳主编)、《新编文艺心理学》(周冠生主编)等。以上这些论著体现了中国美学界对审美心理的研究继续向具体化、多元化的方向发展,也促使中国美学研究的重点已逐步向美感、审美经验、审美心理方面转移。这些探讨的成绩主要表现在:

首先,从宏观上对美感或审美经验的性质、特征和心理结构做了进一步探讨,提供了新的认识框架。

彭立勋在《审美经验论》(1989)中强调要从整体上去认识和把握美感或审美经验的性质和特点,并尝试运用现代系统论的成果,提出了"审美心理的整体性"原则,认为审美心理的整体特性不是决定于组成它的个别要素或各个要素相加的总和,而是决定于各种构成要素互相联系、互相作用的特殊结构方式。审美认识各要素、审美认识和审美情感等均以特殊方式相联系。美感的直觉性、形

式感和愉悦性等现象特征,只有以审美认识和审美情感的特殊结构方式为依据,才能得到全面的、科学的阐明。

邱明正在《审美心理学》(1993)中对审美心理结构的建构、积淀和发展做了较为宏观的分析和论证,认为审美心理结构是人能动反映事物审美特性及其相互联系的内部知、意、情系统和各种心理形式有机组合的系统结构。它既是客体美结构系统和人自身审美实践内化的产物,又是主体在创造性的审美活动中能动创造的结果,是主客体双向运动、双向作用的结晶。一切客观存在的美只有经过同人的审美心理结构的相互作用,才能被人所感知和进行能动创造。

其次,从微观上对美感或审美经验产生的特殊心理机制和中介因素做了新的探索,形成了各有特色的学说。

滕守尧在《审美心理描述》(1985)中将审美经验的情感分为"知觉情感"和"审美快乐"两种,并对两者形成的心理机制做了新的描述。关于"知觉情感"(即情感表现性),作者主要是吸收了格式塔学派的"结构同形"说,同时又试图用社会实践理论去改造它,力求为"知觉情感"的阐释提供一个新的理论支点。关于"审美快乐",作者也认为"主要取决于心理结构与外部刺激物的不自觉的同形或同构"。它的产生有两个基本前提:一是主体的审美需要,二是类生命的审美对象的刺激作用。"每当主体克服重重干扰与类生命的审美对象本身的图式发生同构或契合时,内在紧张力便幻变出与审美对象同形的动态图式,有了确定的方向性和动态的奋求过程,愉快便随之产生。"①

彭立勋在《审美经验论》中提出审美经验或审美愉快的发生是以主体审美认识结构为中介的新观点。作者认为主体在审美实践和认识中通过形象思维而形成的形象观念或意象,是审美认识的基本形式。由形象观念发展所建构的美的观念,便形成主体的审美认识结构。从客体的美的对象的作用到主体的审美经验或审美愉快的发生,不是简单的、直接的反映或反应,而是要以主体已形成的审美认识结构——美的观念作为中介,如果客体的美的对象和主体的美的观念恰相适合,美感迅即产生。美感的直觉特点和愉快特点,通过美的观念的中介作用说,可以从心理发生机制上得到较合理的阐明。

劳承万的《审美中介论》(1986)认为在审美客体到审美主体美感生成、定型之间,存在着一个由审美感觉、审美知觉、审美表象构成的"审美中介系统"。这个审美中介是造成美感差异的根本原因,也是"美感之谜"之所在。作者将这

---

① 滕守尧:《审美心理描述》,北京:中国社会科学出版社,1985年版,第325页。

个审美中介系列称之为"审美感知—审美表象"结构,认为作为审美中介的审美表象是由感觉、知觉过渡到思维的中介环节。审美表象具有二重性,即直观性和概括性,蕴涵了艺术的形象思维的胚胎,是内同型和外同型的联合。审美表象一方面联系于审美主体的共通感,另一方面联系于客体的合目的性形式,所以,美感是直接和审美表象联系着。要揭开美感之谜,抓住审美表象是重要一环。

再次,结合艺术和审美实际,对审美心理构成要素和心理过程进行全面、具体的分析和描述,深化了对审美心理活动特点和规律的认识。

滕守尧在《审美心理描述》中对审美经验中的四种心理要素——感知、想象、情感、理解分别进行了具体分析,认为这四种要素以一定的比例结合起来并达到自由谐调的状态时,愉快的审美经验就产生了。同时,作者还将审美经验过程分为初始阶段、高潮阶段和效果延续阶段,并分别做了描述。

蒋培坤在《审美活动论纲》中对审美心理因素和过程提出了另一种看法。他认为把审美心理要素概括为"四要素"是片面的,因为人类的审美活动不仅是一种认识活动,而且是一种价值实践。在审美过程中作为心理功能发挥作用的,是两个系列的心理因素,一是由审美欲望、审美兴趣、审美情感、审美意志组成的价值心理要素;二是由审美感知、审美想象、审美理解等组成的认识心理要素。作者强调审美价值心理是人类审美的动因系统,是审美价值关系的心理表现,并认为在审美价值心理要素中,更需要注意的是意志在审美过程中的特殊作用,甚至可以把审美意志看做艺术和审美过程中人的主体性的集中表现。

邱明正在《审美心理学》中也认为审美心理过程包括认识过程、情感过程和意志过程,其心理内容和形式则有审美直觉、审美想象、审美理解、审美情感、审美意象、审美意志等,作者对上述各方面均有较详细的说明。

从上文我们可以看出,20世纪80—90年代的审美心理学研究表现出如下的重要特点。

第一,研究范围十分广泛,视野非常开阔。美学家、文艺理论家和心理学家等从不同角度、不同层面,对审美经验的性质和特征、审美心理的结构和过程、审美心理的各个要素及其相互关系、艺术创作和审美欣赏的心理过程和各种特殊心理现象、艺术家的创造力和个性心理特征、中西审美心理学思想中的基本理论和范畴等,都做了十分有益的探讨。过去的理论禁区一一被冲破,几乎所有与审美心理和审美经验有关的领域和问题都被涉及了。国外审美心理学的最新发展及其思想成果,都迅速在我国审美心理研究成果中反映出来。几十年的禁锢和封闭所导致的中国审美心理学与国外审美心理学发展之间的落差,似乎一下子都被弥补起来。

第二,研究深度不断深化,在一些重大理论问题上取得了突破性进展。纵观从 20 世纪 80 年代中期到 90 年代中期已出版和发表的审美心理研究成果,不仅涉及的问题越来越广泛,而且对问题的分析和阐释也越来越深化。在充分占有资料和进行创造性思维的基础上,一些重要理论问题的探索取得新的进展,从而使我国的审美心理学研究从整体上提高到一个新的水平。如关于审美心理结构和美感形成的中介因素问题,先后有各种新说问世,大大深化了对这一问题的认识。其中关于审美心理形成的特殊机制的探讨及各种学说的提出,对于揭示审美心理的内在奥秘,无疑是一个新的贡献。尤其是"自觉的表象运动"说、"审美表象"说、"审美意象"说、"形象观念"说、"情感逻辑"说等的提出,使审美心理发生的特殊机制问题获得了许多新的认识。在涉及美感形成的学说中,劳承万的"审美表象"说、彭立勋的"形象观念"说和孔建英、夏之放、皮朝纲等人提出的"审美意象"说有着特别重要的意义,他们在坚持辩证唯物主义的基础上提出美感的形成不是简单的反映与被反映的关系,而是经过复杂的中介环节。这样的思考,充分地体现了美感形成的"特殊"性。

第三,广采博纳,力图兼收古今中外各种理论之长,形成自己的见解和体系。如果说中国 20 世纪 20—30 年代出版的审美心理研究著作,主要还是从西方美学某一个或几个理论观点出发来建构自己的体系,那么在 80—90 年代出现的大批审美心理学著作,则摆脱了这种局限。许多著作虽然注意吸收当代西方心理学美学各种流派的学说,但又不只是把自己的立论局限于某一流派的某一学说的基础上,而是立足于审美和艺术的实践经验,借助各种观察和实验资料,兼收中西美学各种理论之长,加以融会贯通,拿来为我所用,以形成自己的见解和构建自己的体系。可以说,这是中国审美心理学建设逐渐走向成熟的一种表现。

第四,研究方法日趋多样化,跨学科研究进展迅速。在审美心理研究中,除了思辨的方法和逻辑的推理之外,各种经验的方法和实证的研究也都受到重视。虽然人们对于审美心理学和普通心理学的联系与区别还有不同看法,但许多审美心理学著作仍然引入了心理学常用的各种方法,并把它们同作品分析、创作经验分析以及作家艺术家传记分析结合起来。一些研究者把系统论、控制论、信息论的某些原则和方法运用于审美心理研究,取得了良好的效果。多数研究者认为审美心理研究应发展成为跨学科研究,并且进行了成功的实践。这一切都为审美心理学的发展注入了新的活力。①

和西方相比,中国的心理学美学的兴盛虽然是姗姗来迟了一百多年,但毕竟是来了,并且,与西方一样,是对于人自身重视的必然结果。因此,中国20世纪80—90年代的美感研究也可以说是在确立人的地位及人的主体性的基础上发生的"文艺复兴"运动,它的兴盛,标志着中国当代美感研究进入了一个新的纪元。但是,我们不可否认的一个事实是,中国20世纪80—90年代的审美心理学美学的研究有一个很大的缺陷,就是在研究方法上基本是对西方现代心理学美学的简单移植。并且由于缺乏充分的实验条件,有些材料只能是直接套用西方学者的研究成果,因此,这个时期的审美心理研究虽然繁荣一时,但对美感的认识还很难超越西方现代美学。

第三节　新实践美学对传统美感理论的超越

一、什么是"新实践美学"

从20世纪80年代中期起,一批接受了西方美学思潮影响的美学家开始以新的视角审视实践美学本身。特别是受分析美学的影响,许多美学家,包括李泽厚本人也觉得中国当代美学在发展过程中有一个很大的缺陷,其中一个问题是对一些关键的概念的使用相当混乱,对一些命题的表述方式也缺乏严密的逻辑推理。在审视实践美学本身的概念和命题时也发现了类似的问题,如关于"实践"、"审美"、"对象化"、"自由"等基本概念的内涵,关于"美的规律"、"自然的人化"、"人的本质力量对象化"等基本命题的理解,都存在着不同程度的误差。正是对这种误差的深入思考,导致了"新实践美学"的诞生。"新实践美学"被正式提出,是在"实践美学"和"后实践美学"开始学术论争后的2002年。② 这一

---

① 参见彭立勋:《20世纪中国审美心理学建设的回顾与展望》,《中国社会科学》1999年第6期。

② 据张玉能先生回忆,在1993年北京呼家楼宾馆举行的中华美学年会上,张玉能、杨春时、曹俊峰针对当时美学界相对沉寂和冷清的局面,相约要对当时已经成为中国当代美学主潮的实践美学进行一番检讨和审视。于是,《社会科学战线》1994年第1期就发表了杨春时的论文《超越实践美学,建立超越美学》。张玉能针对杨春时的观点很快就写成了《坚持实践观点,发展中国美学》这篇论文,发表在同年的《社会科学战线》第4期上。这样,实践美学与后实践美学的争论就正式开始了(参见张玉能:《新实践美学论·导言》,北京:人民出版社,2007年版,第2页)。

年,易中天先生在《学术月刊》第 1 期发表《走向"后实践美学",还是"新实践美学"——与杨春时先生商榷》,这是一篇针对杨春时质疑实践美学而写的论文。该文章指出,以李泽厚为代表的旧实践美学将作为一个被扬弃的环节退出历史舞台,但这并不代表以马克思实践观为基础的实践美学也应该被人所遗弃,相反,我们需要用"新实践美学"来代替"旧实践美学"。① 这篇论文的意义不仅在于让学界认识了"新实践美学"与"旧实践美学"和"后实践美学"的区别(易中天先生提出了"审美本质确证说",并将之看成是"新实践美学"区别于"旧实践美学"和"后实践美学"的关键之一②),而且使人更深刻地认识到建构"新实践美学"的迫切性和可能性。同年,邓晓芒也在《学术月刊》发表《什么是新实践美学——兼与杨春时先生商讨》指出:新实践美学既与李泽厚等的实践美学有别,又与杨春时等的后实践美学不同。新实践美学坚持"美是人对自身的确证","审美活动是人借助于人化对象与别人交流情感的活动"。③ 此后,章辉把张玉能先生对于实践美学的发展也称作"新实践美学","20 世纪末,实践美学的坚守者张玉能和朱立元变成实践美学的改造者,但张的新实践美学思路仍未解决实践美学难题,朱则与后实践美学观趋向一致,实践美学作为一个具有理论规定性的学术流派走向终结"。④ 经过与"后实践美学"的多次交锋,"新实践美学"的特色和优势渐显,它在美感研究方面也显示出了独特的贡献。

所以,从理论特性来看,新实践美学坚持从实践出发探求美,以实践哲学作为哲学基础,承认美是人的本质力量对象化,强调美和自由、创造、情感活动密切相关。据此,我们可以把蒋孔阳、刘纲纪、周来祥、张玉能、朱立元、邓晓芒、易中天、彭富春等看成是新实践美学的理论代表者。

二、"新实践美学""新"在何处

在"新实践美学"与"后实践美学"的论争中,朱立元、邓晓芒、易中天、彭富春、张玉能用力最多,创新也颇多。张玉能先生把"新实践美学"的创新点进行了总结和归纳:(1)对于实践概念,根据马克思、恩格斯原文作了重新界定,提出

---

① 参见易中天:《走向"后实践美学",还是"新实践美学"——与杨春时先生商榷》,《学术月刊》2002 年第 1 期。

② 参见易中天:《走向"后实践美学",还是"新实践美学"——与杨春时先生商榷》,《学术月刊》2002 年第 1 期。

③ 邓晓芒:《什么是新实践美学——兼与杨春时先生商讨》,《学术月刊》2002 年第 10 期。

④ 章辉:《实践美学:一段问题史》,《人文杂志》2004 年第 4 期。

实践是以物质生产为中心,包括物质生产、精神生产以及话语实践的感性的、现实的活动。(2)对于实践的结构、过程、类型、功能、双向对象化等与审美的关系做了新的阐释,对于实践美学的美和审美的本质进行了深入的开掘。(3)对于"美是人的本质力量的对象化"的命题作了新的阐发,把人的本质分为"人的需要即他的本性"(《德意志意识形态》)、"自由自觉的活动恰恰是人的类特性"(《1844年经济学哲学手稿》)、"人的本质,……在其现实性上是一切社会关系的总和"(《关于费尔巴哈的提纲》)三个层次,使得这个命题的内涵立体化、丰富化。(4)以实践的创造性自由为中心,建立了一个完整的实践美学范畴体系:美是实践的自由的形象显现的肯定价值,丑是实践的反自由的形象显现的否定价值,崇高是实践的准自由的形象显现的肯定价值,滑稽和幽默是实践的不自由的形象显现的否定价值和肯定价值,悲剧性是崇高的集中表现,喜剧性是滑稽和幽默的集中表现,优美是柔美,崇高是刚美。(5)提出了实践美学应该是人生论美学与审美人类学的统一。(6)提出了实践美学涵盖着生态美学,生态美学是实践美学的题中应有之义。(7)揭示实践美学与现代主义美学和后现代美学的同步发展。(8)以实践美学的基本原理回答了后现代美学的提问,比如关于美和审美的不确定性、差异性、超越性、普遍性、现代性等。(9)指明了实践美学的最终目的是培养自由全面发展的人,突出审美教育的重要性。(10)对于艺术的本质作了艺术生产论(艺术是一种生产形态)、艺术掌握论(艺术是人类世界的特殊方式)、艺术意识形态论(艺术是一种植根于社会生活的意识形态)的综合。(11)指明了游戏和巫术是艺术起源的中介,艺术起源于以劳动为中心的社会实践,而游戏和巫术是其中的主要中介。(12)论述了实践美学的价值论维度,从价值论的角度论述美和审美的价值性,以及美和审美与人的审美需要、人的本质、人的社会性的密切关系。①

这个归纳表明,新实践美学既超越了旧实践美学单纯地把实践看成是物质生产实践的局限,又有别于后实践美学把审美活动神秘化的倾向。就美和美感的研究而言,新实践美学始终坚持美和美感是在实践过程中产生的,它们和人追求自由、创造价值实践活动等密切相关,实践向美转化过程中有着复杂的中介环节,这些观点,显然是吸收了现代美学研究的最新成果。因此,新实践美学对美和美感的探索和研究代表着中国当代美学的研究方向。

---

① 参见张玉能:《新实践美学论》,北京:人民出版社,2007年版,第354页。

三、新实践美学对传统美感理论的超越

学界一般认为,蒋孔阳先生是新实践美学的奠基者,刘纲纪、周来祥、张玉能、朱立元、易中天、邓晓芒、彭富春等美学研究的思路与李泽厚也有很大的不同,他们都被视为新实践美学的理论代表。就美感研究方面而言,蒋孔阳、刘纲纪、周来祥和张玉能的最具代表性,所以,下面就重点介绍这几位美学家的美感理论是如何超越传统的。

1. 蒋孔阳的创造美感论

蒋孔阳的美感论是建立在其创造论美学的基础上的,具有鲜明的特色,主要表现在以下几个方面。

第一,他以审美关系为研究美和美感的逻辑起点,把美和美感的研究密切联系起来。他指出,"人间之所以有美,以及人们之所以能够欣赏美,就因为人与现实之间存在着审美关系。正因为这样,所以我们认为人对现实的审美关系,是美学研究的出发点"。[①] 也就是说,美和美感密不可分。他同时认为美和美感同时生成于审美实践活动中。这样的研究思路,就突破了反映论美学从静态角度分析美感生成的缺陷,有效地克服了美感研究中循环论证(美和美感孰先孰后)的矛盾。他说:

> 从哲学的认识论和思维的逻辑顺序来说,是先有存在后有思维,先有物质后有意识,先有美后有美感。但从生活和历史的实践来说,我们却很难确定先有那么一个形而上学的、与人的主体无关的美的存在,然后再由人去感受和欣赏它,再由美产生出美感来,我们只能说:美和美感都是人类社会实践的产物。在实践的过程中,它们像火与光一样,同时诞生,同时存在。[②]

因此,和旧实践美学比较起来,蒋孔阳不但承认美是实践的产物,而且强调美感是伴随着美而同时诞生的。这样,就逾越了反映论美学不能正确地解释美和美感孰先孰后的困境。

第二,蒋孔阳认为,"美的特点,就是恒新恒异的创造"。[③] 美感也是一种创造,美感的产生既表现在创造过程中,也体现在创造结果中。他说:

> 如果说,美是人的本质力量的对象化,是人的本质力量在客观对象上的

---

① 蒋孔阳:《美学新论》,北京:人民文学出版社,2006年版,第3页。
② 蒋孔阳:《美学新论》,北京:人民文学出版社,2006年版,第278页。
③ 蒋孔阳:《美学新论》,北京:人民文学出版社,2006年版,第149页。

自由显现,那么,美感则是这一本质力量得到对象化或者显现之后,我们对它的感受、体验、观照、欣赏和评价,以及由此而在内心生活中所引起的满足感、愉快感和幸福感,外物的形式符合了内心的结构之后所产生的和谐感,暂时摆脱了物质的束缚后精神上所得到的自由感。因此,美感的内容包括了满足感、愉快感、幸福感、和谐感和自由感,古今中外的美学家差不多都把它看成是人类精神生活中所达到的最高享受和最高境界。一方面,它随物婉转,随物滋生和消灭,是客观的美的反映;另一方面,它又受到心理结构和心理因素的影响。是一种内心的活动和精神上的一种状态,它离不开美,但范围要比美更丰富和复杂。这就好像光,虽然来源于火,但却不等于火,而且要比火更为丰富和广阔一样。①

也就是说,从创造过程看,美感体现为主体对客体的感受、体验、观照、欣赏和评价;从创造的结果看,美感表现为精神方面的满足感、愉快感、和谐感和自由感。这个看法,就有效地克服了旧实践美学单纯地把美感看成是静态的反映美的机械唯物主义观点。

第三,蒋孔阳认为,美具有客观性,美感却是主观的。

　　谁也不能因为自己没有到过卢浮宫或南镇,就否认卢浮宫或南镇以及它们的美的存在。因此,要否认美的客观性,是绝对不可能的。但是,美感却不同。美感是人的主观对于美的感受,我没有到过卢浮宫,我就感受不到卢浮宫的美。因此,卢浮宫的美,虽然客观存在,但对于我来说,却是不存在。这不存在的,只是对于卢浮宫的美感,而不是卢浮宫的美。不仅这样,而且即使到了卢浮宫,有的人能感受到它的美,有的人却感受不到它的美,或者人们所感受到的美不尽相同。这就是说,同样的审美对象,会产生出不同的美感来。因此,美感是主观的,完全属于人们内心的精神活动。②

这段话也颇有创新的意义,一方面承认美感与美密切相关,另一方面又承认美感的"在场"性和主观差异性,这是很辩证的观点。实际上既是对美的"历时"的社会性的肯定,也是对个体在美感形成中的作用的肯定,这也是对旧实践美学的超越。

第四,蒋孔阳认为,"美是多层累的突创。与此相应,美感也不是单纯的,而

---

① 蒋孔阳:《美学新论》,北京:人民文学出版社,2006年版,第277页。
② 蒋孔阳:《美学新论》,北京:人民文学出版社,2006年版,第278—279页。

是多种因素的因缘汇合。"①这种"汇合"的"因缘"包括审美能力、审美环境、审美心理和审美态度等。这个观点,正确地解释了美感产生的必要条件,特别强调了社会实践对人的审美能力、审美环境、审美心理和审美态度的深刻影响,实际上也就强调了美感产生的条件的复杂性。

第五,蒋孔阳认为,审美是人生的一个重要组成部分,而不是像有些美学家所说的那样是高不可及的活动,人生是一个创造的过程,也是一个欣赏的过程。他说:"人的生存,不仅活着,而且创造着;不仅创造着,而且欣赏着。正因为这样,人不仅有适应环境的快感,而且有着欣赏周围世界的美感。"②这句话,蕴涵着日常生活审美化的思想,也表明蒋孔阳是把审美和人生紧密结合在一起进行思考的。

以上几个方面,是蒋孔阳美感论的鲜明特色。除此之外,蒋孔阳还吸收了西方现代美学、心理学的研究成果,对美感形成的生理基础和心理基础做了非常深刻的分析。因此,他的美感论,是对西方美感论的创新性的发展,是对中国美学,乃至对世界美学的开创性贡献。

2. 刘纲纪的自由美感论

刘纲纪的美感论是以其提出的"美是自由的感性显现"为前提的。他说:"美是人的自由的表现(也就是人与自然、个体与社会的统一的表现),而人的自由不是精神活动的产物,不是主观幻想的产物,而是人在实践中掌握了必然,实际改造和支配了世界的产物。世界对于人之所以产生了美,就因为人和动物不同,他能有意识有目的地去改造世界,从客观世界取得自由。而这自由之所以引起他的一种被称为'美感'的愉快,又因为这自由是来之不易的,是他克服了各种困难的创造性活动的成果。"③(着重号为原文所加——引者)在这里,刘纲纪先生不但强调了美感和自由的关系,而且强调了自由不是精神活动的产物,不是主观幻想的产物,而是人在实践中掌握了必然,实际改造和支配了世界的产物。他还说:"所谓美感,不外就是人看到他内在的心灵自由通过社会的实践创造,在他的感性具体中得到了实现,从而产生出来的一种精神上的快感。"④这种精神上的快感,与生理快感相比,它"通体渗透着社会精神的意义了"。⑤ 与功利需

---

① 蒋孔阳:《美学新论》,北京:人民文学出版社,2006年版,第285页。
② 蒋孔阳:《美学新论》,北京:人民文学出版社,2006年版,第281页。
③ 刘纲纪:《美学与哲学》,武汉:武汉大学出版社,2006年版,第32页。
④ 刘纲纪:《美学与哲学》,武汉:武汉大学出版社,2006年版,第269页。
⑤ 刘纲纪:《美学与哲学》,武汉:武汉大学出版社,2006年版,第274页。

要的满足而生的快感相比,"美感不是仅仅来自由于利益的满足所引起的快感,而是来自这利益的满足或实现过程中所表现出来的人的创造的智慧、才能和力量,人如何战胜各种困难,从对客观必然性的征服支配中取得自由,等等"。① 也就是说,美感是含有功利性又超越功利性的。刘纲纪还把美感和科学认识活动以及道德评价活动进行了明确的区分,和科学认识活动比较,美感具有直观性,和道德评价活动比较,"美感不是对人的行为的冷静的、理智的分析和道德评价,而是从对人的生活直观中看到道德对个体的自由的实现的伟大意义和力量,从而产生一种有时可以说是震撼心灵的精神快感"。② 所以,刘纲纪的美感论的核心是自由,是人在实践中掌握了必然性规律之后的一种精神上的自由。这个看法,就明显地不同于后实践美学所提倡的脱离现实的虚幻的自由。

3. 周来祥的和谐美感论

周来祥先生的美感论是以其提出的"美是和谐"为前提的。他认为,美的和谐根源于人的和谐自由的完满本质,而人的自由完满的本质又根源于社会实践的普遍的自由自觉的本质,即主体和客体、人与自然、人与人、合目的性与合规律性的和谐统一是美的本质的最抽象最简单的规定。周来祥强调:"人的劳动实践,人的本质力量对象化,是美产生的根源和一般本质,和谐自由则是美的根本特征。美的特征也是美的本质的表现,和谐是主体和客体、人与自然、人与人、合目的性与合规律性的统一,这和谐的统一也就是自由。"③所以,美根源于自然人化,美的本质则在于和谐自由。关于美感,周来祥说:"美的本质在于对象对人的理智与意志和谐本质力量的肯定,美感的本质归根结底就是对人的本质力量的自由观照。"他还指出:"人们在这一观照中,看到了自己的生活、实践的肯定,看到了自己本质力量的实现,于是心旷神怡,喜悦愉快。"④从这些重要论述中可以看出,周来祥的美感论是以马克思的实践哲学和中国古代的"天人合一"为哲学基础的。在运用马克思的实践哲学中"自然人化"的观点分析美和美感的根源时,其落脚点无疑是中国古代哲学的"天人合一"的思想,换句话说,"天人合一"是周来祥融合中国美学与马克思主义美学的交接点。"天人合一"是中国古代哲学家所向往的一种理想生活状态,这种理想状态也是美感产生的理想情境。

① 刘纲纪:《美学与哲学》,武汉:武汉大学出版社,2006 年版,第 277 页。
② 刘纲纪:《美学与哲学》,武汉:武汉大学出版社,2006 年版,第 285 页。
③ 周来祥:《古代的美 近代的美 现代的美》,长春:东北师范大学出版社,1996 年版,第 48 页。
④ 周来祥:《论美是和谐》,贵阳:贵州人民出版社,1984 年版,第 312 页。

这种情境在美感中的作用,已经被现代心理学所证明。西方心理学家通过实验证明,人类的一生实质上是不断追求"平衡"(实际上是追求自身与外界的和谐)的过程,为什么呢?阿恩海姆指出:"对平衡所进行的最为普遍的解释是:艺术家之所以追求平衡,乃是因为平衡本身是人所需要的东西。那么,人究竟为什么需要平衡呢?回答是:'因为它能使人称心和愉快'。"①他还说:"在人类活动中,平衡只能部分地或暂时地获得。即使如此,一个不断地从事于追求和运动的人,总是要设法把构成他生命状态的那些相互冲突的力量组织起来,尽可能使它们达到一种最佳的平衡状态。在生活中,需要和义务,总是各持一端,互不相让,这就有必要将两者协调起来。因此,他必须不断地与他一起生活的人进行周旋和调解,以便使背离和摩擦减少到最小的程度。"②因此,周来祥先生把和谐看成是美感产生的条件实际上是把审美活动看成人生的重要追求和内容。

4. 张玉能的实践—自由创造—价值美感论

张玉能先生的美感论可以说是在融合蒋孔阳、刘纲纪、周来祥等实践美学大家的理论的基础上,吸收了价值论美学的观点,形成了具有鲜明的理论特色的美感理论。具体表现在以下几个方面。

第一,张玉能先生首先把美感的发生建基于实践之上,他说:

> 美和美感是在以物质生产为中心的社会实践中生成的。……从实践整体来看,美和美感是在人通过实践的自我生成过程之中逐渐生成的,它们同步生成于实践——创造的自由所生成的人对现实的审美关系之中。从实践的具体类型来看,物质生产是美和美感生成的最原初的基础,它使人脱离动物界成为人,并且开始了"按照美的规律建造",话语生产是美和美感生成的中介基础,它使人成为"符号的人"和"文化的人",从而构筑了"审美的家园";精神生产是美和美感的最终基础,它使人成为"意识形态的人",创造了文学艺术的"审美意识形态"。物质生产、话语生产、精神生产交互作用使得美和美感同步生成,相伴发展。③

实践的三种不同类型在美感产生的过程中分别承担不同的角色,它们分别

---

① 〔美〕鲁道夫·阿恩海姆:《艺术与视知觉》,滕守尧译,北京:中国社会科学出版社,1984年版,第35页。

② 〔美〕鲁道夫·阿恩海姆:《艺术与视知觉》,滕守尧译,北京:中国社会科学出版社,1984年版,第38页。

③ 张玉能:《论美和美感在实践中生成》,《三峡大学学报(人文社会科学版)》2006年第2期。

以不同的形式催化着美感的形成。这个细致的分析可以说是对实践美学的美感理论最大的贡献之一。

第二，张玉能先生认为美感是在自由创造性实践的基础上产生的。他认为，从发展程度上分，实践可以分为获取性实践、创造性实践、自由（创造）性实践。"自由创造性的实践，也可以叫做自由的实践，这是一种运用一切物种的尺度（规律）来进行的，超越了人的物种尺度和实用的、认知的、伦理的、巫术宗教的功利目的的，为某个社会群体所认同的社会实践。"①这种自由的实践不但改变了人和自然的关系，而且使人自身的本质力量得到"确证"，还能使人对自然的关系超越一般的实用关系、认知关系、伦理关系、巫术宗教等功利性关系，进而形成审美关系。"这种人对现实的审美关系，是把'形式与功能'两者之间的关系作为实践的重点的关系。它是人要求对象的外观形象能够满足人的审美需要，而对象的外观也能满足人的审美需要的特殊关系，它是超越直接功利目的的、主要与对象的外观形象所发生的、充满着情感的关系。这种审美关系体现在对象客体之上就是美，而这种关系体现在人这个主体之上就是美感。"②他还指出，自由的创造性实践是通过形成"审美意象"来产生美和美感的：

> 审美意象是在自由的创造实践中形成的一个内心形象或意中之象，它是由感知所得来的表象与情感反复相互作用，并经过联想和想象、情感和意志的反复作用而形成的，既具有高度的概括性和普遍性，又具有鲜明的独特性和新颖性的内心形象或意中之象。审美意象的形成，一方面是实践创造的自由的结果，另一方面又是产生美和审美的中介。一般说来，实践创造的自由过程是：现实的物象（原发过程→继发过程→审美升华过程）审美意象→艺术形象→审美愉悦。

> 总而言之，从认识论和心理学的角度来看，美和审美也是一个实践创造的自由实现的复杂的认识、情感和意志的完整过程，它的审美意象对象化为艺术形象就是美，它的审美意象引发了人们的情感体验就是审美。③

所以，自由创造性实践是美和美感的原初动力和源泉，而在自由创造性实践基础上形成的既具有高度的概括性和普遍性，又具有鲜明独特性和新颖性的内心形象或意中之象是美感生成的"特殊"中介或符号。张玉能先生在这个问题

---

①　张玉能：《新实践美学论》，北京：人民出版社，2007年版，第68页。
②　张玉能：《新实践美学论》，北京：人民出版社，2007年版，第68页。
③　张玉能：《新实践美学论》，北京：人民出版社，2007年版，第73页。

上的看法,也可以看成是对蒋孔阳先生对美和美感的生成理论的进一步强调。

第三,张玉能先生认为,美和美感与人类和人类社会的价值属性密不可分。他明确指出:"从价值论的角度来看,美和审美都是在实践创造的自由中生成出来的,与人的审美需要密切相关的价值性的东西,美是显现人类自由的肯定价值,审美则是对美的价值自由体验的感受,或者说是审美主体对客体外观形象的价值的自由创造。"①也就是说,美和美感都是因为审美关系中的客体对主体有价值才产生的。

通过对蒋孔阳、刘纲纪、周来祥和张玉能等新实践美学理论代表的美感理论的考察,可以看出,新实践美学家在美感研究中,一方面坚持实践美学的最基本的逻辑起点——从实践出发考察美感产生的根源,另一方面又超越了以李泽厚为代表的旧实践美学的缺陷。这种超越表现在以下几个方面:

第一,新实践美学不再把实践局限在物质生产实践的层面,而是还包括了精神生产实践及话语生产实践,它们分别在美和美感的产生中起不同的作用。

第二,新实践美学不再把美感看成是美的反映,也不把美感看成是对美的欣赏的结果,而是把美感看成是与美同时产生于审美过程中的一种体验或一种状态。

第三,新实践美学认为只有创造性的自由的实践才对美和美感的产生有积极的作用,这就克服了旧实践美学被人所诟的不足——只要是实践就能够产生美和美感。

第四,新实践美学认为在实践与美和美感的产生之间有一个中介,这个中介在蒋孔阳先生的理论中被称为具有"感性的形象性与直觉性"②特点的审美关系;在张玉能先生的理论中被称为"既具有高度的概括性和普遍性,又具有鲜明的独特性和新颖性"的审美意象。这个观点,是对旧实践美学把实践与美和美感看成是具有直接的因果关系的弊端的超越。

第五,新实践美学把实践—自由创造—价值三者看成是美和美感产生的三个不同维度,以有效地避免旧实践美学从单一维度考察美和美感之源的缺陷,因为这三个维度承认了从实践到美和美感的生成过程中人的本质和人的需要具有不可忽视的地位。

第六,新实践美学重视个体在审美活动中的自由感与和谐感,实际上就真正

① 张玉能:《新实践美学论》,北京:人民出版社,2007年版,第78页。
② 蒋孔阳:《美学新论》,北京:人民文学出版社,2006年版,第12页。

从人的"当下"体验的角度考察美感,这样的看法为解释美感何以具有差异性和变异性提供了科学的依据。

　　总而言之,新实践美学的美感理论是对传统的美感理论的继承和发展,是我们认识美和美感的奥秘的重要理论资源,也是我们深入研究美感的理论指南。

第一章 美感的特征

第一节 美感含义

一、美感概念的来源

现代意义的"美感",是被当成一个名词来理解的。实际上这个概念的产生经历了一个非常漫长的过程。人们对"美感"的内涵的认识,可以说是由于 18 世纪鲍姆嘉登的《美学》而逐渐明朗的。所以,我们对"美感"含义的考察也以鲍姆嘉登为分水岭。

波兰美学家瓦迪斯瓦夫·塔塔尔卡维奇对"美感"这个词进行了深入的考证,他认为:

> "美感的"(aesthetic)这个形容词,显然是源于希腊文。……在拉丁文中,它们的同一字是 sensatio 和 intellectus,sensitivus 和 intellectivus;而 sensitivus 有时则依照希腊文被称作 aestheticus。所有这些名词都被用在古代和中世纪的哲学里面;不过,只限于用在理论性的哲学里面;在做美、艺术以及与这些相关的经验讨论时,"美感的"这个名词还没有被用到,这种情势保持了极其长久的一段世间,甚至进入 18 世纪,整个情势还未改观。①

这是一种历史事实,我们在美学史中看到,即使是柏拉图、亚里士多德等人,他们对美感的认识也只是停留在描述的层面。如柏拉图就这样描述:

> 真正的快感来自所谓的美的颜色,美的形式,它们之中很有一大部分来自气味和声音,总之,它们来自这样一类事物:在缺乏这类事物时,我们并不感觉到缺乏,也不感到什么痛苦,但是它们的出现却使感官感到满足,引起快感,并不和痛感夹杂在一起。②

---

① 〔波〕瓦迪斯瓦夫·塔塔尔卡维奇:《西方六大美学观念史》,刘文潭译,上海:上海译文出版社,2006 年版,第 319 页。

② 〔古希腊〕柏拉图:《文艺对话录》,朱光潜译,北京:人民文学出版社,1963 年版,第 298 页。

亚里士多德也看到在欣赏艺术过程中欣赏者所出现的一些特殊情感,如艺术的摹仿能引起人的快感、不同的艺术产生不同的快感、悲剧和音乐都能使人的情感受到感染并得到"净化",等等。[①]

对这种情况,瓦迪斯瓦夫·塔塔尔卡维奇说:

> 教人深感惊奇的是:不只是柏拉图、亚里士多德、斯各特·厄里根纳和托马斯·阿奎那在没有名词的情况下讨论过这些感觉,即使18世纪非常前进、非常近代的英、法两国的美学家们的处境也是一样。相对于一个至少被讨论了两千年之久的现象而言,"美感的"经验真算得上是一个姗姗来迟的名称。[②]

这个分析是符合历史事实的。在18世纪,英国经验主义盛行时期,艺术活动的普遍流行(这当然得力于文艺复兴以来各种艺术形式的兴起和繁荣)促使哲学家、美学家更加关注在欣赏活动中所出现的这种特殊的感觉,但由于这种情感的不可捉摸性,使他们在解释时就出现了很大的差异。如休谟认为是主体的一种感受。在休谟看来,美有"直接感觉到的美"、"基于想象的美"和"艺术的美"(如浮吉尔的诗的美),这些对象的美都不在对象本身,而在于观赏者的心里。他说"美并不是事物本身里的一种性质。他只存在于观赏者的心里,每一个人心见出一种不同的美"。[③] 所以,休谟认为美感是主体的一种能力。与休谟同时代的另一个经验主义理论代表博克则认为美是对象的性质引起观赏者的一种愉快的感觉,这表明他是"反映论"的早期的代表。

与此同时,大陆理性派也注意到了在欣赏活动中所出现的这种特殊情感。但是,即使是很重视艺术作用的狄德罗,也没有对这种"神秘"的情感予以足够的重视来加以分析。狄德罗在《美之根源及性质的哲学研究》中,提出了"美在关系"说明确阐明了两个问题:第一,肯定了美的客观存在性,它不是人类主观臆想的产物。第二,这个客观存在的事物是与审美主体结成一定关系,并被审美主体观照到了的客观存在,美感就是审美主体对客观存在的美的主观反映。[④]

---

① 参见北京大学哲学系美学教研室编:《西方美学家论美和美感》,北京:商务印书馆,1980年版,第41—45页。

② 〔波〕瓦迪斯瓦夫·塔塔尔卡维奇:《西方六大美学观念史》,刘文潭译,上海:上海译文出版社,2006年版,第321页。

③ 北京大学哲学系美学教研室编:《西方美学家论美和美感》,北京:商务印书馆,1980年版,第108页。

④ 参见马奇主编:《西方美学史资料选编》(上卷),上海:上海人民出版社,1987年版,第635页。

　　上述材料起码说明以下几个问题:第一,美学这门学科的确在鲍姆嘉登之前没有受到足够的重视,它只是作为哲学的附庸。第二,虽然人们普遍感觉到在欣赏活动中的确有一种和普通感觉不同的感觉,但是,这是一种什么性质的情感,人们还是无法上升到理论的高度进行把握。第三,感觉和理解的差异性致使人们忽略了用普遍性的概念来把握这种特殊的感觉。第四,学科发展的不平衡。在鲍姆嘉登之前,哲学家更多的是热衷于对"知"的追寻或"意"的探索,因为"知"与"意"似乎与人的现实生活更密切一些,或者说人们更需要"知"来认识世界,需要"意"来改造世界,而对很难琢磨的"情"的世界就被忽略了。这种情况一直到鲍姆嘉登的出现才有了改变。

　　鲍姆嘉登针对当时哲学系统没有研究情感即"相当于'混乱的'感性认识"的科学,他在1735年发表的《关于诗与哲学默想录》中提出建立美学学科的建议,并第一次使用"美学"一词。[1] 他指出:"希腊哲学家和教父们已经仔细区分了'可感知的事物'(thing perceived)和可理解的事物(thing known),很显然,他们没有把'可理解的事物'与感觉到的事物等同起来,因为他们以此名称表示尊重远离感觉(从而远离意象)的事物。因此'可理解的事物'是通过高级认知能力作为逻辑学的对象去把握的;'可感知的事物'是通过低级的认知能力作为知觉的科学或'感性学'(美学)的对象来感知的。"[2]

　　在此,鲍姆嘉登主要从认识论出发,希望建立专门研究以人的"低级认知能力"为对象的科学,即美学。它可以划分为两个部分:理论美学和实践美学,前者"阐述和提供一般的规则",后者"研究在个别情况下如何运用的问题"。[3] 在1750年出版的《美学》第Ⅰ节中,鲍姆嘉登就美学是什么样的学科做了明确的回答:"美学作为自由艺术的理论、低级的认识论、美的思维的艺术和与理性类似的思维的艺术是感性认识的科学。"[4]他借助四个层次的规定,确立了美学与自由的艺术、人的感性认识的联系,指出了美学有自己的独特的思维体系并且这种思维不能离开理性,理性不仅可以启迪低级的认知能力[5],而且能够保证审美活

①　〔英〕阿什布鲁纳·霍尔特:《诗的哲学默想录·英译本导言》,王旭晓译,北京:文化艺术出版社,1987年版,第177页。著者说:"尽管'美学'一词现已通用,在其产生之前不久,却可以精确地指出第一次使用它的地方,即这儿介绍的著作的最后一页。"

②　〔德〕鲍姆嘉登:《美学》,王旭晓译,北京:文化艺术出版社,1987年版,第169页。

③　〔德〕鲍姆嘉登:《美学》,王旭晓译,北京:文化艺术出版社,1987年版,第17页。

④　〔德〕鲍姆嘉登:《美学》,王旭晓译,北京:文化艺术出版社,1987年版,第13页。

⑤　参见〔德〕鲍姆嘉登:《美学》,王旭晓译,北京:文化艺术出版社,1987年版,第25页。

动与认识的精确性保持适当的比例。① 这一界定不仅为美学创立了"专名",而且"各国的学者都沿用了。这是美学上第一个新纪元"。②

鲍姆嘉登关于设立"美学"学科的构想,的确具有划时代的意义。对这一意义,张玉能先生认为体现在两个方面:第一,为美学争到了合法存在的权利。在鲍姆嘉登命名美学之前,世上并没有一门美学,而美学的问题要么是在哲学范围之内,要么是在诗学、修辞学等艺术理论范畴内,要不然就是在伦理学范围之内进行着探索和研究,因此,鲍姆嘉登把美学定义为研究感性认识的科学,并用源于希腊文的 Aesthetica 称呼它,实际上是为美学争取到了合法存在的权利。第二,顺应并推动了美学研究从本体论研究向认识论研究的发展潮流。从古希腊直到 17 世纪以前,各位先哲们从本体论的角度研究世界,由于当时的科学技术水平、社会条件和人们的认识能力的限制,世界的本源问题依然是个斯芬克斯之谜,因此,不断引起人们的怀疑,最终使人们认识到了要了解世界的本源,就必须了解人本身的认识能力、认识过程等问题。鲍姆嘉登继承了笛卡儿、沃尔夫、莱布尼茨以来的怀疑精神,在认识论的范围内提出了建立美学的构想,这是顺应、推动潮流的重大贡献。③

另外,就美感研究而言,鲍姆嘉登的学说完善了"知"、"情"、"意"的研究体系,使长期得不到重视的情感领域得到重视,同时为人们深入研究美感提供了学理上的依据。

然而,鲍姆嘉登的贡献也只局限在规定了美学的研究对象问题而已,他虽然明确提出了"美是感性认识的完善",明确表明了他所说的和沃尔夫所说的"美在于一个事物的完善"和"美是借助于感官来认识到的完善"④有根本的不同,而是说美不在对象和事物之上,而是在感性认识本身。但是,由于他是在认识论的框架内来理解感性认识的,因此,他只注意到了感性认识和理性认识的不同,而还没有深入认识到感性认识中的各种不同感觉的区分,所以,对于美感研究来说,鲍姆嘉登还是徘徊在外的。

康德的出现,使美感研究真正得到了质的突破,他分别从质、量、关系、模态四个方面为美的本质下定义,实际上也是为美感的内涵作解释。美感愉悦的无功利性、无概念而具有普遍性、无目的而合目的性以及愉悦的普遍性等明显区别

---

① 参见〔德〕鲍姆嘉登:《美学》,王旭晓译,北京:文化艺术出版社,1987 年版,第 22 页。
② 吴世昌主编:《美学资料集》,郑州:河南人民出版社,1983 年版,第 10 页。
③ 参见张玉能:《西方美学思潮》,太原:山西教育出版社,2005 年版,第 197—198 页。
④ 张玉能:《西方美学思潮》,太原:山西教育出版社,2005 年版,第 200 页。

于其他感觉的特点得到了彰显。

二、美感概念的学界释义

学术界一般把美感分为广义的美感和狭义的美感。

首先看广义的美感。有学者认为"审美意识是广义的'美感',它包括审美意识活动中的各个方面和各种表现形态,如审美趣味、审美能力、审美观念、审美理想、审美感受等"。而"审美意识是周围客观存在的各种审美对象在人的头脑中的能动的反映"。① 也有学者认为"广义的美感,包括人的审美活动的全部内容,特别是包括感知、想象、思维及情感等实践活动的内容"。②

而狭义的美感,一般被看做是审美感受。有的认为狭义的美感"是指审美主体对于客观审美对象的审美感受"。③ 有的认为"专指审美感受,即指具有一定的美学观点的主体,在接受美的事物的刺激后,所引起的一种综合着感知、理解、想象和情感等的复杂心理现象。审美感受构成审美意识的核心部分"。④ 也有人认为狭义的美感"是指主体在审美活动中由对象引起的一种情绪状态"。⑤ 苏联 A. A. 别利亚耶夫等主编的《美学词典》中使用的"审美感",即"人对自己同现实的审美关系的直接情感感受,它可以使包括艺术创作在内的所有形式的审美活动固定下来,并作为积极的动力基础伴随着审美活动"。⑥ 但无论怎样的界定,大多是注重客观的美与主体的感觉形成的对应关系,把美感理解为"对美的感觉"或"因美而起的感觉",基本上还是建基于"刺激—反应"(S—R)的传统心理学研究而得出的结论。可无论是根据当代心理学科最新的认知理论、智力 pass 理论或是三元理论,还是当代艺术审美活动的现实状况,美感是接受"美的事物"刺激—反应论已经受到质疑。事实上,在当代艺术风格变化迅速而且趋向多样的时代,美感与客体本身是否美的必然性正在逐渐改变。因为不同的人对美的理解不同,美在不同的文化、时代也有不同的含义,并且不同的人有不同的审美标准,即使是不美的东西也能引起人的美感。

在当代著名美学家蒋孔阳先生的美学体系中,"美感"是一个极为重要的术

① 张玉能主编:《美学教程》,武汉:华中师范大学出版社,2002 年版,第 32—33 页。
② 吴世常、陈伟主编:《新编美学词典》,郑州:河南人民出版社,1987 年版,第 46 页。
③ 吴世常、陈伟主编:《新编美学词典》,郑州:河南人民出版社,1987 年版,第 46 页。
④ 张锡坤主编:《新编美学词典》,长春:吉林人民出版社,1987 年版,第 49 页。
⑤ 王向峰:《文艺美学词典》,沈阳:辽宁大学出版社,1987 年版,第 67 页。
⑥ 〔苏〕A. A. 别利亚耶夫等编:《美学词典》,北京:东方出版社,1993 年版,第 307 页。

语。蒋孔阳不仅用光与火的比喻阐释了美感与美的关系,为美学研究提供了新的思路。而且他在"美是人的本质力量的对象化"①这一界定的前提下,紧紧围绕着美、人的本质力量等诸方面界定美感为心理、精神的感觉,蒋孔阳先生是这样定义美感的:

> 如果说,美是人的本质力量的对象化,是人的本质力量在客观对象上的自由显现,那么,美感则是这一本质力量得到对象化或者自由显现之后,我们对它的感受、体验、观照、欣赏和评价,以及由此而在内心生活中所引起的满足感、愉快感和幸福感,外物的形式符合了内心的结构之后所产生的和谐感,暂时摆脱了物质的束缚之后精神上所得到的自由感。因此,美感的内容包括了满足感、愉快感、幸福感、和谐感和自由感。②

这个定义使美感不仅没有陷入孤立、静态的心理反应的研究窠臼,而且突出它是人的高级精神活动的体现。相比"审美经验"对美的本源性研究的忽视,侧重从具体的审美反应的生理、心理寻找原因,挖掘审美价值等,蒋孔阳先生更突出了"美感"与人的内在的关联性,并且在一定意义上把对人的强调放置于源远流长的历史脉络中。而对"愉悦感到和谐感、自由感"则是在此基础上向社会文化层面的延伸。因此,蒋孔阳先生的定义是目前学术界中最为合理的解释之一。

三、美感概念的当代转向

在当代美学研究中,随着语义—分析批评理论和苏联的价值论美学的传播,不仅美和美感的关系受到质疑,而且"美"和"美感"本身也受到质疑。在不断质疑的语境下,哲学家、美学家开始借鉴新的理论重新评估"美"和"美感"的价值,并试图以新的概念取代它们。"美感"一词在当代就有被"审美经验"取代的趋势,对这种趋势产生的原因及"美和美感"的"合法性"问题一度成为美学家共同关心的问题。

1. "美感"向"审美经验"转向的语境

"美感"向"审美经验"转向的趋势是随着日常生活审美化或审美日常生活化的实践和理论而日渐明显的。

日常生活审美化应该说是从费希纳的实验美学开始就有了这种审美诉求。在此之前,形而上学(本体论)美学热衷追求的是认识"美是什么?"认识论美学

---

① 蒋孔阳:《美学新论》,北京:人民文学出版社,2006 年版,第 177 页。
② 蒋孔阳:《美学新论》,北京:人民文学出版社,2006 年版,第 277 页。

热衷探讨的是"人如何能认识美?"这些追问,都是把审美活动当成是远离一般人的生活的,它只是属于哲学家、美学家的特权。费希纳的实验美学在美学中的地位正如鲍桑葵所说:"费希纳在积极的原则方面贡献不多,但是在方法和有形的阐释方面,却有一些贡献。如果要想使美学科学不至悬在空中,这后一方面的贡献是美学科学十分需要的。"①对鲍桑葵的贡献,张玉能先生具体明确为:"正是这种由'自上而下'的形而上学向'自下而上'的科学实证方法上的转换,一方面使得心理学美学逐步成为西方美学的一个分支乃至成为 20 世纪西方美学的主潮,另一方面使得美学研究日益关注生活世界中的各种现象。"②这个评价是很恰当的。

真正在理论上强调审美向日常生活转化的是 20 世纪 30 年代美国实用主义美学家杜威。杜威认为,艺术品的经验(即审美经验)与日常生活经验之间具有连续性。我们并非只在接触艺术品时才产生经验,在日常生活中,经验是无处不在的。任何能够抓住我们的注意力,使我们发生兴趣,给我们提供愉悦的事件与情景,都能使我们产生经验。所以,日常生活经验和审美经验是相互渗透、相互转化的。③ 到了 20 世纪 70 年代以后兴起的后现代美学及其"语言学转向"所表现出来的对日常生活世界的强烈关注,表明日常生活审美化已经成了不可忽视的思潮。列斐伏尔提出的"让日常生活成为哲学思考的对象"和"让日常生活变成一件艺术品",还有福柯提出的"快乐生存美学",德勒兹所阐发的"欲望美学",等等,都日益使得"回到生活世界"、"日常生活审美化"成为人们所关注的话题。对这种变化的现状,朱狄在《当代西方美学》中指出:"'审美经验'还是比'美感'科学一些,'美感'的内涵太狭窄,主要是指对美的事物的感受,而'审美经验'的内涵比较广泛,原则上可以包括一切具有审美价值事物的经验,不仅是美的对象,丑的对象也可以是审美的对象。"④日常生活审美化的一个很重要的现象就是大众文化的勃兴。在今天,欣赏艺术再也不像以前那样必须到博物馆、展览厅去,欣赏艺术再也不是社会的精英分子的专利,高雅艺术和通俗艺术的藩篱已经被拆除,在这种背景下,不但高雅的艺术能给人带来艺术的享受,能使人

① 〔英〕鲍桑葵:《美学史》,张今译,桂林:广西师范大学出版社,2001 年版,第 496 页。
② 张玉能:《日常生活审美化与美学的本根》,《青岛科技大学学报(社会科学版)》2005 年第 2 期。
③ 参见〔美〕杜威:《艺术即经验·中译本译者前言》,高建平译,北京:商务印书馆,2005 年版,第 7 页。
④ 朱狄:《当代西方美学》,北京:人民文学出版社,1984 年版,第 235 页。

产生美感,通俗的艺术,甚至一般的装饰和用具也能使人产生审美的体验,也就是说,日常生活审美化或审美日常生活化已经成为一种事实。所以,用涵盖面更宽的审美经验来取代美感似乎就成了一种必然的趋势了。

另外,在当代美学的研究中,许多学者利用"范式"①的理论对传统美学范式进行了批判,传统美学的研究方法受到不断的质疑。正如托马斯·门罗对传统的哲学美学批评那样,人们无法从抽象的哲学分析中得到满足,因此当代人对传统美学的研究方法必然产生不满,这种不满也加剧了"美感"向"审美经验"转向的步伐。

正是在这样的背景下,"审美经验"一词逐渐在当代西方美学中取代"美感"一词。这一情况从当代西方一些美学著作的名称中可以略知一二。比如耀斯的《审美经验论》、《审美经验与文学解释学》,杜夫海纳的《审美经验现象学》,阿诺德·博林特的《审美领域:审美经验的现象学》(*The Aesthetic Field:a Phenomenology of Aesthetic Experience*),米尔顿的《审美经验及其先决条件》(*Aesthetic Experience and Its Presuppositions*),科伊姆博利·科提斯的 *Our Sense or the Real Aesthetic Experience and Arendtian Politics* 等。而这一动向也影响到了中国美学学术界。如《美学大词典》在开篇《美学》中就把美学定名为"以审美经验为中心研究美和艺术的学科"。

2. "审美经验"的当代阐释

什么是审美经验呢? 美感真的没有存在的合法权利了吗? 这一系列的问题成了当代美学界思考的热点。

邱明正、朱立元主编的《美学小词典》对审美经验是这样解释的:"审美经验亦称'美感经验'。主体感受、体验、创造美的经验。""审美经验在人的生活实践、审美实践中产生,随着对象和实践的发展而发展,并由对象、实践检验这种经验的真实性、可靠性。""审美经验既是事物美的结构和实践结构内化的产物,又是主体的内省、概括的结果;既受一定社会历史条件的制约,又有个人的个性特

---

① "范式"(Paradigm)是托马斯·库恩在《科学革命的结构》中提出的与"常规科学"密切相关的术语,"暗暗规定了一个研究领域的合理问题和方法"。——参见〔美〕托马斯·库恩:《科学中的革命》,金吾伦、胡新和译,北京:北京大学出版社,2003 年版,第 219 页。"范式"这一概念在人类学者乔治·E. 马尔库斯等人那里,则"用它来表示由某一研究计划回答的一组业已确立的问题"。——参见〔美〕乔治·E. 马尔库斯、米开尔·M. J. 费彻尔:《作为文化批评的人类学—— 一个人文学科的实验时代》,王铭铭等译,北京:三联书店,1998 年版,第 230 页。

征。""审美经验是形成审美感受、体验、评价的主观条件,是审美能力、观念、情趣的内在成因和表现,直接制约着审美的感受、体验、联想、想象、判断、理解的灵敏度、深广度,影响着审美的选择和美的创造。"①

这个解释和传统的美感相比较,有几点创新的地方:第一,审美经验不是简单的刺激——反应的产物,而是存在于审美实践(包括欣赏和创造)过程中。第二,审美经验不但存在于专门的审美活动中,而且在日常的生活实践中也可能产生。这表明,审美经验和日常生活经验没有严格的界限。第三,审美经验的形成既受个人主观个性条件的制约,又受到事物美的结构和社会历史条件等外在因素的制约。

汉斯·罗伯特·耀斯对审美经验却做了这样的解释:

> 从宗教权威的观点看,审美经验总是而且必定被怀疑有一种难以驾驭的性质:只要它被用来使人们忆起超感觉的意义,它同时也引发美感的外观臻于完善,并产生于一种即刻得到满足的快感。②

耀斯还比较了审美经验和日常经验的不同:

> 审美经验与日常世界的其他活动的不同处在于它特有的暂时性:它使我们可以进行"再次观察",并通过这种发现来给我们的现实以满足的快乐;它把我们带进其他的想象世界,由此适时地突破了时间的樊篱;它预期未来的经验,由此揭示出可能的行动范围;它使人们能够认识过去被压抑的事情,由此使人们能保持奇妙的旁观者的角色距离,又与他们应该或希望成为的人物做游戏式认同;它使我们得以享受生活中可能无法获得或者难以享有的乐趣;它为幼稚的模仿以及在自由选择的竞赛中所采用的各种情景和角色提供了具有典型性的参照系。最后,在与角色和情境相脱离的情况下,审美经验还提供机会使我们认识到,一个人的自我实现是一种审美教育过程。③

耀斯的解释表明:第一,审美经验具有宗教体验般的神秘性质——难以驾驭性。第二,审美经验可以引起审美外观臻于完善,并产生即刻的满足感。第三,审美经验可以逾越规范,也可以引导人超越现实,进入理想。第四,审美经验是

---

① 邱明正、朱立元主编:《美学小词典》,上海:上海辞书出版社,2007年版,第64页。

② 〔德〕汉斯·罗伯特·耀斯:《审美经验与文学解释学》,顾建光等译,上海:上海世纪出版集团,2006年版,第2页。

③ 〔德〕汉斯·罗伯特·耀斯:《审美经验与文学解释学》,顾建光等译,上海:上海世纪出版集团,2006年版,第10页。

一种和日常生活经验完全不同的经验,它具有"净化"人的思想的作用。

无论如何理解日常生活经验和审美经验之间的关系都无法抹杀的一个客观事实是,在西方,"美感"一词正在理论中慢慢地淡出人们的视野,随之而来的"审美经验"正日渐成为审美活动理论的核心概念。

四、美感概念的当代活力

然而,也毕竟是一种趋势,也毕竟只能反映部分西方学者对这一问题的理解,并不必然具有在不同文化传统、国家、民族的适用性和合理性。这在中国现当代的美学研究领域表现得比较明显。在中国学界,审美经验与美感的差别并不是很大,差别主要在于强调感受还是心理活动。比如较早使用美感经验一词的朱光潜先生,他认为美感经验是指"我们在欣赏自然美或艺术美时的心理活动",强调的是当下性。而有的学者则认为审美经验是"审美活动的历史发展中逐步积累起来的美学知识和心理功能的总和。它具有时代的特点,并随着审美活动的历史而不断丰富发展。"①强调审美经验的历史性、累加性、时代性以及群体性。而有的学者认为审美经验"指经过感知、想象、情感、理解等多种心理功能共同活动而产生的审美愉快。它有多种名称,一般称为美感……也可以说审美经验是多次反复形成的美感体验"。② 在此,论者同样强调审美经验的累加性,并把它视为与美感有相同含义的定义。

从上述美学家对审美经验或美感的内涵的理解和概括中我们可以看到,虽然不同时期的美学家因为不同的哲学观念、学科基础研究美感时使用不同的术语,比如"快感"、"审美情感"、"美感经验"等,并会根据各自的理论框架有不同的描述、阐释,但大多数美学家都没有脱离开人面对"美的事物"、"美的行为"等的情感反应,没有脱离开人的审美意识、审美观念去探讨它的根源。蒋孔阳先生对美感的解释也充分表明了这一点。

所以说,不管"审美经验"是如何被美学家利用和阐释,实际上都没有超出"美感"这一术语的应有之义。因此,美感具有更为广阔的理论空间。

所以,美感这个概念仍然有其合法的存在权利:第一,它突出的是主体独特的一种感受,是主体在审美实践中的一种特殊的心理活动过程。第二,它突出的是精神愉悦发生的个体性和当下性,这为我们科学认识美感的差异性提供了更

---

① 张玉能主编:《美学教程》,武汉:华中师范大学出版社,2002年版,第68页。
② 彭克宏主编:《社会科学大词典》,北京:中国国际广播出版社,1989年版,第76页。

好的学理解释。第三,美感突出其对人的精神享受的价值,这也可以为解释人们为什么需要艺术活动提供理论的支持。第四,美感涵盖了审美经验的全部含义,而又比审美经验更突出其感性特征。

第二节 美感的特征

对美感特征的研究,我们可以从康德开始,但又必须超越康德。之所以从康德开始,是因为康德的学说综合了前人所有的观点;之所以要超越康德,是因为康德只是从静态的角度描述了美感,而忽略了美感是一个特殊的心理过程,是一种动态发展的过程。所以,如果我们把静态和动态结合起来考察,也许能够在一个立体维度内更清楚地看到美感的特征。

康德看到了美感主要的特征有:美感愉悦的无功利性、无概念而具有普遍性、无目的而合目的性以及愉悦的普遍性等。这个概括的确为我们认识美感的特征提供了很重要的理论资源,但他毕竟只是一种静态的描述。其实,美感的产生是一个过程,它经历了发生(形成)—发展(状态)—结果(影响)三个阶段,这三个阶段可能是瞬间完成,也可能持续较长的时间,但是,无论如何,从理论上讲都可以把它分为三个阶段进行考察,这样,更有利于分析其特征。以马克思主义理论为指导的实践美学历来强调在美学研究中要把历史唯物主义和辩证唯物主义结合起来,实际上也就强调了对美和美感的分析要注意动态的、历史发展的观察维度。新实践美学的理论代表张玉能先生更是明确地提出了从动态和静态两个维度把握美感的思路,他说:

> 美感从动态的角度讲,主要是人们观照审美对象而产生的心理活动如审美感受、审美体验、审美态度等;从静态的角度讲,主要是美感心理活动所产生的结果如审美经验、审美意识的理论形态等。①

这个提法表明:美感不但是一种形态,一种范畴,更是一种过程。所以,对美感的研究不但要注意其静态特征,还需要注意其动态特征。鉴于目前美感特征研究中已有很多静态方面的描述,本书只就其动态方面的特征进行分析。本书认为,从美感的形成看,美感具有直觉性;从美感形成后的状态看,美感具有精神愉悦性;从美感的结果看,美感具有陶醉性。

---

① 张玉能主编:《美学教程》,武汉:华中师范大学出版社,2002年版,第53页。

一、美感形成的直觉性

1. 美感直觉性的含义

直觉一词源于拉丁文"Intuitio",从语义学的角度上讲,它包括两层含义:一是感性的直觉,二是理性的直觉。从心理学上讲,直觉是大脑透过对事物内在本质的直接洞察、迅速理解和瞬间判断,它是理性认识成果直接作用于感受活动的结果。学界一般认为,审美直觉是艺术活动中经常出现的一种心理现象,指的是艺术家在创作中突然发现了对象的"美",并在瞬间就找到了表现的突破口;也指欣赏者在欣赏过程中产生的一种对审美客体的"美"的直观把握。近年来,随着心理学研究的深入,学界借鉴其研究成果,把审美直觉分为两种:一是感性直觉,二是理性直觉。"感性直觉一般与第一信号系统相联系,是事物外在的美丑等特性以其感性形式直接刺激人的视、听等感官,被大脑接纳后形成的直观、直感,个别地或综合地模写事物的形状、色彩、音响等外在的审美特性,一般只产生感性认识和集体情感或初级美感,以及生理的快适。这种感性直觉既有形象的直接性、具体性、生动性和丰富性,又有表面性、片面性、短暂性和模糊性。""理性直觉是在以往审美经验、理智活动、情感活动等心理积淀的基础上,在对特定事物或类似事物的审美特性有所认识的前提下,对事物的美丑迅速作出整体性审美反应的直觉。它虽然未经有意识的理智分析,表现为直觉的形式、外貌,但已经在动力定型、思维定式的作用下突破了时空的限制,包含了理智的情感的社会内容,并且和第二信号系统联系起来,是一种积淀、融合了理智和情感的理性化、情境化的直觉。"①这个分类及其对它们各自的特点的解释实际上阐明了直觉的根源、特点等。

2. 美感直觉性的原因

美感以直觉的方式产生,直接原因是伴随着审美关系的建立而形成的审美情境。审美情境是"由审美主体、审美客体以及外在的审美环境等因素协调于审美活动中,并使审美活动得以发生、审美交流得以实现的审美效应环境"。②也就是说,审美情境的构成涉及主体、客体以及其他影响审美活动的因素。在这里,我们想特别强调审美客体的特点对审美直觉的深刻影响。学界普遍认为审

---

① 邱明正、朱立元主编:《美学小词典》,上海:上海辞书出版社,2007 年版,第88—89 页。
② 李波:《审美情境与美感》,中国学术期刊网·硕博士论文库。

美客体是"被主体认识、欣赏、体验、评判、改造的具有审美特质的客观事物"。①
蒋孔阳先生指出："无论是欣赏自然美或艺术美,我们首先都是在直觉中为对象
的形象所征服。"并对科学研究和艺术欣赏进行了区分："科学研究,不仅从概念
入手,而且从一个概念到另一个概念;审美欣赏,则不是要从理智上的概念分析
入手,而是直接面对对象,在直觉中去捕捉和赏玩形象。正因为这样,所以审美
欣赏的心理特征,首先应当是形象的直觉性。"②蒋孔阳先生的话表明:第一,欣
赏活动首先面对的是客体的"形象",正是这个形象首先征服了欣赏者,使其得
到美感。第二,审美欣赏是和一般科学认识活动不同的活动,它不需要概念,而
是以直觉的方式来捕捉和赏玩形象。美感最初即起于对形象的直觉赏玩中。所
以,美感首先是主体对"形象"感受和体验而引起的。

　　依据马克思主义的实践美学理论,美感直觉的形成是人类审美实践长期积
淀的必然结果,具体来说,美感直觉的根本原因表现在以下三个方面。

　　第一,从社会实践的角度看,美感直觉是人类审美实践长期积淀的必然
结果。

　　马克思在《1844 年经济学哲学手稿》中指出:

　　　　社会的人的感觉不同于非社会的人的感觉。只是由于人的本质客观地
　　展开的丰富性,主体的、人的感性的丰富性,如有音乐感的耳朵、能感受形式
　　美的眼睛,总之,那些能成为人的享受的感觉,即确定自己是人的本质力量
　　的感觉,才一部分发展起来,另一部分产生出来。因为,不仅五官感觉,而且
　　连所谓精神感觉、实践感觉(意志、爱等),一句话,人的感觉、感觉的人性,
　　都是由于它的对象的存在,由于人化自然界,才产生出来的。

　　　　五官感觉的形成是迄今为止全部世界历史的产物。③

　　马克思深邃地洞察了人类的五官感觉与"全部世界历史"的内在联系。他
首先肯定了感觉来源于客观存在的相应对象,而不是主体凭空自生的,从而鲜明
地坚持了唯物主义的反映论。进而又揭示人的感觉来源于"人化了的自然界",
也就是人类实践改造过的自然界。并明确地提出五官感觉所包容的极为深广的
历史内涵——它是"以往全部世界历史的产物"。"社会人的感觉"是在人类社
会漫长的历史进程中逐步形成、发展和完善起来的。离开了人类的社会实践,人

　　① 邱明正、朱立元主编:《美学小词典》,上海:上海辞书出版社,2007 年版,第 68 页。
　　② 蒋孔阳:《美学新论》,北京:人民文学出版社,2006 年版,第 342 页。
　　③ 〔德〕马克思:《1844 年经济学哲学手稿》,北京:人民出版社,2000 年版,第 87 页。

的五官感觉的形成和发展便失去了根本的依托。

马克思还明确地指出"感觉在自己的实践中直接成为理论家"①这一著名的论断，一针见血地揭示了"直觉"的本质：人的"直觉"能力是主体"通过自己的实践"形成的能力，而不是"神灵的启示"或什么神秘的"天赋、天才"。人类"通过自己的实践"积累了丰富的经验。这经验经过理性思维的加工，又升华为带规律性的理论知识。这丰富的经验和深刻的理论积淀在人的潜意识中，形成一种类似电脑软件的"信息编码结构"。有了这种"编码结构"的人，其五官感觉也变得高度灵敏起来，其直觉能力也因此而形成了。艺术家的直觉能力，都是建立在"通过自己的实践"的不懈努力的坚实的基础上的。他们通过长期的艺术实践，在自己的大脑中建立了强有力的"信息编码结构"。这种"结构"，便是神秘的直觉和灵感产生的物质基础。十分明显，这种"结构"，主要是通过人自身的"后天努力"，通过实践逐步形成并随着"实践"的发展而日益发展和完善起来的。实际上，无论是对自然美、社会美或艺术美的直觉能力，都是人类的社会实践的产物，换句话说，人类对自然、社会或艺术的美的直觉感受力，是通过实践（最主要的是劳动）来获得的。

第二，从心理学的角度看，美感直觉是审美主体内心深处的"集体无意识"被某种情景"激活"的结果。

"集体无意识"是瑞士著名的精神病学家、分析心理学的创始者荣格所提出的一个重要概念。荣格认为，个体人格的发展并不完全取决于个人的成长经历，而个人所处的生活背景，如文化传统、国家、种族的历史等，同时也对个体的人格发展产生影响，那是整个民族经验的总和，在漫长的历史进化过程中逐步沉淀下来的部分。这些内容成为个体先验的无意识，这就是所谓的集体无意识。集体无意识的内容从来就没有出现在意识之中，因此也就从未为个人所获得过，他们的存在完全得自于遗传。② 集体无意识不是个别的，而是普遍的，它与个性行为相反，是一种超个性的心理基础，并且普遍地存在于每一个人身上。

集体无意识概念的提出，打破了个体意识与无意识来源于个人经验的传统看法，它意味着个体的心理发展历程并不是个体纯粹私有的经验，个体的心理过程严格地说只是整个民族心理进化历程中的一段。个体的心理过程不仅仅是他个人早期经历的结果，也是他的祖先的历史进化的结果。

---

① 〔德〕马克思：《1844 年经济学哲学手稿》，北京：人民出版社，2000 年版，第 86 页。
② 参见〔瑞士〕荣格：《荣格文集》，冯川译，北京：改革出版社，1997 年版，第 39 页。

　　荣格认为,集体无意识是由"原型"和本能构成的。"原型"指的是从原始时代就存在的关于世界的原始观念的形象符号。① 是一切心理活动的必不可少的先天要素。正如一个人的本能迫使他进入一种特定的生存模式一样,原型也迫使人的知觉与领悟进入某些特定范式。荣格认为,原型是一切心理反应的普遍形式。这些反应形式可以见之于神话、宗教、艺术、科学等文化领域。

　　荣格对集体无意识和个体无意识进行了区分,他认为,集体无意识的存在不取决于个人后天的生活经历,个体无意识是由那些曾经被意识到,后来又被遗忘的心理内容所组成,而集体无意识在人的一生中从未被意识到过。另外,集体无意识在个体身上没有显示成为意识的可能,它也不可能通过技术分析,如催眠,带进记忆中,所以集体无意识不能被认为是一种独立存在的实体,而是一种潜能,它把我们的思维和想象限定在特定的范围之中。

　　荣格认为,集体无意识的原型构成了个体精神世界中最核心的内容,它似乎永远不会为意识所觉察,但一旦它受到情景中特定因素的激发而变得活跃起来,便会引起个人特定的情感体验,仿佛有人拨动了我们很久以来未曾被人拨动过的心弦。"一旦原型情景发生,我们会突然获得一种不寻常的轻松感,仿佛被一种强大的力量运载或超度。在这一瞬间,我们不再是个人,而是整个人类,全人类的声音一起在我们心中回响。"②对艺术家而言,这种体验正是他所谓创造"灵感"(也是审美直觉)迸发的时刻。

　　荣格的思想给我们的启迪在于:无论是对艺术家的创作中出现的"灵感"(直觉),还是对艺术欣赏中所出现的"直觉"的理解,都不能脱离历史的线索(也即作品所产生或欣赏者所处的历史、文化背景)作"孤岛"般的分析,更不能从神秘的"神"的身上去寻找原因。《红楼梦》第二十三回"《西厢记》妙词通戏语,《牡丹亭》艳曲警芳心"里有一段文字描写林黛玉偶听《牡丹亭》的情景,形象地体现了"集体无意识"对审美直觉产生的影响。

　　　　正欲回房,走到梨香院的墙角外,只听墙内笛韵悠扬,歌声婉转,黛玉便知是那十二个女孩子演习戏文。虽未留心去听,偶然两句吹到耳朵,明明白白一字不落道:"原来是姹紫嫣红开遍,似这般,都付与断井颓垣……"黛玉听了,倒也十分感慨缠绵,便止步侧耳细听,又唱道是:"良辰美景奈何天,赏心乐事谁家院……"听了这两句,不觉点头自叹,心下自思:"原来戏上也

---

　　① 参见〔瑞士〕荣格:《荣格文集》,冯川译,北京:改革出版社,1997年版,第89页。
　　② 〔瑞士〕荣格:《荣格文集》,冯川译,北京:改革出版社,1997年版,第208页。

有好文章,可惜世人只知看戏,未必能领略其中的趣味。"想毕,又后悔不该胡想,耽误了听曲子。再听时,恰听到:"只为你如花美眷,似水流年……"黛玉听了这两句,不觉心动神摇。又听到:"你在幽闺自怜……"等句,越发如醉如痴,站立不住,便一蹲身坐在一块山子石上,细嚼"如花美眷,似水流年"八个字的滋味。忽又想起前日见古人诗中,有"水流花谢两无情"之句;再词中又有"流水落花春去也,天上人间"之句;又兼方才所见《西厢记》中"花落水流红,闲愁万种"之句:都一时想起来,凑聚在一处。仔细忖度,不觉心动神驰,眼中落泪。①

这一段文字,从表面上看,是戏文中的词句使林黛玉联想起自己寄人篱下的生活,从而使她伤心自怜。但为什么她会对写景的词句伤感呢,这里就体现一种"集体无意识"。《诗经·采薇》中的"惜我往矣,杨柳依依,今我来斯,雨雪霏霏"奠定了中华民族以景传情的美学基调,这种基调历经时代的发展,已经成为稳定的心理态势和审美定式,所以,中国文学史上就产生了许多文人骚客借景抒情的优美篇章,也有许多文人骚客读诗词伤身世的凄婉故事。这种种表现,实际上,情景交融这种审美模式已经作为一种"集体无意识"浸润在中华民族的审美实践中,不管是谁(当然是具有一定的艺术修养的人),一旦碰到类似于林黛玉的景况,该种"集体无意识",就会被"激活",从而产生在"直觉"状态下的陶醉,使审美主体进入物我两忘的境界。

实际上,荣格所说的"集体无意识"对一个民族的影响具体体现在该民族对外在世界的感觉、知觉,甚至影响着该民族的想象、联想和审美情感、审美趣味和审美意志等方面。它正如大海里的潜流,海面的波涛、浪花和浪潮的走向都会受到该潜流的影响。如中华民族对梅、兰、竹、菊的欣赏经过多年的积淀,已经使我们普遍地接受了梅的傲骨、兰的高洁、竹的刚直、菊的清高。所以,一旦我们看到描绘这几种植物的诗或画时,就很快能感受到它们的美。因此,我们就不难理解为什么宋代卢梅坡的"梅雪争春未肯降,骚人搁笔费评章。梅须逊雪三分白,雪却输梅一段香"和毛泽东的"俏也不争春,只把春来报"同样能使人在一接触到的一刹那就产生美感的原因了。

第三,从艺术欣赏的角度看,审美直觉是欣赏者长期的审美经验的积极反应。

关于审美经验对"直觉"的影响,柏格森有过很好的论述,他认为,"所谓直

① 曹雪芹:《红楼梦》(三卷本),北京:人民文学出版社,1974 年版,第 327—328 页。

觉就是指那种理智的体验,它使我们置身于对象的内部,以便与对象中那个独一无二、不可言传的东西相契合"。① 直觉能使人"突然地看到处于对象后面的生命的冲动,看到它的整体,哪怕只是一瞬间"。一般人没有这种能力,只有艺术家才有。他说:"在大自然和我们之间,在我们和我们的意识之间,垂着一层帷幕。② 这层帷幕是由我们的功利心、个人利益的实际需要所造成的。生活迫使我们仅仅接受外在事物对我们有利害的印象,以便采取相应的行动,而其他的一切印象就变得暗淡不明。"在柏格森看来,一般人根本不可能抓住真正的实在,他们抓住的充其量也只是"浮在表面的东西"和"贴在事物上面的标签"。只有艺术家才能掀开这帷幕看到背后的实在,因为艺术家具有"与生活较为脱离的心灵",它就是直觉产生的基础。他认为,当艺术家的心灵挣脱理性和功利的羁绊进入直觉活动的刹那,他的任何感官似乎都没有参与,但似乎又是感官或意识结构里本来就有的东西;此时,直觉的结果立刻就以一种观看、听闻和思想的童贞的方式涌现出来,"他将辨出一切事物真相,无论是物质世界的形式、色彩和声音也好,是人的内心生活最细微的活动也好"。③ 从柏格森的论述中,我们可以看出,没有一定的艺术修养和审美经验,是不可能产生直觉的。

马克思说:"如果你愿意欣赏艺术,你就必须是一个有艺术修养的人。"④ "对于非音乐的耳朵,最美的音乐也没有意义。"⑤这就充分说明了欣赏者的艺术修养对欣赏的重要性。一个缺乏艺术修养和艺术趣味的人,再好的艺术品展现在他面前,也难以引起他的欣赏欲望,更不可能使他刹那间感受到对象之美。

刘勰在《文心雕龙·知音》里指出:"操千曲而后晓声,观千剑而后识器,故圆照之象,务先博观。"⑥也说明艺术修养对审美直觉的重要影响。在审美实践中,审美经验对审美主体的影响主要体现在审美主体对审美对象的选择和对审美对象的理解等方面,而审美中的理解因素对审美直觉的产生的影响最为深刻。从心理学的角度看,理解是通过揭示事物间的联系而认识新事物的过程。按照理解深浅程度的不同,可分为对事物外部联系的理解和对事物内部联系的理解

① 〔法国〕柏格森:《形而上学引论》,见洪谦主编:《西方现代资产阶级哲学论著选辑》,北京:商务印书馆,1982 年版,第 137 页。
② 马奇主编:《西方美学史资料选编》(下卷),上海:上海人民出版社,1987 年版,第 883 页。
③ 马奇主编:《西方美学史资料选编》(下卷),上海:上海人民出版社,1987 年版,第 885 页。
④ 《马克思恩格斯论艺术》(第一卷),人民文学出版社,1960 年版,第 244 页。
⑤ 《马克思恩格斯论艺术》(第一卷),人民文学出版社,1960 年版,第 204 页。
⑥ 郭绍虞主编:《中国古代文论选》(第一册),上海:上海古籍出版社,1979 年版,第 300 页。

两部分。这两种理解形式在审美活动中都是不依靠概念、判断和推理的逻辑思维进行的,是与感知、联想、想象、情感等心理因素密切联系在一起的,具有具体生动的形象性和直接领悟的特点。而理解中的领悟(实际上是直觉)和欣赏者的审美经验是密不可分的,这种领悟能力的形成,是在欣赏者无数次审美实践经验中反复呈现,使欣赏者和审美对象之间建立了巩固的暂时联系。在这个暂时联系系统中,某一现象出现,可以充当另一现象的信号,引起主体的条件反射,使审美主体能快速地对对象的美做出判断。

因此,在美学史上一些把美感直觉看成是"神"的赐予或人先天的禀赋、才能,或否认美感直觉的存在的观点都是错误的。

二、美感状态的精神愉悦性

1. 美感精神愉悦性的含义

关于美感愉悦的精神性,柏拉图就说过没有它也不觉得缺少什么,有了它人就觉得特别快乐。这说明,美感不是一种缺失性需要,而是一种发展性、精神性的需要。亚里士多德认为美感是"求知"得到满足后的喜悦。在夏夫兹博里、哈奇生和休谟等人的研究中也在不同程度上看到了美感的精神享受的特性。但是,真正把精神性愉悦看成是美感的重要特征的是康德。康德不但把它看成是美感的重要特性,还把它和善以及其他感官的快适之间的区别做了非常深刻的分析:

快适和善两者都具有对欲求能力的关系,并且在这方面,前者带有以病理学上的东西(通过刺激,stimulos)为条件的愉悦,后者带有纯粹实践性的愉悦,这不只是通过对象的表象,而且同时通过主体和对象的实存之间被设想的联结来确定的。不只是对象,而且连对象的实存也是令人喜欢的。反之,鉴赏判断则只是静观的,也就是这样一种判断,它对于一个对象的存在是不关心的,而只是把对象的性状和愉快及不愉快的情感相对照。但这种静观本身不是针对概念的;因为鉴赏判断不是认识判断(既不是理论上的认识判断也不是实践上的认识判断),因而也不是建立在概念之上乃至以概念为目的的。(着重号为译者所加,本节下同——引者注)

快适对某个人来说就是使他快乐的东西;美则只是使他喜欢的东西;善是被尊敬的、被赞成的东西,也就是在里面被他认可了一种客观价值的东西。

在所有这三种愉悦中唯有对美的鉴赏的愉悦才是一种无利害的和自由

的愉悦；因为没有任何利害，既没有感官的利害也没有理性的利害来对赞许加以强迫。所以我们对于愉悦也许可以说：它在上述三种情况下分别与爱好、惠爱、敬重相关联。而惠爱则是唯一自由的愉悦。①

康德的分析的确很到位了，第一，美感的愉悦与对象相关但却以对象的实存无关，也就是说，美感是超功利的精神愉悦。第二，美感的愉悦与概念无关，它处在"情"的领域。第三，美感的愉悦由于没有功利和理性的利害关系的影响，所以，它是一种高度自由的精神愉悦。

现象学的理论代表德国的莫里茨·盖格尔也试图合理地解释这种精神性的愉悦。他在其著名著作《艺术的意味》中深刻地分析了一般刺激引起的快乐和美感状态下的快乐的区别。他首先把日常生活经验效果和欣赏艺术品的效果进行了区分，他认为：

> 人们公正的观察表明，艺术作品，或者所谓的艺术作品可以给人们带来与日常生活经验效果完全不同的效果，我把这两种效果区分成为艺术的深层效果和表层效果。②

在此基础上，莫里茨认为，艺术的表层效果是由娱乐效果或者快乐效果组成的，它是一种在人的生命领域中所产生的快乐，是一种可能由某种直接的刺激，或者由于人们对一个固定的客体的注意而引起的快乐；而深层效果产生于艺术作品内在的魅力对深层自我的吸引力，它是一种在人的人格领域中所产生的幸福，是一种由艺术品本身固有的艺术价值所引起的幸福感。"幸福是一个人的状态，而快乐则主要是一个孤立事件的外衣。"③

莫里茨·盖格尔的论述表明，第一，美感不等于愉悦或快乐本身，虽然美感以愉悦或快乐为表征，但愉悦或快乐并不就是美感。第二，日常生活中的愉悦甚至可以说是人们对外界事物刺激的一种情绪性的反应，而美感却是人们对艺术作品的价值的认同、赞赏而出现的一种心境，前者比较短暂，后者却持久。第三，日常生活中的愉悦停留在生理性比较明显的感性生命的领域，而美感却出现在精神性比较明显的人格领域。因此，莫里茨是反对日常生活审美化的提法的，但他却提出了一个比较有价值的看法，那就是他认为美感是一种出现在精神性比较明显的人格领域，并且，美感是一种价值。这个命题，实质上是强调了美感和

---

① 〔德〕康德：《判断力的批判》，邓晓芒译，北京：人民出版社，2002年版，第44—45页。
② 〔德〕莫里茨·盖格尔：《艺术的意味》，艾彦译，北京：华夏出版社，1999年版，第60页。
③ 〔德〕莫里茨·盖格尔：《艺术的意味》，艾彦译，北京：华夏出版社，1999年版，第69页。

人的价值观念的密切联系,这也代表了西方当代美学发展中人本主义的一个重要发展趋势。

综上所述,美感的精神愉悦性可以定义为:指审美主体在欣赏活动中在精神上所体验到的自由感、满足感和幸福感。

那么,美感的精神愉悦性形成的原因是什么呢?

黑格尔在康德的基础上进一步追问了这个问题,他不但提出美感是一种精神性享受,还提出美感的愉悦是由于人在"对象化"的过程中看到了自己的本质力量的自由显现。他说:"审美带有令人解放的性质,它让对象保持它的自由和无限,不把它作为有利于有限需要和意图的工具而起占有欲加以利用。所以美的对象既不显得受我们的压抑和逼迫,又不显得受到其他外在事物的侵袭和征服。"①黑格尔对美感的贡献有两点:第一,美感和人的"对象化"力量有关。第二,美感是一种"自由"的愉悦,它与需要无关,也不是实现意欲的工具。黑格尔的理论核心是"绝对理念",所以,它的美感从本质上也就是"绝对理念"获得自由的形式的结果。

应该说,黑格尔对美感的精神愉悦性的解释为我们认识美感的精神性特征及其成因提供了很好的思路,但是,在为什么能够给我们带来精神性的愉悦这个问题上还是没有得到很好的解决。解决这个困惑的重任落在了当时还很年轻的马克思的肩上。马克思在批判黑格尔的基础上提出了具有划时代意义的观点。他认为,人类生产和动物生产有诸多不同,其中一个本质的区别是"动物只是按照它所属的那个种的尺度和需要来构造,而人懂得按照任何一个种的尺度来进行生产,并且懂得处处都把内在的尺度运用于对象。因此,人也按照美的规律来构造"。② 这段话起码包含有三层意思:第一,人类能够掌握别的动物的特点和尺度。第二,人类能够把自己的愿望和理想对象化于对象中。第三,人类的生产劳动并不是被动的适应,而是主动的创造,是美的创造。在这个区分的基础上,马克思进一步强调:

> 因此,正是在改造对象世界中,人才真正地证明自己是类存在物。这种生产是人的能动的类生活。通过这种生产,自然界才表现为他的作品和他的现实。因此,劳动的对象是人的类生活的对象化:人不仅像在意识中那样在精神上使自己二重化,而且能动地、现实地使自己二重化,从而在他所创

①　〔德〕黑格尔:《美学》(第一卷),朱光潜译,北京:商务印书馆,1979 年版,第 147 页。
②　〔德〕马克思:《1844 年经济学哲学手稿》,北京:人民出版社,2000 年版,第 58 页。

造的世界中直观自身。①

也就是说,人类按照"美的规律"改造对象世界的直接结果是:第一,创造了美。第二,真正区分了主体和客体,人的主体意识得到了强化。第三,在对象世界(即自己改造过了的客体)"直观"到自身的伟大。正是在这样直观自身的时候,美感产生了。

毫无疑问,马克思科学地解释了美感产生的奥秘,但是,马克思的阐述毕竟是一种哲学阐述,所以,还显得比较抽象。而且,马克思对美感产生时人的精神状态还没有很具体的阐述。这些缺陷,终于在蒋孔阳先生的美感理论中得到了克服。

蒋孔阳先生依据马克思关于"美是人的本质力量的对象化"和"人在他所创造的世界中直观自身"的观点对美感的精神愉悦性做出了科学的解释:

> 如果说,美是人的本质力量的对象化,是人的本质力量在客观对象上的自由显现,那么,美感则是这一本质力量得到对象化或者自由显现之后,我们对它的感受、体验、观照、欣赏和评价,以及由此而在内心生活中所引起的满足感、愉快感和幸福感,外物的形式符合了内心的结构之后所产生的和谐感,暂时摆脱了物质的束缚之后精神上所得到的自由感。因此,美感的内容包括了满足感、愉快感、幸福感、和谐感和自由感。②

联系蒋孔阳先生关于"美在创造中"这个命题③,我们可以看出蒋孔阳先生对美感特征的认识的特色:第一,美感形成于创造美的同时,美和美感都是创造的结果,是"人的本质力量对象化"的结果。第二,美感是一种综合了满足感、愉快感、幸福感、和谐感和自由感的精神享受。这样,蒋孔阳先生就把美感精神的愉悦性的特征及其原因科学、形象地揭示出来了。

2. 美感愉悦的可分享性

对美感愉悦的可分享性的认识可追溯到柏拉图,柏拉图在解释"灵感"问题

---

① 〔德〕马克思:《1844 年经济学哲学手稿》,北京:人民出版社,2000 年版,第 58 页。
② 蒋孔阳:《美学新论》,北京:人民文学出版社,2006 年版,第 277 页。
③ 蒋孔阳先生在《美在创造中》(桂林:广西师范大学出版社,1997 年版)提出"美的特点,就是恒新恒异的创造"。(第 33 页)"……美的创造,是一种多层累的突创(Cumulative emergence)。所谓多层累的突创,包括两方面的意思:一是从美的形成来看,它是空间上的积累与时间上的绵延,相互交错,所造成的时空复合结构。二是从美的产生和出现来说,它具有从量变到质变的突然变化,我们还来不及分析和推理,它就突然出现在我们的面前,一下子就整个抓住我们。"(第 34 页)"主体与客体的关系,永远处于恒新恒变的状态中,因此,美也处于不断的创造过程中。"(第 36 页)

时说过,灵感就像磁石:

> 磁石不仅能吸引铁环本身,而且把吸引力传给那些铁环,使它们也像磁石一样,能吸引其他铁环,有时你看到许多个铁环互相吸引着,挂着一条长锁链,这些全从一块磁石得到悬在一起的力量。诗神就像这块磁石,她首先给人灵感,得到这灵感的人们又把它传递给旁人,让旁人接上它们悬成一条锁链。①

柏拉图这段话是用来解释灵感的作用的,实际上它孕育着这么一种思想:诗人首先感觉到了神所赐予的美感,自己先被感动,然后他把这种美感传达出来,其他人也受到感染,从而都分享了这种美感。

休谟提出的审美"同情说",也含有美感是可以分享的这个特征:

> 很显然,房子之所以美,主要地就在细节。看到便利就起快感,因为便利就是一种美。但是它究竟怎样引起快感呢? 这当然牵涉不到我们自己的利益,但是这又实在是来自利益而不是来自形式美,那么,它之所以使我愉快,只能由于传达,以及由于我们对房主的同情。我们借助于想象,设身处地想到他的利益,因而也感到他对这些对象自然会感到的那种满足。②

休谟在这里要表达的是房主对自己房子的美感愉悦是肯定无疑的了,他这种愉悦也会被旁观者分享到,因为这些旁观者通过想象设身处地地想到(这就是休谟所理解的同情)给房主所带来的便利,所以他也会产生一种超越功利的愉悦。

但最早明确提出美感愉悦具有可分享性的特征的应该是鲍桑葵,他认为美感具有以下三个主要特征:(1)它是一种稳定的情感。审美活动带来的快感不像生理快感那样会很快变为餍足。(2)它是一种关涉的情感。这里所谓的"关涉",是指审美主体只对某些特殊质地感兴趣,以声音为例,就只对它的音色、音高等感兴趣。(3)它是一种共同的情感。美感可以为他人所分享,而它的价值并不因为别人的分享而降低。③

不过,也有人提出相反的观点。莫里茨·盖格尔就认为:

---

① 〔古希腊〕柏拉图:《文艺对话录》,朱光潜译,北京:人民文学出版社,1963 年版,第 7—8 页。

② 〔英〕休谟:《论人性》,转引自《西方美学家论美和美感》,北京:商务印书馆,1980 年版,第 110 页。

③ 参见蒋孔阳、朱立元主编,朱立元、张德兴等著:《西方美学通史》(第六卷),上海:上海文艺出版社,1999 年版,第 60—61 页。

　　在人们体验审美价值的过程中，根本不可能用其他人的快乐来代替他们自己的快乐。每一个个人都只不过是他自己而已；他就是他自己的对一个艺术作品的审美价值的判断。他可能信任那些权威关于但丁是一个伟大的诗人的观点；他也可能把这些权威的判断当做普通的观点来传播。但是，只要他自己还没有读过但丁的作品，只要他自己还没有领会但丁的作品所具有的审美价值，还没有从他自己的经验出发证明其他人的判断，那么，他的审美判断就既没有存在的理由，也不是出于他自己的动机。我们在审美领域中是唯我论者——对于我们来说，凡是我们自己没有体验过的东西都不存在，或者不应该存在。①

　　莫里茨的观点很明确：审美活动是一种有很强烈的个体体验的活动，这种体验别人无法代替，对象的价值只对自己存在，这样，美感的愉悦性自然也无法与人分享了。但是，应该指出的是，莫里茨只是看到了欣赏过程体验个体的一面，而没有看到体验的社会性一面，更没有看到欣赏活动具有"社会交流性"的一面，因此，他的结论是片面的。

　　那么，美感愉悦的可分享性的基础又是什么呢？从美感愉悦产生的情形看，起码有如下的基础：

　　第一，实践基础。从实践论的角度看，美和美感都产生于实践之中，实践的社会性使"人的本质力量对象化"成为一种很普遍的行为，人人都可以在实践中创造美，人人都可以在实践中感受到美，这是美感愉悦可分享性的最基本的条件。

　　第二，价值基础。从价值论的角度看美感的愉悦性实质上是欣赏者在情感上对对象的一种欣赏和肯定，趋利避害，趋美避丑是人们普遍的一种价值取向，这种普遍的价值观使美感愉悦的可分享性成为一种可能。

　　第三，心理基础。从心理学的角度看美感的愉悦性实质上是欣赏者在心里深处对对象的一种喜爱和接纳，"人同此心，心同此理"是美感愉悦性得以传播的心理基础，特别是在特定的审美情境中，人类普遍存在的"从众心理"更是促进了愉悦可分享性的实现。法国的社会心理学家古斯塔夫·勒庞在其著名的《乌合之众——大众心理研究》中深刻地分析了在集体场合人们心理由于受到感染和暗示而发生的变化：

　　有意识人格的消失，无意识人格的得势，思想和感情因暗示和相互传染

————————
① 〔德〕莫里茨·盖格尔：《艺术的意味》，艾彦译，北京：华夏出版社，1999年版，第120页。

作用而转向一个共同的方向,以及立刻把暗示的观念转化为行动的倾向,是组成群体的个人所表现出来的主要特点。他不再是他自己,他变成了一个不再受自己意志支配的玩偶。①

勒庞所提到的现象在一些集体娱乐场所是屡见不鲜的,很多观众(欣赏者)就是在集体情感的左右下不知不觉地失去了自我,从而陶醉在强烈的精神愉悦状态,这是美感愉悦可分享性的最典型的情况。

3. 美感愉悦的普遍性

美感愉悦的普遍性也可称为"美感共同性",主要是指"美感所具有的不同的人对同一的审美对象产生某些相通、相似、相同的审美感受、审美评价属性"。② 对这种普遍性,康德曾用"共通感"来表示,但他认为这是一种人类的先验的存在。阿恩海姆也曾用"格式塔"(或完形原理)来表述。阿恩海姆认为人的情感和欣赏对象之间具有"同形"的结构,这个"同形"是艺术表现的根源,同时,这个"同形"还是欣赏能够进行的基础。他认为,在审美欣赏中,欣赏者的神经系统并没有把艺术品的主要样式原原本本地复制出来,而只是唤起一种与它的力的结构相同的力的式样,这就使得"观赏者处于一种激动的参与状态,而这种参与状态,才是真正的艺术体验"。③ 审美愉悦就来源于审美对象与大脑皮层在力的结构上的一致。"也就是说,组织良好的视觉形式在大脑视觉投射区产生一个相应的平衡组织,这对形式会产生快感这样一种心理和审美的事实补充了生理学上的解释。"④

阿恩海姆的"同形"说,注意从主体和客体两方面阐明美感愉悦的普遍性是一种比较有价值的学说,值得我们重视。

实际上,美感愉悦的普遍性包括两个方面的表现:一是引起美感愉悦的客体具有普遍性;二是欣赏主体的美感愉悦的表现具有普遍性。美感愉悦普遍性的原因在哪里呢?格罗塞对一些原始艺术的考察似乎能给我们有益的启示:

最野蛮民族的艺术和最文明的艺术工作的一致点不但在宽度,而且在

---

① 〔法〕古斯塔夫·勒庞:《乌合之众——大众心理研究》,冯克利译,北京:中央编译出版社,2005 年版,第 18 页。

② 邱明正、朱立元主编:《美学小词典》,上海:上海辞书出版社,2007 年版,第 47 页。

③ 〔美〕鲁道夫·阿恩海姆:《艺术与视知觉》,滕守尧译,北京:中国社会科学出版社,1984 年版,第 631 页。

④ 〔美〕鲁道夫·阿恩海姆:《知觉抽象与艺术》,转引自刘纲纪:《美学述林》第 1 辑,武汉:武汉大学出版社,1983 年版,第 331—332 页。

深度。艺术的原始形式有时候骤然看去好像是怪异而不像艺术的,但一经我们深切考察,便可看出它们也是按照那主宰着艺术的最高创作的同样法则制成的。不但澳洲人和爱斯基摩人和佛罗伦斯人(Florentines)所用完全相同,而且我们已经一再断言——特别是关于人体装饰——便是细节上通常以随意决定的,也都属于远离文明最远的民族所共通的美的要素。这种事实在美学上当然不是没有意义的。我们的研究已经证明了以前美学单单提过的一句话:就是,至少在人类,是有对于美感普遍有效的条件,因此也有关于艺术创作普遍有效的法则。①

格罗塞的考察表明,美感愉悦普遍性的客观原因在于:美是事物客观具备的潜能,是人的本质力量的对象化,由人类共同发现、共同创造,具有客观性、普遍性,并和人的审美生理结构、心理结构相适应,有可能被人们普遍接受,引起某些共同的审美愉悦。主体原因在于:不同时代、民族、阶级的人的社会实践、审美实践有历史的继承性、共同性,形成了人性、人的本质和人的审美需要、经验、观点、能力的某些共同性。因此,美感愉悦的普遍性与人类的社会实践密切相关。

三、美感影响的陶醉性

美感影响的陶醉性主要是指在美感状态下,欣赏者先后经历震惊、会意、忘我的状态,甚至进入物我不分、主客不辨的审美境界。

这种状态,相当于李泽厚先生讲过的"审美形态"的三个方面,即"悦耳悦目"、"悦心悦意"、"悦志悦神",但也有点不同,我想要强调的是美感陶醉性从被动——主动——被动的演变过程。

1. 震惊

震惊主要是指审美主体在接触到审美客体的瞬间,凭直觉就感觉到其"特殊"之处,这种"特殊"可能是和自己曾经经历的某种东西相似,也可能是前所未经历过的美景。前一种情况会产生亚里士多德所说的"每个人都能从模仿成果中得到快感"②,也就是从对象中得到"求知"的满足和快乐。后一种情况是指遇到了前所未经历过的美而被深深地打动,也就是从对象中得到"求奇"的满足和快乐。据人本主义心理学家马斯洛说,虽然没有足够的证据表明"好奇心"是人类的天性,但也有不少的证据可以证明,其中一个证据是"对心理成熟者的研

---

① 〔德〕格罗塞:《艺术的起源》,蔡慕辉译,北京:商务印书馆,1984 年版,第 235 页。
② 〔古希腊〕亚里士多德:《诗学》,陈中梅译注,北京:商务印书馆,1996 年版,第 47 页。

究表明,他们往往对神秘的、未知的、不可测的事物心驰神往"。① 这个"心驰神往"必然含有对美和美感的追求。

就"求知"而言,大多数发生在对艺术品的欣赏中,求新、求变、求异既是艺术家的自觉追求,也是欣赏者的心理要求。从作家的角度而言,他总是力求自己的作品能不断地超越前人,超越自己,能给读者提供新的美感愉悦,他因此不断探索新的表现手法,不断地表现他对生活的新的思考。又由于他的思考是对生活本身的思考,他的表现手法又是对传统手法的继承和创新,于是,读者就惊喜于作家能别出心裁地表现出自己似乎很熟悉的内容。别林斯基所说的"熟悉的陌生人"就能给人这样的美感愉悦。"熟悉"是因为欣赏者似乎见到过,看见过;"陌生"是因为作家的表现手法新颖别致,也因为"这一个"有着和一般人不一致的性格特点。读者就是在这种反复对比、把玩中获得了新鲜的美感体验。

就"求奇"而言,既可以体现在艺术活动中,也可以体现在对社会美和自然美的欣赏活动中。李泽厚先生在肯定审美必须以感官感受为前提条件的基础上,指出感官也有"求新"、"求奇"的要求。他说:

> 感官的东西与理性的东西不一样,人与机器不一样,它需要休息和变异,它要求新鲜活泼的刺激,才获有继续生存、活动的生命力。新的刺激使得感知得到延长,甚至紧张,从而使知觉专注于对象,不至于因"习以为常"而"视而不见",这样才能不断得到满足②。

李泽厚先生的分析是合理的,就对社会美的欣赏而言,新潮的服装、言行往往由于其独特别致的风格而给人以新的美感满足;就对自然美的欣赏而言,新景点、新景观往往使人趋之若鹜;就对艺术欣赏而言,新的思想和新的表现手法往往使人先睹为快。

2. 会意

会意指的是审美主体在欣赏过程中依据自己的审美经验理解审美客体的内涵,从而进一步深化美感的过程。在会意阶段,联想、想象、理解等因素在不同程度上渗入其中,它是审美欣赏进入忘我境界的必经阶段。

在美学史上,对欣赏过程是否有联想、想象和理解等因素的渗入有两种明显不同的观点。一种观点认为欣赏过程或是对形式把握的过程(如康德),或认为是直觉的过程(如克罗齐);另一种观点恰恰相反,认为欣赏过程也是一个理性

---

① 〔美〕马斯洛:《马斯洛人本哲学》,成明编译,北京:九州出版社,2003 年版,第 63 页。
② 李泽厚:《美学三书》,天津:天津社会科学院出版社,2003 年版,第 492 页。

判断的过程,它包含着联想、想象和理解等心理活动。应该说,后一种观点比较符合欣赏的实际,也符合美感产生和深化的实际。普列汉诺夫说得好:

> 一件艺术品,不论使用的手段是形象或声音,总是对我们的直观能力发生作用,而不是对我们的逻辑能力发生作用……然而,实际上我们的快感的根源是在于我们的逻辑能力的作用,而不是在于我们的直观能力的作用。①

普列汉诺夫的分析表明,美感的根源从表面看与理性逻辑判断无关,但实际上正在于其逻辑判断的能力,欣赏者对对象的判断过程就是一种会意的过程。黑格尔虽然曾说过"知解力"不能认识美,但他仍然说"在感性直接观照里同时了解到本质和概念"。②桑塔耶那说得也很明确:"在审美感受中,我们的判断必然是内在的,是根据直接经验的性质。"③所以,会意是美感深化的一种必然表现。《论语》先后有两处记录孔子赏"韶乐"的事,一是说他"子在齐闻《韶》,三月不知肉味,曰:'不图为乐之至于斯也'。"(《论语·述而》)这是说他欣赏了"韶乐"之后长期沉浸在美的享受。为什么有这样的效果呢?他认为"韶乐"是"尽美矣,又尽善也"。(《论语·八佾》)从这里可以看出会意对美感的影响是非常深刻的。

3. 忘我

忘我是美感状态的最高境界,指的是在美感状态中,审美主体完全沉浸在美的享受中,主客体之间的界限完全消融。关于这种状态,柏拉图曾经充满激情地描述:

> 这时他凭借临美的汪洋大海,凝神观照,心中起无限的欣喜,于是孕育无数优美崇高的道理,得到丰富的哲学收获。如此精力弥满之后,他终于一旦豁然贯通唯一的涵盖一切的学问,以美为对象的学问。④

这就是美感的最高境界,在这种境界中,审美主体完全沉浸在物我两忘、主客不辨的境界中。

北宋郭熙在论山水之美时,曾谈到两种审美观照心理:一是可行可望,二是可居可游。实际上涉及美感的两种境界,可行可望,是耳目之娱,视听之乐,它虽

---

① 〔俄〕普列汉诺夫:《普列汉诺夫美学论文集》(第一卷),曹葆华译,北京:人民出版社,1983年版,第409—410页。
② 〔德〕黑格尔:《美学》(第一卷),北京:商务印书馆,1979年版,第167页。
③ 〔美〕桑塔耶那:《美感》,缪灵珠译,北京:中国社会科学出版社,1982年版,第16页。
④ 〔古希腊〕柏拉图:《文艺对话录》,朱光潜译,北京:人民文学出版社,1963年,第271—272页。

也是一种审美活动,但终是局外人的目光,显得不那么纯粹。而可居可游是在发现人与大自然根本亲和后所获得的一种会心的愉悦,它不是局外人,而是全身心的投入,心为之动,身与之适。在《林泉高致》中,郭熙还谈到另外一种境界,当体验进入高峰阶段时,"目不知毫素,手不知笔墨",此时,"万虑消沉,则佳句好意,亦看不出,幽情美趣,亦想不成"。时空似乎凝固成一个,只有深层的生命在跃动,主体已感觉不到快乐,但又经历了(在无意识中)最大的快乐。这就是美感的最高境界——忘我。

第三节　美感和美的辩证关系

将美与美感的关系确认为美学的基本问题和逻辑起点起始于柏拉图。在康德之前,对它们之间的关系的认识可以明显地分为两种意见:一是认为美是客观事物的属性,美感是对美的特殊回应、观照,美产生了美感。二是认为美为美感的投射、外化,认为美感创造了美。康德首先对传统的这两个相反的观点进行质疑:如果美与美感存在着二元对立、线性因果关系的话,那么我们何以能够产生美与美感? 康德的疑问,使美学界对美和美感的关系研究进入了一个新纪元。

一、康德对美和美感关系的追问及阐释

康德在解释人与世界的关系时遇到了一个无法回避的问题。其原有理论构成中人与世界的建构关系源于人所具有的既非物质存在,又非单纯主观意识的知性能力和理性能力。知性能力使人成为认识主体,自然被设定为经验的客观对象,人与世界构成了认识关系;理性能力使人成为意志主体,人的社会活动被视为行为的客体,人与世界构成了实践关系。建构实践关系的理性能力的基本内核是自由意志。康德坚信自由意志是人的存在的终极本体。自由意志无法通过认识来把握,而只有在人的实践活动中实现。因而,人与世界的关系处于认识与实践这两个互不相关的领域中。但是人必须是完整的。人的存在的确有着不同的领域、不同的方式,不同领域、不同方式的存在又应该是互相联系、互动互补。所以一定有着某种既不属于知性又不是理性,然而能将这两种能力统一起来,使人类认识活动与实践活动、经验世界与本体世界发生联系的主体能力。康德把这种具有中介功能的主体能力界定为判断力(Judgement)。判断力具有知性能力和理性能力无法取代的功能。知性能力以一整套主体逻辑框架展开自身。杂多的经验进入知性时,知性能力的逻辑框架使杂多归于统一,建构出系统

的认识结果——知识。知性能力用整体统摄个体、普遍包含特殊的方式把握对象。由知性能力构成的人类认识活动实际上是一个以逻辑为中介的分析综合过程,并被严格地限定在经验界。认识活动一旦超越经验界就会导致认识的二律悖反,认识结果将失去真理性。理性能力为主体建立理念原则,提供的是以自由为底蕴的道德律令和伦理法则。理性能力和知性能力都不能在特殊中显现普遍,在现象中包孕本体。相反,介于知性能力和理性能力之间的判断力却可以做到这一点。一般来说,"判断力是把特殊思考包含在普遍之下的能力"。① 判断力不能像知性能力那样提供概念,也不能像理性能力那样产生理念,却能在特殊与普遍之中达成现象与本体、认识与实践的通联。判断力有两类。辨认某一特殊事物是否属于某一普遍规律的能力叫"规定判断力";以特殊的事实去寻找普遍规则的能力则被称为"反思判断力"②。值得注意的是,无论哪类判断力都不是纯粹的主观意识、观念,而是产生意识、建构意识对象的主客体统一的主体能力。

反思判断力是产生美与美感的最初根源。它从个别现象中寻找普遍本体时首先面对的是经验现象。反思判断力必须通过对感性经验的建构,昭示理性的本体。所以,反思判断力一定先于经验而存在。先验并非超验,反思判断力只有回到经验中,特殊与现象符合着普遍与本体的存在目的。反思判断力的这些特性都在一系列主体功能中介下称为美与美感的最基本的规定性。

康德视判断力为美与美感的本源,就是将阐释美与美感关系的优先权赋予了现实人的主体能力。

这样,在康德的解释中我们可以看出,无论是美或者美感,其本源都在于主体的反思判断力中,也就是在产生意识、建构意识对象的主客体统一的主体能力中。这样,他就避免了前人关于美与美感孰先孰后的争论。但是,从本质上看,康德观念中的美和美感都是主体的一种观念的体现,是观念中的东西,这是我们应该看到的。

二、分析美学对美和美感及其关系的解构

当代分析美学把康德在分析美与美感关系时使用的先验分析方法在语义分析方向上进行反向的延伸。分析美学认为,美与美感如果存在意义的话,那么美

① 〔德〕康德:《判断力批判》,邓晓芒译,北京:人民出版社,2002 年版,第 13 页。
② 〔德〕康德:《判断力批判》,邓晓芒译,北京:人民出版社,2002 年版,第 13—14 页。

与美感应是自足的实体。事实上,美与美感都不是实体,因而它们也就不具有存在的意义。美与美感不过是形而上的虚构。分析美学的先驱摩尔认为,美与善同为单纯性概念,就不能向一个并不懂得善的人说明善一样,美也不能言说。一个定义要陈述的必定是构成某个整体的各个部分。美是单纯性概念,所以美根本无法界定。分析美学之父维特根斯坦则坚持"意义即用法"的基本信念,认为审美活动是主客体相互作用而产生的复杂的动态活动,整个活动又都由主体的审美能力来决定。由于主体的审美能力不同,审美能力所建构的对象(美)和产生的建构效应(美感)也就完全不同。根本不存在传统美学中界定的有着共同性质和统一基础的美与美感。具体的美与美感并无统一性而只有相似性,就像各种游戏之间并无一致性而只有相似性一样。既然美与美感只有相似性而无逻辑的共同性,那么它们之间的关系就不具有真实的关系。美与美感的关系问题实际上只是一种虚幻的谬误。可见,分析美学把康德的先验分析在语义分析方向上用到了极致,彻底否定了美与美感的关系。

三、新实践美学对美和美感及其关系的思考

被誉为新实践美学奠基者的蒋孔阳先生首先对美和美感的关系提出了新的看法。他认为美和美感都是在主客体相互作用的审美关系中生成,美是作为主体的人的本质力量的对象化过程和结果,美感也就是在人的本质力量的对象化的展开过程中同时诞生的,美和美感因而是相反相成地存在的。他说:"从哲学的认识论和思维的逻辑顺序来说,是先有存在后有思维,先有物质后有意识,先有美后有美感。但从生活和历史的实践来说,我们却很难确定先有那么一个形而上学的、与人的主体无关的美的存在,然后再由人去感受和欣赏它,再由美产生出美感来,我们只能说美和美感都是人类社会实践的产物。在实践的过程中,它们像火与光一样,同时诞生,同时存在。"①

这一段话是新实践美学关于美和美感关系的开创性思考,它的意义在于以下几个方面。

第一,从研究思路看,它突破了传统认识论的思维局限。按认识论的观点,先有存在,后有思维;先有物质,后有意识。根据这样的观点,先有实体的美,后有属于思维和意识范畴的美感。但是,美学研究的历史表明,"美本身"是柏拉图在客观唯心主义基础上形成的概念,其存在的依据是形而上的"美理念"。而

① 蒋孔阳:《美学新论》,北京:人民文学出版社,2006 年版,第 278 页。

"美理念"作为概念是没有事实根据的虚幻设定,因而其内容是虚空的,没有唯物主义意义上的真实内涵。中国学界也就有学者指出在"美理念"的基础上形成的"美是什么"命题必然是伪命题。① 蒋孔阳先生首先从研究思路上克服传统美学研究的缺陷,这是一个具有转型意义的思考。实际上,也只有把美和美感的研究联系起来,才有可能科学地认识美感的本质,因为美感只有在具体的审美关系中才能建构起来,在具体的审美活动、审美情境中才可能产生的。

第二,从发生学的角度看,它科学地解释了美和美感产生的同步性。蒋培坤先生曾从心理学的角度论述过美和美感产生的过程,可以说是与蒋孔阳先生的观点的相互印证。他说:"从发生学的角度看,主体审美感觉从一般感觉中分化,以及客体审美属性由物的自然属性向人的生成,实际上同主客体之间审美关系的建立是同一个过程。所谓主体和客体,都是属于关系概念。……无论是主体审美感觉力的形成,还是客体审美属性的形成,都同时意味着人类审美关系的形成。它们都统一于人类的审美活动。"② 所以,蒋孔阳先生的观点打破了"先有鸡还是先有蛋"式的循环,为我们正确地认识美和美感的辩证关系提供了积极的思路。

第三,从本体论的角度看,它坚持美和美感的根源在于实践,就很好地解决了主体和客体、主观和客观、生命和存在之间的矛盾。在美学史上,主观派美学片面地认为美感在于主体的主观感觉,是美感产生了美;客观派美学则片面地认为美在于客观存在的事物的客体属性,是客观的美决定了美感;后实践美学则认为美和美感是主体生命的体验,但他们认为这种体验只能在"彼岸"才可能存在,也就是说,他们否认了美和美感的现实性。所以,他们的看法都是片面的。蒋孔阳先生坚持实践与美和美感的不可分割性,这就为我们科学地认识美和美感提供了坚实的本体论基础。

第四,从心理学的角度看,它科学地解释了美和美感产生过程。蒋孔阳先生认为,美和美感不仅是一种结果,而且是一种过程。这样的解释,是符合主体对客体的感受和认知的过程的。蒋孔阳先生还具体地分析了美和美感形成的过程。他说:

> 一方面,它随物婉转,随物滋生和消灭,是客观的美的反映;另一方面,它又受到心理结构和心理因素的影响。是一种内心的活动和精神上的一种

① 李志宏:《当代中国美与美感关系研究的回顾与分析》,《社会科学战线》2003 年第 6 期。
② 蒋培坤:《审美活动论纲》,北京:中国人民大学出版社,1988 年版,第 101 页。

状态,它离不开美,但范围要比美更丰富和复杂。这就好像光,虽然来源于火,但却不等于火,而且要比火更为丰富和广阔一样。①

也就是说,美感的产生离不开美,但美感还受到复杂的心理因素的影响,它具有一定的自由性。

蒋孔阳先生的开创性贡献为中国当代美学研究美和美感的关系树立了新的航标。新实践美学的其他理论代表如易中天、邓晓芒和张玉能等也都走出了传统认识论美学的局限,他们对美和美感关系的探索和研究都成为了中国当代美感研究的宝贵财富。

易中天先生认为,审美活动产生于劳动,也就是说,美和美感都在劳动中产生。他认为,哪怕在最原始的生产劳动中也蕴涵有艺术和审美的因素,这就是"劳动的情感性,以及这种情感的可传达性和必须传达性"。他还指出,只有使人能够"确证"自己的劳动才可能转化为审美活动。"审美,就是人在一个属人的对象上体验确证感的心理能力和心理过程。"②所以,美和美感是密不可分的。

邓晓芒先生也旗帜鲜明地坚持,"美是人对自身的确证","审美活动是人借助于人化对象而与别人交流情感的活动"。③也就是说,美和美感既是一种过程,它产生于人和人之间的情感交流活动中,美和美感也是一种结果,它源于人在体验到"确证感"之后的自由愉悦的情感。

张玉能先生在蒋孔阳的"创造美学"的基础上,依据实践—创造—自由的原理推论出,美和美感产生于自由创造的实践中。他指出,社会实践是审美发生的逻辑起点,而创造则是人的生存和发展的根本,当实践的创造达到了一定的自由程度时,人与自然双向对象化,自然才人化了,人也才自然化了,这时候才逐步形成人对自然(现实)的审美关系,这种审美关系体现在自然对象上就是美,而体现在人身上就是审美(美感)。④

从新实践美学几个主要理论代表的有关论述中可以看出,新实践美学关于美和美感的关系的考察完全超越了传统美学所存在简单的二元对立的思维模式,因此,他们不再执著于追求美和美感孰先孰后的问题,而是着力探究美和美

---

① 蒋孔阳:《美学新论》,北京:人民文学出版社,2006年版,第277页。
② 易中天:《走向"后实践美学",还是"新实践美学"——与杨春时先生商榷》,《学术月刊》2002年第1期。
③ 邓晓芒:《什么是新实践美学——兼与杨春时先生商讨》,《学术月刊》2002年第10期。
④ 参见张玉能:《实践的自由与美和审美》,《汕头大学学报(人文社会科学版)》2003年第5期。

感是在何种情境中,又以何种方式产生等问题。所以,他们的探讨就克服了形而上学和机械唯物主义的片面性。最为值得肯定的是,新实践美学把美和美感建基于实践的基础上,并把美和美感看成是伴随着实践而产生的能确证自己的满足感、愉快感、幸福感、和谐感和自由感,这样,就不仅把美和美感产生的当下性的重要特征揭示出来,并且还有效地揭示了美和美感的差异性的真正奥秘——实践活动不同,审美关系不一样,美和美感的表现形态就不同,对"情人眼里出西施"这种现象就有了更为合理的解释依据,这是新实践美学对美和美感关系的深刻而科学的认识。

第二章 "特殊"与美感

第一节 "特殊"的含义及其对美感的意义

从美感的特征中,可以看出,美感是一种很"特殊"的情感,它的"特殊"不仅表现为形态的"特殊",而且还表现在其形成过程和形成原因的"特殊"。那么,"特殊"与美感之间的关系如何呢? 这是我们下面所要探讨的问题。

一、哲学视野下的"特殊"含义

开始关注"特殊"和"普遍"的关系,是哲学思维产生的起点,也是哲学的开端。罗素说"哲学是从泰勒斯开始的"。[1] 因为他首先提出了"万物都是由水构成的"这一很有哲学意味的命题。在这个命题中,"万物"是各种"特殊"的形相,"水"是"普遍"的形相。因此,泰勒斯是哲学史上最早关注"特殊"和"普遍"之间的关系的哲学家,也可以说,他开启了关于"特殊"与"普遍"关系的学问。在他之后,对这个哲学问题进行类似思考的著名哲学家有:毕达哥拉斯(万物都是数),赫拉克利特(万物都是火),恩培多克勒(世界是由土、气、火与水四种元素构成的)。这些哲学家的思考和探索导致了西方"形而上学"哲学传统的形成。但是,由于认识的局限,他们的探索都没有达到科学地认识"特殊"与"普遍"的真正含义的高度。

古希腊的柏拉图在"理念"的框架下以"非有"与"有"、"一"与"多"、"有限"与"无限"等概念来论述特殊与普遍、个别与一般的关系。亚里士多德则集前人之大成,在他的《形而上学》中不仅有关于差别与同一的详细、全面、精深的见解,而且在其属于逻辑学的"工具论"中,已经将这些思想加以充分发挥。甚至连特殊性、普遍性、个别性概念也在他那里全部地出现了,并且有着相当准确的规定。"他作得那样严密和正确,以致从来没有人在本质上对他的研究成果

---

① 〔英〕罗素:《西方哲学史》,何兆武、李约瑟译,北京:商务印书馆,1979 年版,第 24 页。

有任何进一步的增加。"①可以说,在逻辑理论思维中,他已达到了他同时代人的最高峰。然而他的思想总的来看,也还是缺少系统性、连贯性、过程性的。用黑格尔的话说,就是"他的哲学却不像是一个次序及联系皆属于概念的有系统的整体,而却是各个组成部分都从经验取来,被搁在一起;部分单独被认为一定的概念,但概念却不是起联系作用的运动"。② 黑格尔在批评亚里士多德的不足的基础上,科学地分析了"普遍与特殊"的关系及其概念的内涵。他说"在概念中,同一发展为普遍,区别发展为特殊,回到根据的对立发展为个别"。③ 这就鲜明地说明特殊性与普遍性都是作为差别性与同一性的展开、发展而存在的。黑格尔在《小逻辑》中还曾经这样说道:"概念已经是潜在的特殊性。但是在概念本身内,特殊性还没有显著地发挥出来,……植物的种子诚然业已包含有根、枝、叶等特殊部分,但这些特殊的成分最初只是潜在的,直至种子展开其自身时,才得到实现"。④ 在这里,黑格尔以植物的种子为例,来说明特殊性。他说在植物的种子还没有"展开自身时",其内部所包含的根、枝、叶等特殊部分,还不能算作现实的特殊性,而只能称为"潜在的"特殊性,也即一般意义上所说的矛盾实体的差别性。只有当这种实体性的差别"显著地发挥出来"时,才会形成根、茎、枝、叶等现实的特殊性。在黑格尔的思想中,特殊性就是差别性的发展。这个深刻合理的思想,贯穿在他的全部著作中。黑格尔还分别从特殊与差别的关系、特殊与个别的关系、特殊与普遍的关系等角度研究"特殊"的含义。

关于特殊与差别的关系,黑格尔说:

> 普遍性、特殊性、个体性,抽象地看,也就相同于同、异和根据。但普遍性乃是自身同一的东西,不过须明白了解为,在普遍性里同时包含有特殊的和个体的东西在内。再则,特殊的东西即是相异的东西或规定性,不过须了解为,它是自身普遍的并且是作为个体的东西。⑤

这里所说"特殊性""也就是相同于""异"与"特殊的东西即是相异的东西或规定性",实质上就是说,特殊性就是差别性。

---

① 〔德〕黑格尔:《小逻辑》,贺麟译,北京:商务印书馆1980年版,第360页。
② 〔德〕黑格尔:《哲学史讲演录》(第二卷),贺麟、王太庆译,北京:商务印书馆,1960年版,第259页。
③ 〔德〕黑格尔:《逻辑学》(下卷),杨一之译,北京:商务印书馆,1966年版,第284页。
④ 〔德〕黑格尔:《小逻辑》,贺麟译,北京:商务印书馆,1980年版,第339页。
⑤ 〔德〕黑格尔:《小逻辑》,贺麟译,北京:商务印书馆,1980年版,第324页。

关于特殊与个别的关系,黑格尔认为"个别是特殊与普遍的统一"①,"根据是差别与同一的统一"②。特殊只是个别的一个方面,差别也只是根据的一个方面。特殊属于个别,因而离不开个别;但又不等同于个别,这正如差别属于根据,而又不等同于根据一样。特殊与个别相比,一个是片面性,另一个是全面性;一个是局部性,另一个则是总体性。特殊是部分的概念,而个别,即"个体或主体,是被设定为全体的概念"③。用黑格尔的话说,特殊性与个别性都是"个别之变的环节"④。它们之间的关系是:一方面,特殊既不是差别,又不是个别;另一方面,却又是差别,也又是个别。在特殊单独存在时,就成为了个别。而当这一特殊与另一特殊相比时,彼此之间也会形成个别。在特殊与特殊相结合而成为普遍性时,特殊可以形成个别;当特殊与特殊相分离而自己独处时,特殊也能成为个别。黑格尔说:"特殊的东西也就是个别的东西,因为他是被规定的普遍的东西,反过来说,个别的东西也同样是特殊的东西,因为它是被规定为普遍的东西。"⑤又说"假如个别被提出作为特殊的概念规定之一,那么,特殊便是把一切规定都概括在自身中的总体;它作为这个总体,又正是一切规定的具体物,即个别性本身"⑥。这就是说,特殊与个别的关系,既是相互关联的,又是相互转化的。

关于特殊与普遍的关系,黑格尔说:

　　特殊的东西包含普遍性,普遍性构成特殊的东西的实体;类在其属中是不变的;各属并不与普遍的东西相差异,而只是彼此互相差异。特殊的东西和它所对待的其他的特殊的东西,具有同一个普遍性。同时,它们的差异,由于它们与普遍的东西同一之故,本身也是普遍的;差异就是总体。——所以特殊的东西不仅包含普遍的东西,而且也通过它的规定性展示了普遍的东西。在这种情况下,普遍的东西构成一个领域,特殊的东西必须穷尽这一领域。⑦

又说:

① 〔德〕黑格尔:《小逻辑》,贺麟译,北京:商务印书馆,1980 年版,第 342 页。
② 〔德〕黑格尔:《小逻辑》,贺麟译,北京:商务印书馆,1980 年版,第 259 页。
③ 〔德〕黑格尔:《小逻辑》,贺麟译,北京:商务印书馆,1980 年版,第 332 页。
④ 〔德〕黑格尔:《逻辑学》(下卷),杨一之译,北京:商务印书馆,1966 年版,第 288 页。
⑤ 〔德〕黑格尔:《逻辑学》(下卷),杨一之译,北京:商务印书馆,1966 年版,第 289 页。
⑥ 〔德〕黑格尔:《逻辑学》(下卷),杨一之译,北京:商务印书馆,1966 年版,第 2908 页。
⑦ 〔德〕黑格尔:《逻辑学》(下卷),杨一之译,北京:商务印书馆,1966 年版,第 273 页。

普遍的东西,因为它毕竟是它的特殊的东西的总体,所以并不是自为地是一个规定了的特殊东西,而是通过个别性才是它的诸属之一,它的其他诸属通过直接外在性便从它那里排除出去。另一方面,特殊的东西同样也并非直接地和自在自为地是普遍的东西,而是否定的统一剥去了它的规定性,从而把它提高为普遍性。①

黑格尔这两段话的意思就是说,矛盾的特殊性与矛盾的普遍性作为矛盾的对立范畴,是既对立又统一,既互相否定又互相包含,既各适其位,又是相互转化的。

从以上哲学家的探讨中可以看出,哲学视野下的"特殊"与差别、个别和普遍相比有其独特性:

第一,具体性,形象性。特殊与普遍相比,特殊就是具体的、形象的,普遍则是抽象的。如白梨、鸭梨、香水梨这些特殊的梨与普遍的梨(普遍性)相比,那么这些特殊的梨就具有具体、生动、形象的特征了,而普遍的梨就只具有抽象本质的特征了。

第二,现象性,表面性。特殊给主体的印象往往具有现象性和表面性的特征,其"质"的规定性需要理性的分析才能把握。如雨果笔下的加西莫多,从表面看,他丑得令人可怕,他的心灵之美(本质)需要通过对他一系列的行为的整体分析才能把握到。

第三,有限性、相对性。由于特殊本身是"属于有和质的东西"②,是一种"规定性",也即具体的不同的客观实在性。所以它存在的规模、范围、条件必然都有一定的限度。例如"漂亮的林黛玉",就个体存在来说,林黛玉的寿命是有限的,"人"(作为普遍概念)才是无限的存在;就林黛玉特殊的"漂亮"而言,则是相对的,贾宝玉觉得她漂亮,焦大则觉得她不漂亮,所以他不会爱上林妹妹。毛泽东说:"因为矛盾的各个特殊,所以造成了个性。一切个性都是有条件的暂时地存在的,所以是相对的。"③讲的正是特殊性的有限性、相对性特征。④

第四,存在形态的不可替换性和发展的动态性。"世界上没有两张完全一样的树叶",说明的是每一张树叶都有其特殊的存在形态,而任何一张具体的树叶都要经历发芽、长大、枯萎、消失这几个阶段,其时刻都处在动态的发展过

①　〔德〕黑格尔:《逻辑学》(下卷),杨一之译,北京:商务印书馆,1966 年版,第 254 页。
②　〔德〕黑格尔:《逻辑学》(下卷),杨一之译,北京:商务印书馆,1966 年版,第 272 页。
③　《毛泽东选集》(第一卷),天津:人民出版社,1967 年版,第 294—295 页。
④　参见于海江:《论特殊性》,《晋阳学刊》1990 年第 5 期。

程中。

所以,从总体上来看,哲学视野下的"特殊"在历时的维度上主要指的是事物发展的差别性,从共时的维度上主要指的是事物之间的差别性。历时的差别性体现的是事物动态发展的永恒性,共时的差别性体现的是事物静态差异的客观性。所以,从哲学的意义上说,"特殊"是指一个事物区别于其他事物的明显特征或标志。"种属"之间的特殊使世界上存在的事物异彩纷呈,"种差"之间的特殊更使世界上存在的事物各有千秋并富于生气。

二、美学视野下的"特殊"含义

比较早地把"特殊"这一概念引进艺术理论中的是歌德,这是他在编辑自己和席勒的通信集提到自己和席勒在创作方法方面的区别时提出来的,他说:

> 诗人究竟是为一般而找特殊,还是在特殊中显现出一般,这中间有一个很大的分别。由第一种程序产生出寓意诗,其中特殊只作为一个例证或典范才有价值。但是第二种程序才特别适宜于诗的本质,它表现出一种特殊,并不想到或明指到一般。谁若是生动地把握住这特殊,谁就会同时获得一般而当时却意识不到,或只是到事后才意识到。①

歌德所说的"特殊"一是指现实生活中生动的个别具体形象,也指艺术家在作品中所表现的真实而完整的个别形象,这个形象能够显示出一般的或普遍的真理。在歌德之后,谢林在比较图式、寓意和象征这三个概念时也说到了"特殊"。他说:

> 这种一般意指特殊或者特殊必须通过一般才能把握的表象(Darstellung)就是图式。然而那种特殊意指一般,或者一般必须通过特殊才能把握的表象就是寓意。两者综合起来,这时一般并不意指特殊,特殊也不意指一般,而是两者完全合成一体,这就是象征。②

这话更表明,艺术活动与"特殊"是分不开的,它或者是以"图式"的方式,或者是以"寓意"的方式,或者是以"象征"的方式出现在作品中。十分明确地把"特殊"与"美"联系在一起的应该是黑格尔,他说,"如果我们回忆一下我们关于美和艺术的概念所已经建立的原理,我们就会看出这个概念里有两重因素:首先

---

① 〔德〕歌德:《歌德谈话录》,见朱光潜:《西方美学史》(下卷),北京:人民文学出版社,1979年版,第415—416页。

② 〔法〕茨维坦·托多罗夫:《象征理论》,王国卿译,北京:商务印书馆,2004年版,第265页。

是一种内容,目的,意蕴;其次是表现,即这种内容和现象的实在——第三,这两方面是互相融贯的,外在的特殊的因素只现为内在因素的表现"。① 所以,在一般的"美"中,主要是形式因素的"特殊"。而这个概念在黑格尔的性格理论中被称之为"这一个",他说"这一个""却不仅要显现为普遍性,而且还要显现为具体的特殊性,显现为原来各自独立的这两方面的完整调解和互相渗透,这就形成完整的性格,这种性格的理想在于自身融贯一致的主体性所含的丰富的力量"。② 并且,"这一个"真正是"每一个人都是一个整体,本身就是一个世界,每个人都是一个完满的有生气的人,而不是某种孤立的性格特征的寓言式的抽象品"。③很明显,在黑格尔的理论中,"特殊"指的是"富有生气"的个性特征,它包含有很丰富的内容。经过黑格尔以后,"特殊"这个概念就成为美学理论中的重要概念了。

在当代美学话语中,"特殊"成为一个运用很广泛的概念,其美学含义也得到进一步的彰显。苏珊·朗格在《艺术问题》一书中说"科学和艺术都离不开'抽象'","一切真正的艺术都是抽象的"。④ 接着,她又说:

> 但是,艺术中的抽象过程却又完全不同于科学、数学和逻辑中的抽象,艺术中抽象出来的形式不是那种帮助我们把握一般事实的理性推理形式,而是那种能够表现动态的主观经验、生命的模式、感知、情绪、情感等的复杂形式,这样的形式不能通过逻辑中使用的渐进式概括手法得到,这就使得整个艺术的发展和使用它的一切技术与推理性思维的发展及其使用的技术有了根本的不同。……

> 一件艺术品是一种特殊的事物,而且永远保持着这种特殊性,它是"这一个",而不是"这一类",它是独特的,而不是样板性的……

> 艺术家所面临的问题,就是对某种特殊的事物加以抽象地处理,使它以某种具体的形式呈现出来。⑤

所以,从美学意义上讲,"特殊"首先是指不同的审美对象具有特殊的存在

---

① 〔德〕黑格尔:《美学》(第一卷),朱光潜译,北京:商务印书馆,1979 年版,第 122 页。
② 〔德〕黑格尔:《美学》(第一卷),朱光潜译,北京:商务印书馆,1979 年版,第 301 页。
③ 〔德〕黑格尔:《美学》(第一卷),朱光潜译,北京:商务印书馆,1979 年版,第 303 页。
④ 〔美〕苏珊·朗格:《艺术问题》,滕守尧译,北京:中国社会科学出版社,1983 年版,第 156 页。
⑤ 〔美〕苏珊·朗格:《艺术问题》,滕守尧译,北京:中国社会科学出版社,1983 年版,第 168—169 页。

形态——或是动态的主观体验、生命的模式、感知、情绪、情感,或者是特殊的声音,或者是特殊的形状,或者是特殊的色彩,甚至是特殊的运动态势,等等。这些特殊的情绪、声、光、色、形都能够以其独特的形态唤起审美主体的审美体验。如崇高与优美、喜剧性与悲剧性、幽默与滑稽等不同的美感形态,就是不同的审美对象以其特殊的方式对审美主体造成不同的审美刺激而形成的差异。这是就审美客体本身而言的"特殊"。

对当代美学理论有着重要影响的美学家,美国的埃伦·迪萨纳亚克在其著名的著作《审美的人》中,她提出了一个非常重要的命题,她认为"艺术的核心:使其特殊"。① 她的意思是说,要把普通的事物(含情感、现象等)变成艺术,最重要的是使这一事物变得与众不同,使其具有特殊的韵味或特殊的"质"。这种特殊的韵味或"质"因其能引起人们特别的美感而成为美的艺术。这个看法也表明,美学意义上的"特殊"还指由人创造并能使人产生美感的一种能够直观感受到的事物的独特特征。

实际上,美学意义上的"特殊"可能包含两种情况:一是客体本身的"特殊",二是主体和客体之间关系的"特殊"。

1. 审美客体的"特殊"

这种特殊往往表现在情感、声音、形状、色彩或运动态势等方面的"特殊"上。

就情感的"特殊"而言,往往表现为艺术家借助不同的意象表达自己内心的情感,使该意象着上主体的情感色彩。如李清照和李后主表现自己情感的意象就各有自己的特色。

就声音的"特殊"而言,格律诗的表现最为突出。相对于自由诗而言,格律诗在声音方面更讲究节拍、平仄、韵律等。节拍不同,平仄有别,韵律相异又与审美主体的不同的情感相对应,就在审美主体中产生不同的美感体验。

就形状的"特殊"而言,或表现为艺术家以独特的形式表现对象的"独特",或是自然本身以其独特的形状唤起欣赏者独特的美感体验。

就色彩的"特殊"而言,或表现为艺术家以独特的色彩表现对象的"独特",或是自然本身以其独特的色彩唤起欣赏者独特的美感体验。

就运动态势的"特殊"而言,往往表现为审美对象以其独特的运动形式或造型给审美主体独特的美感体验。如"鹰击长空"的气势和"鱼翔浅底"的休闲就

---

① 〔美〕埃伦·迪萨纳亚克:《审美的人》,户晓辉译,北京:商务印书馆,2004年版,第70页。

是对象不同的运动态势给我们不同的审美体验。

朱自清先生的名作《荷塘月色》可以使我们对审美对象的"特殊"对主体的独特的美感体验的影响提供一个有力的证明：

> 曲曲折折的荷塘上面，弥望的是田田的叶子。叶子出水很高，像婷婷的舞女的裙。层层的叶子中间，零星地点缀着些白花，有袅娜地开着，有羞涩地打着朵儿的；正如一粒粒的明珠，又如碧天里的星星，又如刚出浴的美人。微风过处，送来缕缕清香，仿佛远处高楼上渺茫的歌声似的。这时候叶子与花也有一些的颤动，像闪电般，霎时传过荷塘的那边去了。叶子本是肩并肩密密地挨着，这便宛然有了一道凝碧的波痕。叶子底下是脉脉的流水，遮住了，不能见一些颜色；而叶子却更见风致了。①

在这个片断里，朱自清先生细致地描绘了荷叶、荷花、荷香的美。描写荷叶，先后用"田田"写其浓密，用"婷婷"写其飘逸，用"凝碧"写其翠绿，用"风致"写其可爱；描写荷花，用"点缀"写其适得其所之用，用"袅娜"和"羞涩"写其娇柔可掬之态，用"明珠"和"星星"写其引人注目之美，用"美人"写其摄人心魄之容；写荷香，用"缕缕"写其神秘和缥缈，用"渺茫的歌声"写其使人陶醉之香。这样，短短的篇幅，就把荷叶独特之貌，荷花独特之容，荷香独特之味形象地传达出来了。整个画面的声、色、貌和运动态势就有效地唤起了审美主体的美感。

2. 主体和客体之间的关系之"特殊"

这主要是指审美主体和客体之间由于某种情景或关系的存在而使美感产生或消失。以下两个例子典型地体现了关系的"特殊"对美感的影响。

宗白华先生在《美学散步》中以女子郭六芳的一首诗《舟还长沙》为例说明美感产生的条件。

> 侬家家住两湖东，十二珠帘夕照红。今日忽从江上望，始知家在画图中。

宗白华根据布洛的"距离"说分析道："自己住在现实生活里，没有能够把握它的美的形象。等到自己对日常生活有了相当的距离，从远处看，才发现家在画图中，融在自然的一片美的形象里。"②宗白华先生的分析有一定道理，如果我们进一步作更为细致的分析，就会更清楚地看到美感生成的原因。从现实的形态看，"侬家"及其周围的环境并没有发生太多的变化，可为什么忽然变得美了呢？

---

① 蔡清富编：《朱自清散文选集》，天津：百花文艺出版社，1986 年版，第 107—108 页。
② 宗白华：《美学散步》，上海：上海人民出版社，1981 年版，第 17 页。

自己为什么对平时看似很平凡的现象产生了美感呢？这主要是自己和对象的关系发生了变化：一是空间关系的"特殊"变化，原来是"身在此山中"，没有能够欣赏到"家"的外在形象特点，现在从远处一看，在夕照下的珠帘却熠熠生辉；二是心理关系的"特殊"变化，原来自己在家中总是忙于世俗的生活，所有的活动都被柴、米、油、盐、酱、醋、茶等物质所束缚，现在远离了这些功利性很强的物质，身心俱处于自由无拘的状态，美感顿时油然而生，这个心理关系的变化对于美感的生成最为重要。所以，主体和客体之间的"特殊"关系对美感的产生具有非常深刻的影响。

苏联的 M. S. 卡冈也曾以不同的人对波涛汹涌的感觉来说明不同的关系或关系"特殊化"对美感的影响：

> 不难理解，波涛汹涌的海洋对于从岸边眺望它的人、对于乘舟出没浪涛中的人、对于初次航海旅行的轮船乘客，对于狂风暴雨中能征惯战的水兵，为什么在感情上将起不同的作用。①

显然，面对波涛汹涌的海洋产生不同情感的原因在于个体与对象所处关系的区别。从岸边眺望的人因为波涛汹涌的海洋对他们没有危害，所以，他们看到的是海洋波澜壮阔的气势美；能征惯战的水兵则因为靠着娴熟的技术战胜海洋而感觉到崇高美、豪情美；而对于乘舟出没在波涛中或者初次航海旅行的乘客来说，则因为利害关系的存在或因为缺乏经验而感觉到海洋的威力并心存恐惧。这个例子也说明，主体和客体之间的"特殊"关系与美感的生成密切相关。

在美学史上，英国心理学家布洛以其"距离说"解释不同的关系对美感产生的不同影响，实质上也是看到审美主体和客体之间关系的"特殊"对美感的影响。这种特殊关系在美学中一般称为审美关系，这是一种超越认知需要、功利需要、伦理需要的，以追求情感的满足和精神的愉悦为目的的关系。这种关系最突出的特征是审美主体不受外物的束缚和约束，精神处于自由自在的状态。

三、"特殊"对美感的意义

"特殊"对美感的意义主要表现在两个方面。

1. 从对"欣赏型"的审美主体美感产生的意义来说，起着"震惊"的作用

心理学实验表明，新鲜奇特的事物或现象总是容易引起人的关注，好奇感是

---

① 〔苏〕M. S. 卡冈：《论实用艺术》，转引自〔苏〕列·斯托洛维奇：《审美价值的本质》，凌继尧译，北京：中国社会科学出版社，1984 年版，第 42 页。

人类的一种天性。无论是自然景象、社会现象或者是艺术作品,新奇独特的东西首先给人的心灵一种强大的震撼力,从而引起美感的产生。如自然美中崇高的对象,它的独特之处或是巨大的体积,或是惊人的数量,或是无比强大的力量。这些特征,首先使人感觉到一种威压感,甚至恐惧感,然后在经过主体的理性思考之后,在主体意识到对象的特殊并没有给自己带来实际意义的危害之后,美感随即产生了。关于这点,康德做过精彩的分析,他说崇高"是一种仅能间接产生的愉快;因而它是通过对生命力的阻滞,及紧跟而来的生命力的更为强烈的涌流之感而产生的,所以它作为激动并不显得像是游戏,而是想象力的工作中的严肃态度。因此它也不能与魅力结合,并且由于内心不只是被对象所吸引,而且也交替地一再被对象所拒斥,对崇高的愉快就与其说包含积极的愉快,毋宁说包含着惊叹或敬重,就是说,它应该称为消极的愉快"。① 即使是一些小诗,也能以其特殊的题材或者特殊的角度使审美主体产生"震惊",从而产生美感。如马雅可夫斯基写的一首爱情诗:"我将保护和疼爱/你的身体/就像一个在战场上受伤的士兵/保护着他的/唯一的一条腿。"②这首诗歌写的是一个孤独的士兵对他远方的情人的思念之情,它之所以成为爱情诗中的绝唱,就在于其以独特的方式表达了这个孤独的士兵对情人的深深思念和深情爱护。特别是最后的一句"唯一的一条腿"显得非常特殊,它既是士兵的身体上不能再缺的一个重要部分,更是他生命和精神的唯一支柱。这个独特的视角,给人的视觉冲击力和心灵的震撼力都是非常巨大的,它所引起的美感也是非常特殊的。但是必须在此指出,并非所有奇特的事物或现象都能引起美感,能引起美感的"奇特"必须是形象鲜明生动、富有生命力,并且能引起人的强烈的情感共鸣的事物或现象。

2. 从对"创造型"的审美主体的影响意义看,起着"引导"的作用

美感往往具有新颖性,"创造型"的审美主体是"美"的创造者,也是美感的唤起人。为此,他总是自觉地追求一种超越,既想超越前人,也想超越自己,以保证自己作品美感的新颖性。如何超越呢? 美感依赖于特殊,这个特点引导着艺术家们在艺术表现的手段上不断创新,总是力图以新鲜独特的手法突破传统以塑造新的形象,突破欣赏者的"期待视野",给人以新的美感满足。我们从艺术史上那些创造了不朽的典型的作品可以看到,在创作手法上,绝大多数的艺术家都非常自觉地追求新颖别致的表现手法。象征派的杰出代表诗人王尔德曾说:

① 〔德〕康德:《判断力批判》,邓晓芒译,北京:人民出版社2002年版,第83页。
② 曹廷华:《文学概论》,北京:高等教育出版社,1986年版,第211页。

"第一个把女人比作鲜花的是天才;第二个把女人比作鲜花的是庸才;第三个把女人比作鲜花的是蠢材。"王尔德这段话非常形象地说明了独特的表现手法对美感强弱的影响。勒内·韦勒克也曾说:

> 伟大的小说家们都有一个自己独特的世界,人们可以从中看出这一世界和经验世界的部分重合,但是从它的自我连贯的可理解性来说,它又是一个与经验世界不同的独特的世界。①

这里的"独特",就在于小说家以独特的形式建构起一个与经验世界不相同的世界,从而使欣赏者得到新的美感满足。

我国著名的"英雄传奇"小说《水浒传》之所以受到广大读者的青睐,除了因其具备"替天行道"的浩然之气外,还在于其突破了在此之前的长篇小说刻画人物性格的缺陷。《水浒传》之前的作品,人物性格特征往往单一化。作者总是注重刻画形象中的本质和共性部分,而不注重形象中特殊的、个性的东西;在突出人物某一本质特点的时候,却忽略了人物独特、丰富和多样的个性。《水浒传》的作者比较注重刻画人物丰富、独特的个性。对此,明末清初小说评点家金圣叹就赞赏地说:"《水浒传》写一百八个人性格,真是一百八个样。"他还举出一组性格类同的人物,分析他们之间的个性差别:

> 如鲁达粗鲁是性急,史进粗鲁是少年任气,李逵粗鲁是蛮,武松粗鲁是豪杰不受羁勒,阮小七粗鲁是悲愤无处说,焦挺粗鲁是气质不好。②

这种"同中见异,犯中求避"的刻画人物性格的自觉意识和特殊手段,形成了《水浒传》独特的美感。

曹雪芹的《红楼梦》之所以能执文坛之牛耳,除了因为其具有深厚的文化意蕴、深沉的历史意识与悲剧意识外,还在于其典型塑造的手法超越了传统的"才子佳人小说"的窠臼。鲁迅对此曾评论说:"自有《红楼梦》以来,传统的思想和手法都被打破了。"③其中"手法"的"打破",鲁迅特别解释说是"打破"了传统小说"好人完全好,坏人完全坏"的写人模式。在《红楼梦》之前,我国传统小说在人物形象的塑造上很明显地分成两大类:要么是卑鄙无耻的小人;要么是纤尘不染的完人。这两类人物从登场到剧终,其性格几乎没有丝毫的改变。《红楼梦》

则不然,在这部伟大的著作中,我们很难对其所塑造的人物做简单的价值判断。作品给我们所展示的"好人",绝对不是十全十美的"完人";作品所塑造的"坏人"也绝对不是十恶不赦的"坏蛋"。"好人"身上也会有一些"可爱的缺点","坏人"的灵魂深处也会偶尔地折射出人性的光辉。前者如贾宝玉,这个典型因其同情下人、尊重妇女而受到了普遍的欢迎。许多读者(特别是女读者)也因他这一美德而交口赞誉他。但是,作者却不因贾宝玉有这样的美德而忽略他在那个年龄段和那样的环境里不可避免的缺点———贪玩、不想读书,在无法自主左右自己婚姻后悲观厌世、逃避现实等。后者如王熙凤,她的性格也有二重性:一方面,她阴险狠毒,贪婪势利,善于耍手腕,弄权术。她说"我从来不信什么阴司地狱报应的,凭是什么事,我说行就行"(第15回)。追求金钱和权势,成了她的人生哲学。为了三千两银子的贿赂,她拆散了张金哥与守备之子的婚事,逼得他们男女双双自杀。为了剪除尤二姐,她"明是一盆火,暗是一把刀",设骗局,施诡计,逼迫尤二姐吞金自逝,却"不露一点坏形"。另一方面,作者又赋予她"美丽多才"、"聪明能干"等特点,特别是写她对刘姥姥的救济,更是折射着人性的光芒。所以,《红楼梦》独特的美感产生于作者塑造人物时不以好人与坏人的概念来演绎、图解人物的性格,也不以主观的好恶来取代对人物性格的真伪、善恶、美丑的客观描写。他严格按照生活发展的客观逻辑与性格发展的客观逻辑,塑造出一个个逼真活脱、矛盾统一的艺术典型,这样的典型就使作品增加了新颖的美感。

　　鲁迅的小说创作在形式方面也追求不断的创新。《呐喊》问世不久,茅盾就撰文高度评价说:"在中国新文坛上,鲁迅君常常是创造'新形式'的先锋,《呐喊》里的十多篇小说几乎一篇有一篇的新形式。"[①]这"新形式"的创造,既体现在不同的表现角度上,也体现在多种人物刻画的技法上。所以,我们阅读鲁迅的小说,总能在不同的作品中品味到不同的美感。

　　因此,正是"特殊"美感的"引导"作用促使创造型的审美主体不断追求新的表现手法,也使不同时代的艺术具有自己独特的生命力。

第二节　西方传统美感理论对"特殊"的探索

　　纵观西方美学理论关于美感的研究,几乎每个时期的美感理论都把美感看

---

　　①　沈雁冰:《读呐喊》,见《茅盾论创作》,上海:上海文艺出版社,1981年版,第12页。

成是一种"特殊"的情感,或认为要引起美感必须要有特殊的形式,所以,"特殊"与美感的关系是西方美学理论重要的组成部分。

一、"形式"的"特殊"和美感——古希腊罗马时期的美感理论

对"形式"的关注是自古希腊的美学家开始的,但是,正如赵宪章先生所言:"在美学、文艺学和艺术批评史上,没有哪一个概念能像'形式'这样被广泛地使用,也没有哪一个概念能像'形式'这样曾经引起如此之多的歧义。它或者被规定为美和艺术的组成要素,或被规定为单纯的操作技术;它有时被推崇为美和艺术的本质或本体存在,有时又被贬抑为无足轻重的附庸、外表或包装……"①在这里,我们不可能对"形式"这个概念做深入的剖析,而只取"形式"其中一个意义——美和艺术的组成要素,以便于我们的阐述。

也是从古希腊开始,哲学家、美学家就开始以他们敏锐的视觉审视美感与"特殊"的"形式"的关系,在他们的思考和探索中,他们特别推崇的是"形式"的"特殊"对美感的影响。最早开始探索"形式"对美感的影响的是毕达哥拉斯学派,他们认为,万物的本原不是物质,而是数。"数的原则是一切事物的原则","整个天体就是一种和谐和一种数"。② 从这个基本的哲学观点出发,他们提出了"美是和谐与比例"的观点。例如,他们认为,"身体美确实在于各部分之间的比例对称"。③

被列宁称为"辩证法的奠基人之一"④的赫拉克利特认为,美在于和谐,和谐在于对立的统一。他说:

> 互相排斥的东西结合在一起,不同的音调造成最美的和谐;一切都是斗争所产生的。
>
> ……
>
> ……自然是由联合对立物造成最初的和谐,而不是由联合同类的东西。艺术也是这样造成和谐的,显然是由于模仿自然。绘画在画面上混合着白色和黑色、黄色和红色的部分,从而造成与原物相似的形相。音乐混合不同

---

① 赵宪章主编:《西方形式美学》,上海:上海人民出版社,1996 年版,第 3 页。
② 北京大学哲学系美学教研室编:《西方美学家论美和美感》,北京:商务印书馆,1980 年版,第 13—14 页。
③ 《列宁全集》(第 38 卷),北京:人民出版社,1986 年版,第 390 页。
④ 北京大学哲学系美学教研室编:《西方美学家论美和美感》,北京:商务印书馆,1980 年版,第 15 页。

音调的高音和低音、长音和短音,从而造成一个和谐的曲调。书法混合元音和辅音,从而构成整个这个艺术。①

赫拉克利特说得很明白,和谐产生美,而和谐在于各种对立的因素统一在艺术形式中。

苏格拉底在与画家巴拉苏斯②讨论绘画的问题时,认为人物的表情、神色和性格都可以通过绘画的形式加以表达;在同雕刻家克莱陀③讨论雕刻问题时,也认为可以通过各种姿势和表情把人物的心理活动表现出来,并因此提出一个著名的命题:"所以一座雕像应该通过形式表现心理活动。"④在《斐利布斯》篇中则特别强调形式美的问题。他说:

> 真正的快感来自所谓美的颜色,美的形式,它们之中很有一大部分来自气味和声音……
>
> ……我说的形式美,指的不是多数人所了解的关于动物或绘画的美,而是直线和圆以及用尺、规和矩来用直线和圆所形成的平面形和立体形;现在你也许懂得了。我说,这些形状的美不像别的事物是相对的,而是按照它们的本质就永远是绝对美的;它们所特有的快感和搔痒所产生的那种快感是毫不相同的。⑤

这种绝对的形式美是什么呢? 苏格拉底的弟子柏拉图认为是"理式",这种"理式"是先于人的现实存在的先验存在。现实是对"理式"的模仿,艺术是对"模仿的模仿",所以,美是理式,美感源于人对"理式"的观照和领悟。柏拉图的推论无疑是唯心主义的,但他认为美感与"特殊"的"理式",即形式有关,确实是值得我们注意的。

亚里士多德反对柏拉图到事物之外、之上去寻找美和美感的原因。他首先认为事物生成和变化的原因就在于事物本身,即"质料因"、"形式因"、"动力因"和"目的因"。所谓"质料",就是事物所由形成的原始材料;所谓"形式",就是事物的本质定义和存在方式;所谓"动力",是指使一定的质料取得一定形式的驱动力量;所谓"目的",是指一具体事物之所以存在所追求的目的。亚里士

---

① 巴拉苏斯是苏格拉底时代重要的画家,既讲究形式对称,又讲究生动逼真。
② 克莱陀是苏格拉底同时代重要的雕刻家。
③ 北京大学哲学系美学教研室编:《西方美学家论美和美感》,北京:商务印书馆,1980 年版,第 21 页。
④ 〔古希腊〕柏拉图:《文艺对话录》,朱光潜译,北京:人民文学出版社,1979 年版,第 298 页。
⑤ 〔古希腊〕柏拉图:《文艺对话录》,朱光潜译,北京:人民文学出版社,1979 年版,第 298 页。

多德认为，由于后三种原因属于同一种类，所以"动力因"和"目的因"就可以包括到"形式因"之中。于是，"四因"就变成了"质料因"和"形式因"两大原因，前者是事物的"潜能"，后者是事物的"现实"；事物的生成就是将形式赋予质料，即质料的形式化。亚里士多德对"形式"的规定使其对"美"和"美感"的考察摆脱了柏拉图"理式"论的神秘色彩，而把其"特殊"建立在坚实的现实的基础上。他在《诗学》中说：

> 无论是活的动物，还是任何由部分组成的整体，若要显得美，就必须符合以下两个条件：不仅本体各部分的排列要适当，而且要有一定、不是得之于偶然的体积，因为美取决于体积和顺序。因此，动物的个体太小了不美（在极短暂的观看瞬间里，该物的形象会变得模糊不清），太大了也不美（观看者不能将它一览而尽，故而看不到它的整体和全貌——假如观看一个长一千里长的动物便会出现这种情况）。……①

在《政治学》中，他又说：

> 美与不美，艺术作品与现实事物，分别就在于美的东西和艺术作品里，原来零散的因素结合成为统一体。②

亚里士多德的观点是很明显的，美在"形式"方面有其"特殊"的要求：一是体积大小要适当——具有可感知性和整一性的特征；二是秩序排列要合适——要和谐。

而关于美感（亚里士多德把它称为快感），他认为是由于对对象的摹仿在"形式"方面相似而引起的。他说：

> 每个人都能从摹仿的成果中得到快感。可资证明的是，尽管我们在生活中讨厌看到某些实物，比如最讨厌的动物形体和尸体，但当我们观看此类物体极其逼真的艺术再现时，却会产生一种快感。这是因为求知不仅于哲学家，而且对一般人都是一件最快乐的事，尽管后者领略此类的感觉能力差一些。因此，人们乐于观看艺术形象，因为通过对作品的观察，他们可以学到东西，并可就每个具体形象进行推论，比如认出作品中的某个人物是某某人。倘若观赏者从未见过作品的原型，他就不会从作品的形象中获取快感——在此种情况下，能够引发快感的便是作品的技术处理、色彩或诸如此

---

① 〔古希腊〕亚里士多德：《诗学》，陈中梅译注，北京：商务印书馆，1996年版，第74页。
② 北京大学哲学系美学教研室编：《西方美学家论美和美感》，北京：商务印书馆，1980年版，第39页。

类的原因。①

这段话是亚里士多德对美感和"特殊"的"形式"之间的普遍关系的深刻洞察:要想引起人对对象的美感,必须以一种利于满足人的求知的形式来摹仿对象。对引起特殊美感的悲剧,也体现了同样的思想:

> 悲剧是对一个严肃、完整、有一定长度的行动的摹仿,它的媒介是经过"装饰"的语言,以不同的形式分别被用于剧的不同部分,它的摹仿方式是借助人物的行动,而不是叙述,通过引发怜悯和恐惧使这些情感得到疏泄。所谓"经过装饰的语言",指包含节奏和音调(即唱段)的语言,所谓"以不同的形式分别被用于不同的成分",指剧的某些部分仅用格律文,而另一些部分则以唱段的形式组成。②

这是亚里士多德对悲剧这一特殊的形式的经典表述,它的"特殊"既在内容——严肃(主题),也在形式——完整(情节,或矛盾冲突)、长度适当、语言(要求用格律)、行动(摹仿的方式)。只有这样,才能有效地"引发怜悯和恐惧使这些情感得到疏泄"。

这样,从毕达哥拉斯到亚里士多德,古希腊时代实际上形成了三种对美和美感产生重要影响的"特殊"的"形式":毕达哥拉斯的"数理形式"、柏拉图的"理式"和亚里士多德的与质料相对而言的"形式"。这三种形式,从本质上看:"即把美和艺术作为形式的统一体,形式是美和艺术之本质规定和存在方式。"③它所侧重的"正是某种部分的安排和比例"。④ 当然,这也是艺术美感产生的重要方式。

到了古罗马时期,罗马诗人贺拉斯提出了与"合理"相对的"合式"的形式概念,这是古罗马时代对艺术的"特殊"要求。所谓"合理",就是合乎情理、合乎理性。贺拉斯认为,诗要写得好,首先要知道什么是应该写和可以写的,要懂得一个人的责任和情感怎样,从而使作品展现出光辉的思想,以体现古典主义的伦理和理性原则。所谓"合式",就是将作品作为一个有机的整体,在题材的选择、性格的描写、情节的展开和语言、格律等表现形式方面"得体"、"妥帖"、"工稳"、"适宜"、"恰到好处"和"尽善尽美"。贺拉斯的观点,更加突出了艺术和美的

---

① 〔古希腊〕亚里士多德:《诗学》,陈中梅译注,北京:商务印书馆,1996 年版,第 47 页。
② 〔古希腊〕亚里士多德:《诗学》,陈中梅译注,北京:商务印书馆,1996 年版,第 63 页。
③ 赵宪章主编:《西方形式美学》,上海:上海人民出版社,1996 年版,第 11 页。
④ 〔波〕瓦迪斯瓦夫·塔塔尔卡维奇:《西方六大美学观念史》,刘文潭译,上海:上海译文出版社,2006 年版,第 229 页。

"特殊"要求——不仅是内容方面的选择要"特殊",而且形式方面的选择也要"特殊",并且这两个方面要达到完美的统一。贺拉斯的"形式"观和其前人的"形式"观相比,更突出其与内容的相对性,他这个观点后来被黑格尔所继承,并被黑格尔发挥为内容与形式的辩证统一。

总的来说,古希腊罗马时期的哲学家、美学家已经开始意识到美和美感的产生必须依赖于一种"特殊"的形式,并在理论上做出了很有深远意义的探索,这种探索,使人们从理论上意识到美和美感与一般的情感所赖以产生的依据的不同。

二、"规则"的"特殊"和美感——文艺复兴时期的美感理论

文艺复兴时代,是人的觉醒时代,也是一个艺术真正得以扬眉吐气的时代。诗和造型艺术都创造了前无古人,后乏来者的辉煌成就。与艺术实践相适应使美学研究也出现了新的气象。主要表现为自然科学与艺术相结合,对规则的重视是该时期重要的美学思潮。达·芬奇的"镜子说"是这个时代的理论典范,正如有的学者所言:"达·芬奇的'镜子说'却足以涵盖文艺复兴形形色色的各类艺术哲学。"①所以,从"镜子说"中可以窥见文艺复兴时代对美和美感的思考之精华。达·芬奇说:

> 画家的心应该像一面镜子,永远把它所反映事物的色彩摄进来,前面摆着多少事物,就摄取多少形象。明知除非你有运用你的艺术对自然所造出的一切形状都能描绘(如果你不看它们,不把它们记在心里,你就办不到这一点)的那种全能,就不配做一个好画师……画家应该研究普遍的自然,就眼睛所看到的东西多加思索,要运用组成每一事物的类型的那些优美的部分。用这种办法,他的心就会像一面镜子真实地反映面前的一切,就会变成好像是第二自然。②

当然,达·芬奇强调忠实于自然,并非是强调对自然的刻板反映,而是强调要从自然中吸取养分。在此基础上,达·芬奇强调创造。他说:"画家与自然竞赛,并胜过自然。"③他认为那些缺乏创造性的、"不运用理性的画家,就像一面镜

---

① 蒋孔阳、朱立元主编,陆扬著:《西方美学通史》(第二卷),上海:上海文艺出版社,1999年版,"绪论"第6页。
② 〔意〕达·芬奇:《笔记》,朱光潜译,见伍蠡甫主编:《西方文论选》上卷,上海:上海译文出版社,1979年版,第183页。
③ 〔意〕达·芬奇:《芬奇论绘画》,戴勉译,北京:人民美术出版社,1979年版,第42页。

子,只会抄袭摆在面前的一切东西,却对它们一无所知"。① 那么,绘画作品怎样才能够超越自然之美呢? 达·芬奇认为应当"师法自然"。画家"要是他愿意向自然学习,就可以获得优异的成绩。一味崇拜权威而不师法自然,那就不是自然"。② 对于想有所作为的画家而言,"更切实的办法还是面向自然的物体,而不是去跟随那些拙劣地模仿自然的东西,给自己养成恶习惯,因为能直接到泉水去的人就不再跑向水缸"。③

达·芬奇在理论层面解决了自然和创造的问题,画家应该师法自然,才能超越自然。达·芬奇作为一个有丰富的实践经验的画家,他没有停留在理论的层面上,他继续总结创造的方法,为此,他在继承前人的"透视法"的基础上④,把"透视法"发展为三种类型:缩形透视,也称为线透视;色透视,也称空气透视;隐没透视。线透视研究物体远离眼睛时看起来变得很小的原因;色透视研究物体离开眼睛愈远时它色彩的变化原因及规律;隐没透视研究物体为何离眼睛愈远其轮廓就愈模糊。达·芬奇把透视学看得很重要,认为绘画是以透视为基础:"透视学是绘画的缰辔和舵轮。"⑤"对正确的理论来说,透视是先导和入口。没有透视,即便有了绘画机会,也不能画好任何东西。"⑥尤其是线透视的运用,使"这么小的空间可以容纳整个宇宙的形象"。⑦

透视法在绘画领域的运用,实际上是自然科学技术在艺术领域的反映,是艺术和科学的完美结合。达·芬奇精通数学、物理学、几何学和解剖学,所以在其理论主张和创作实践中处处可以看见这些自然科学的影子,他是文艺复兴时代

---

① 〔意〕达·芬奇:《芬奇论绘画》,戴勉译,北京:人民美术出版社,1979 年版,第 40 页。
② 〔意〕达·芬奇:《芬奇论绘画》,戴勉译,北京:人民美术出版社,1979 年版,第 48 页。
③ 〔意〕达·芬奇:《芬奇论绘画》,戴勉译,北京:人民美术出版社,1979 年版,第 182 页。
④ 据邱紫华先生的《达·芬奇的艺术美学思想》介绍,文艺复兴时期透视学通过乔托、马萨乔、多那太罗、布鲁内列斯基等艺术家在自己创作实践中的探索和尝试,已取得了重大的发展,理论上也有布鲁内列斯基、阿尔贝蒂、佛兰西斯卡等人的精心研究和总结。这些艺术家在透视学方面最大的成果在于直线透视,也叫做焦点透视。线透视是阐明物体为什么越远越小的道理。古希腊数学家欧几里得和 13 世纪波兰学者维帖罗的著作中已有所论及。文艺复兴时期的艺术家为了遵循自然,表现真实的美学原则,在透视上进行了悉心的研究,仅维帖罗的著作中就有 805 条关于透视的结论。参见邱紫华:《达·芬奇的艺术美学思想》,《兰州大学学报(社会科学版)》2003 年第 2 期。
⑤ 〔意〕达·芬奇:《芬奇论绘画》,戴勉译,北京:人民美术出版社,1979 年版,第 56 页。
⑥ 〔苏〕阿·古贝尔、符·巴符洛夫:《艺术大师论艺术》(第二卷),刘惠民译,北京:文化艺术出版社,1992 年版,第 126 页。
⑦ 〔意〕达·芬奇:《芬奇论绘画》,戴勉译,北京:人民美术出版社,1979 年版,第 28 页。

的典型代表,他的绘画理论和创作实践表明当时的美的创造和美感极大地依赖于这些"特殊"的技法,符合技法的则美,则容易唤起人的美感。

三、"理性"的"特殊"和美感——启蒙主义时期的美感理论

西方的启蒙运动是继文艺复兴之后的又一次规模宏大、影响深刻的思想大解放运动。文艺复兴使人类精神从神的奴役下解放出来,并从根本上动摇了根植于宗教神权的封建统治,理性主义和人道主义深入了人心。但是,封建势力尚未退出历史的舞台,甚至以更为极权的方式压制着资本主义的发展,这在欧洲大陆上的法国和德国表现得特别明显。在这种情况下,新兴的资产阶级急切需要确立自己的社会地位,因此,法国资产阶级首先打出自由、平等和博爱的大旗,旗帜鲜明地反对封建统治和它的精神支柱——天主教会。启蒙运动的基本特征正如康德在其著名的论文《答复这个问题:"什么是启蒙运动"》中所界说的那样:

> 启蒙运动就是人类脱离自己所加之于自己不成熟状态。……要敢于认识!要有勇气运用你自己的理智!这就是启蒙运动的口号。①

这就很鲜明地体现了启蒙运动的总体特征:用理性武装自己的头脑以摆脱人类自己加之于自己身上的愚昧。理性精神就成为启蒙运动的重要支柱,它的地位正如恩格斯所言:"一切都必须在理性的法庭面前为自己的存在作辩护或放弃存在的权利。思维着的悟性成了衡量一切的唯一尺度。"②除此之外,启蒙运动的领袖还主张回归自然。③ 这样,我们可以清楚地看到,"启蒙主义者的大旗上书写着理性和自然,这面战斗的令旗直接挥向自由、平等、博爱的理想王国"。④ 在启蒙主义思想影响下的启蒙主义美学认为"理性"是产生美和美感之源,因此,艺术创作应该表现"理性"。(含自然,因为自然代表着"真")

法国启蒙主义思想家孟德斯鸠在《论趣味》一文中把美与快乐联系起来,认为"当我们看到一件事物时感到快乐,却没有发现它在当前有什么用处时,我们

---

① 〔德〕康德:《历史理性批判文集》,何兆武译,北京:商务印书馆,1990年版,第72页。
② 〔德〕恩格斯:《反杜林论》,见《马克思恩格斯论文学与艺术》(下卷),北京:人民文学出版社,1982年版,第424页。
③ 张玉能先生认为,在启蒙主义者那里,自然这个概念主要指独立于神和人之外的有规律的物质实体,同时也指与文明对立的原始状态以及合乎理性的社会秩序,有时也指人听凭良心的情感流露。见张玉能:《西方美学思潮》,太原:山西教育出版社,2005年版,第115页。
④ 张玉能:《西方美学思潮》,太原:山西教育出版社,2005年版,第116页。

就说它是美的"。这便明确地揭示了美的事物是能引起超乎功利性的事物。不过,他也认为,"精神本身还有它自己固有的快乐,这些快乐是不依赖于感官的",而且他还坚持秩序、多样化和对称、对比都能引起快乐:"既然同自然创造物相似的艺术作品的美仅仅是在于它们给予我们的快乐,那么就应当尽量使这些快乐多样化。"最终他仍然坚持理性是美和美感的基础:"我常说,使我们感到快乐的作品应当是建筑在理性上面的;有的作品在某些方面不是这样,而其他方面却仍然使我们感到快乐,那它必然是尽可能不违背理性的。"①

另一位法国启蒙主义思想家伏尔泰认为,"要用'美'这个词来称呼一件东西,这件东西就须引起你的惊赞和快乐"。他把美分为两种,"只打动感官、想象和'聪明劲儿'的那种往往是不定的,向人申诉的那种美却不是不定的"。② 后一种美的理性色彩是很明显的。

从上我们可以看出,孟德斯鸠和伏尔泰都看到了美和美感的特殊之处:它们都与人的感官有关,都能给人带来惊奇或快乐,都与人的理性有不可分割的联系。伏尔泰还特别强调那种诉诸人类心灵、理性,带有较强规律性的美是定质的,是人类共通的。

启蒙运动的杰出领袖狄德罗强调:"艺术中的美和哲学中的真都根据同一个基础。真是什么? 真就是我们的判断与事物的一致。摹仿性艺术的美是什么? 这种美就是所描绘的形象与事物的一致。"③他所说的"真"就是理性精神。

这是狄德罗对"摹仿说"的继承,强调美是对客观事物的摹仿。在这个基本理论的基础上,他在戏剧理论方面强调"要真实! 要自然! 要古人!"④在诗歌创作方面强调"诗需要的是一种巨大的粗犷的野蛮的气魄"。⑤ 这些观点充分表明狄德罗在理论上始终坚持艺术要摹仿自然的理论主张,这些主张显然都是建立在对理性推崇的基础上的。当然,狄德罗也并非对自然进行机械的照搬或摹仿,因此他也再三强调艺术并不等于自然,摹仿并不等于被动地抄袭。他见到美一定同时是真实的,但并不是一切真实的东西都美,美也有高低深浅之别。他说,"自然有

---

① 〔法〕孟德斯鸠:《罗马盛衰原因说》,见张玉能:《西方美学思潮》,太原:山西教育出版社,2005 年版,第 116 页。

② 北京大学哲学系美学教研室编:《西方美学家论美和美感》,北京:商务印书馆,1980 年版,第 124 页。

③ 朱光潜:《西方美学史》(上卷),北京:人民文学出版社,1979 年版,第 274 页。

④ 朱光潜:《西方美学史》(上卷),北京:人民文学出版社,1979 年版,第 62 页。

⑤ 朱光潜:《西方美学史》(上卷),北京:人民文学出版社,1979 年版,第 273 页。

时枯燥,艺术却永远不能枯燥"。所以艺术对于自然,首先应有选择。"摹仿自然并不够,应该摹仿美的自然。"①对自然的选择性摹仿,也需要理性的甄别。

德国启蒙运动的主要领导有高特雪特、鲍姆嘉登、温克尔曼和莱辛等。他们同样强调理性对美感的作用。高特雪特的哲学出发点和笛卡儿、莱布尼茨和沃尔夫的理性主义的是一致的,认为文艺基本上是理智方面的事,主要根据理性,掌握了一套规则,就可以如法炮制。鲍姆嘉登提出"美学的对象就是感性认识的完善(单就它本身),这就是美",不仅使美学找到了自己的研究对象,从而使美学成为与逻辑学、伦理学相对的独立学科,而且强调了美学研究中的美不能脱离认识主体的认识活动,这样,就兼顾到了美的客观性质与主观认识在其中所起的作用,实际上也为美感与美的关系的研究开辟了道路。

温克尔曼是艺术史家,他在论文《关于在绘画和雕刻中摹仿希腊作品的一些意见》提出的"无论是就姿势还是就表情来说,希腊艺术杰作的一般优点就在于高贵的单纯和静穆的伟大"②,从本质上看是强调雕刻艺术要受到理性的克制,不能让情感左右作家,也不能让情感泛滥地表现在雕刻中,只有这样,才能产生"高贵的单纯和静穆的伟大"的美感。

莱辛在美学上的贡献主要在两个方面:首先是通过他的名著《拉奥孔》,他指出诗和画的界限,纠正了屈黎西派③提倡描绘体诗的偏向和温克尔曼的古典艺术特点在静穆的片面的看法,把人的动作提到首位,建立了美学中的人本主义思想。其次,通过他的《文学书简》和《汉堡剧评》,和法国启蒙运动领袖狄德罗互相呼应,建立了市民戏剧的理论和一般文学的现实主义理论。④

就"美"本身的独特性而言,莱辛在《拉奥孔》中的论点表明了他的观点:

> 我要建立的论点只是:在古希腊人来看,美是造型艺术的最高法律。

> 这个论点既然建立了,必然的结论就是:凡是为造型艺术所能追求的其他东西,如果和美不相容,就须让路给美;如果和美相容,也至少须服从美。⑤

---

① 朱光潜:《西方美学史》(上卷),北京:人民文学出版社,1979 年版,第 281 页。
② 朱光潜:《西方美学史》(上卷),北京:人民文学出版社,1979 年版,第 302 页。
③ 屈黎西派是指 18 世纪出现在瑞士的屈黎西的一个启蒙主义流派,代表人物是波特玛(Bodmer,1698—1783)和布莱订格(Breitinger,1701—1767)。该流派形成于与高特雪特的论争中,他们提倡描绘自然风景的诗,强调想象在创作中的作用。
④ 参见朱光潜:《西方美学史》(上卷),北京:人民文学出版社,1979 年版,第 308—309 页。
⑤ 〔德〕莱辛:《拉奥孔》,朱光潜译,北京:人民文学出版社,1979 年版,第 14 页。

这是莱辛扬画贬诗的观点的集中体现。原因是他认为"物体美源于杂多部分的和谐效果,而这些部分是可以一眼就看遍的。所以物体美要求这些部分同时并列;各部分并列的事物既然是绘画所特有的题材,所以,绘画,而且只有绘画,才能摹仿物体美"。① 在此,莱辛认为绘画优于诗,因为绘画能很好地使"杂多"变成"和谐",因此,"和谐"是莱辛判断"美"的标准。他说:

　　　　如果某一单纯部分不妥帖,它就会破坏由许多部分造成美的那种和谐的效果,但是,如果对象还不因此就显得丑。丑要有许多部分都不妥帖,而这些部分也要是一眼就可看遍的,才能使我们感到美所引起的那种感觉的反面。②

这个标准是对毕达哥拉斯以来的"比例"、"对称"、"统一"的观点的继承,并更加强调了艺术家主动创造"和谐"的一面,使"美"中的人的因素得到了强化,这种"主动创造",实际上也是对人的"理性"的张扬,也就是说,他强调的是艺术家要主动创造能唤起欣赏者美感的艺术,这是莱辛比前人突出的地方。

从启蒙主义运动领袖的理论中我们可以看出,在这个时期,他们对美和美感的研究有如下特点。

第一,从研究方法看,认识论的倾向已经十分明显,实证方法也得到了普遍的应用,历史材料的考证成为研究各个时代审美趣味差异原因的重要方法。

第二,虽然美感的概念尚未正式出现,但他们所用的"快乐"和"审美趣味"等概念从本质上看就是美感的表现形态。

第三,从研究重点来看,他们对"美"本身的研究重于对"美感"的研究。

第四,美和美感都与人相关,特别是人的理性对美和美感的形成具有重要的影响,强调以理性来规范创作,使理性渗透在审美对象中,从而形成"特殊"的艺术魅力,这是继文艺复兴以来对人的肯定在美学研究领域的充分体现。

第五,辩证法的观点明显地体现在他们的研究过程和研究结论中。

四、"经验"的"特殊"和美感——经验主义的美感理论

在17—18世纪,与法国理性主义美学思潮相对立的是英国经验主义美学思潮,这一思潮是直接继承了文艺复兴时期的人文主义传统,在自然科学发展的基础上,随着英国资本主义生产关系的确立而确立起来的。它由培根奠基,经过霍

---

① 〔德〕莱辛:《拉奥孔》,朱光潜译,北京:人民文学出版社,1979年版,第111页。
② 〔德〕莱辛:《拉奥孔》,朱光潜译,北京:人民文学出版社,1979年版,第129页。

布斯和洛克的系统化而确立。"这三位思想家虽然也很关心美学问题,但是他们的主要贡献不在于具体的美学问题的阐述,而在于给英国经验派美学思想提供了哲学原则和方法论基础。这些原则和基础归纳起来主要是以下几点:感觉主义、心理主义、伦理主义。"①实际上,他们对美和美感问题的探索也体现了这几点,这两者的"特殊"也在于其与感觉、心理和伦理相关,感觉的产生、心理的形成以及伦理态度则与人的经验相关,因此,可以说是"经验"的特殊影响了美和美感的生成。

1. 美和美感都与人的感觉相关

培根认为,"知识是存在的反映",并说:"人若非想着发狂,则一切自然的知识都应求知于感官。"②他在《论美》中谈到人的形体美时指出:

在美方面,相貌的美高于色泽的美,而秀雅合适的动作的美又高于相貌的美。这是美的精华,是绘画所表现不出来的,对生命的第一眼印象也是如此,没有哪一种高度的美不在比例上现出几分奇特。……我们常看到一些面孔,就其中各部分孤立地看,看不出丝毫优点;但是就整体看,它们却显得很美。③

很明显,培根在坚持美是对象本身的属性的基础上,也注意到了审美主体的"印象"对美的影响,并且,美具有整体性、比例和奇特等特点。

霍布斯认为,"我们所有的一切知识都是从感觉获得的"。他把美视为内心的感觉,不过这种感觉是由物体或现象的某些客观特征的总和引起的。所以,美是对外部影响在人的机体的某个部分所引起的内部运动的感知。这便是霍布斯在美学问题上坚持的唯物主义感觉论原理。

洛克更加系统地阐述了哲学上的经验和感觉论,认为根本不存在什么天赋观念,人的认识是来源于经验并以经验为基础的,并进一步提出了"白板说",认为人心就像一张白纸,留在这张白纸上的一切痕迹都是从经验中得来的。同时他还认为,凡存在于理性中的,都已先存于感觉中。此外,他承认人的经验有"外部经验"——感觉(客观物质世界对人的感觉器官作用的结果),还有"内部经验"——反省(心灵本身的活动,如意愿、爱憎等),两者同为经验,是认识的同等平列的源泉。这样,就给美学探讨奠定了最系统的感觉主义原理。

---

① 张玉能:《西方美学思潮》,太原:山西教育出版社,2005 年版,第 139 页。
② 张玉能:《西方美学思潮》,太原:山西教育出版社,2005 年版,第 139 页。
③ 北京大学哲学系美学教研室编:《西方美学家论美和美感》,北京:商务印书馆,1980 年版,第 77—78 页。

2. 美和美感与人的心理活动密切相关

张玉能先生指出:

> 经验主义美学思想代表人物最为突出的特点和贡献,乃在于他们着力于认识过程的心理因素的分析,从而给审美心理的分析提供了当时科学所能达到的科学依据,开始了经验主义美学思想的心理学分析的倾向,成为后世科学主义中各种形而下的心理学美学的始祖。①

这个评价是准确的,经验主义美学家实际上正是看到美和美感与人的各种心理的复杂关系,才自觉地从心理学的角度进行探索。从另一方面来看,也证明了美和美感既不是源于柏拉图所说"理式",或如托马斯·阿奎那所说的源于"神"的光辉,也不是简单地源于毕达哥拉斯、亚里士多德等唯物主义美学家所说的对象的比例、对称、和谐等物理属性,美和美感的特殊之处就在于是物的属性和心的感觉的交互作用而形成的。

在具体的理论中,培根看到了想象的重要作用,他认为"想象既不受物质规律的拘束,可以把自然已经分开的东西结合在一起,也可以把自然已结合在一起的东西分开,这样就在许多自然事物中造成不合法的结婚和离婚"。② 这样就强调了想象的创造性和自由性。霍布斯在培根的基础上,进一步研究了想象和虚构,并总结出想象和虚构赖以形成的观念联想律。他指出,想象虽然是"衰退的感觉",却可以把不同感觉留下的意象或观念加以自由综合,这种综合所依据的规律便是联想律。例如,"感觉在一个时候显出一座山的形状,在另一个时候显出黄金的颜色,后来想象就把两个感觉组合成一座黄金色的山"。③ 这实际上指出了想象、联想对美和美感形成的作用。洛克则在霍布斯思考的基础上进一步系统化,提出了简单观念和复杂观念以及正式命名了观念联想律。这样,为后来的经验美学深入、系统地分析美和美感提供了切实可用的分析框架和模式。

3. 美和美感具有伦理和实用色彩

培根、霍布斯、洛克这三位思想家正处在英国资产阶级革命的准备和进行时期,他们对政治、道德以及人们实际生活中的问题比较关心,所以,他们在涉及美学问题时往往注意到美学问题与伦理道德、政治教育以及实用方面的紧密相关,

---

① 张玉能:《西方美学思潮》,太原:山西教育出版社,2005 年版,第 139 页。
② 〔英〕培根:《学术的进展》,见伍蠡甫主编:《西方文论选》(上卷),上海:上海译文出版社,1979 年版,第 247 页。
③ 〔英〕霍布斯:《论人性》,见张玉能:《西方美学思潮》,太原:山西教育出版社,2005 年版,第 143 页。

表现出对古代美学思想优良传统的继承,立足于当时现实,形成了英国经验派美学思潮的伦理色彩和实用倾向。因此,在美和美感的探讨中很自然地认为它们是伦理规范的一种特殊的表现形式了。

培根在谈到人的美时说:"如果美碰巧落在一个正当的人身上,它也一定会使他的德行放射出光辉,使他的罪过引起面孔上羞惭的红晕。"①"才德犹如一颗宝石,宝石镶嵌在不加修饰的典雅的框架中时,它变幻多端惹人喜爱,同样,才德放在一个合乎比例的,在其中更多的是令人肃然起敬的长处而不是只作用于眼睛娇丽的女性的身体上,也会更加显得突出。"②美是和"正当"和"德行"相关的,"才德"可以使人的美锦上添花。在评价诗歌时,他说:"因为历史中的行动和事迹见不出能使人满足的那种宏伟,诗就虚构出一些较伟大,较富于英雄气概的行动和事迹。""这样,诗就显得有助于胸怀的宽敞和道德,也有助于欣赏。所以,诗在过去一向被认为分享得几分神圣的性质,因为它能使事物的景象服从人心的愿望,从而提高人心,振奋人心。"③此外,他在《论建筑》中强调建筑的外观美要服从于适合居住的实用目的:"造房子是为了在里面居住,而不是为了观赏它们的外表。所以,如果两者不可得兼,应先考虑实用,然后再去追求整齐对称。"④艺术和建筑的实用功能被培根放在了很重要的位置。

霍布斯则明确表明美和善具有密切的关系。他说:"美就是一个物体的某些属性的总和,这些属性使人们可以从中期望到善。我们认为,一个物体如果表现了同我们所喜欢的那些物体有相似之处,那这些物体也会为我们所喜欢,美乃是善的先兆。如果美表现在行为举止中,那么我们就称之为荣誉,如果美包含在外在形式中,那我们就称之为形式美,我们之所以喜欢这种美是出于一种想象——即这种美也能达到它所代表的那种善。"⑤这里不仅把美与善紧密相连,而且直接把外在形式的美当做善的表现形式,并从心理学的角度分析了两者相

---

① 北京大学哲学系美学教研室编:《西方美学家论美和美感》,北京:商务印书馆,1980年版,第78页。
② 〔英〕培根:《论美》,见马奇主编:《西方美学史资料选编》(上卷),上海:上海人民出版社,1987年版,第357页。
③ 〔英〕培根:《学术的促进》,见张玉能:《西方美学思潮》,太原:山西教育出版社,2005年版,第145页。
④ 〔英〕培根:《论建筑》,见马奇主编:《西方美学史资料选编》(上卷),上海:上海人民出版社,1987年版,第359—360页。
⑤ 〔苏〕奥夫相尼科夫:《美学思想史》,吴安迪译,西安:陕西人民出版社,1986年版,第115页。

连的内在机制(期望和想象得到善)。

洛克更是从伦理教育和功利的目的来看待艺术。在他看来,理想的人应该具备"讲求实际"的品质:明理、自制、谨慎、节俭、尽力积蓄财富,等等。因此,他一般反对运用艺术来培养这种人。他提倡舞蹈,因为舞蹈"教孩子恪守礼节和举止得当,因此能够在进入成年人社会之前受到教养";(《论教育》)他反对诗,是因为"我们很少看到人在诗山发现了金矿或银矿";他也反对音乐,是因为音乐不能给人以直接的好处,"时间和精力应该用在改进那些最有用和最有效的事情上";他还不赞成绘画,因为绘画需要太多时间去学到技巧,"在绘画方面花费很多时间、精力和钱财将是无目的的浪费"。[①](《论教育》)从表面上看,我们可以看到洛克对艺术的反对,但从另一个方面看,他的主张又反映了经验主义美学研究的伦理主义色彩和实用主义的倾向。

总的来说,英国的经验主义美学在美和美感的研究上所看到,或所要求的"特殊"是:美和美感与人的心理密切相关,也和社会伦理及其功用密不可分。这些研究表明:美和美感的确不是一种单纯的心理活动或心理现象,而是包含着各种因素在内的"特殊"现象。

培根、霍布斯和洛克的研究为英国经验主义美学提供了很重要的理论基础并提供了研究方法,并且,在他们的思想的影响下,夏夫兹博里、哈奇生、休谟和博克把美和美感的研究推向了深入。他们或是在反对霍布斯和洛克等人的思想上提出自己的观点,如夏夫兹博里、哈奇生,或是发展了他们某一方面的观点,如休谟和博克,但无论如何,美和美感的研究终究是在上述三个方面的规范下得到了深入和发展。

五、"先验理性"或"理念"的"特殊"和美感——德国古典主义时期的美感理论

德国古典主义时期,以康德、席勒、黑格尔为代表的理论家对美和美感的研究更为深入,也更为理性和全面了,他们的研究使人更加清楚地看到美和美感的"特殊"之处。

首先是康德,他分别从质、量、关系和模态四个方面规定了美的特征,在此基础上,对美感与一般的生理快适和一般的欲望进行了比较。比起英国的经验美学派认为美感是快感,大陆理性派认为美感是"完善"的观点来,康德的研究真

---

① 朱光潜:《西方美学史》(上卷),北京:人民文学出版社,1979 年版,第 210—211 页。

正体现了美和美感的特殊。

康德认为,美和美感的特殊表现在四个方面:

第一,从质来看,"鉴赏是通过不带任何利害的愉悦或不悦而对一个对象或一个表象方式作评判的能力。一个这样的愉悦对象就叫做美"。① (着重号为译者所加,本节下同——引者)

第二,从量来看,"凡是那没有概念而普遍令人喜欢的东西就是美的"。②

第三,从关系来看,"美是一个对象的合目的性形式,如果这形式是没有一个目的的表象而在身上被知觉到的话"。③

第四,从模态来看,"凡是那没有概念而被认做一个必然愉悦的对象的东西就是美的"。④

康德对美和美感所做的分析,充分表明了美和美感的确是一种很特殊的形态。它和实际的利害无关,因此不同于实践的功利活动;它和概念无关,因此不同于逻辑的理论活动;它和目的无关,因此不同于道德上的善;它只是对象在形式上对我们主体心理所引起的一种快与不快的感情;引起这种感情的对象是个别的,产生这种感情的主体也是个别的,但是它却具有普遍性和必然性,能够得到人人的普遍赞同,人人普遍赞同的依据则是具有先验意义的"共通感"。也就是说,这种先验的"共通感"是美感得以产生的依据和源泉。这个"共通感"在康德看来,是一种"先验理性",是人所先天具备的一种特殊能力。

在席勒的研究中,席勒是用"活的形象"来表述美的"特殊"存在方式的。席勒是在试图调和"感性冲动"和"形式冲动"的矛盾时提出这个概念的,他说:

> 感性冲动的对象,用一个普通的概念来说明,就是最广义的生命,这个概念指一切物质存在以及一切直接呈现于感官的东西。形式冲动的对象,用一个普通的概念来说明,就是本义的和转义的形象,这个概念包括事物的一切形式特性以及事物对思维的一切关系。游戏冲动的对象,用一种普通的说法来表示,可以叫做活的形象,这个概念用以表示最广义的美。⑤

这里所说的"美"(也即活的形象)并非单指"美的形象",而是指所有的审

---

① 〔德〕康德:《判断力批判》,邓晓芒译,北京:人民出版社,2002 年版,第 45 页。
② 〔德〕康德:《判断力批判》,邓晓芒译,北京:人民出版社,2002 年版,第 54 页。
③ 〔德〕康德:《判断力批判》,邓晓芒译,北京:人民出版社,2002 年版,第 72 页。
④ 〔德〕康德:《判断力批判》,邓晓芒译,北京:人民出版社,2002 年版,第 77 页。
⑤ 〔德〕席勒:《审美教育书简》第三封信,冯至、范大灿译,上海:上海人民出版社,2003 年版,第 118 页。

美的现实。席勒实际上是在这里纠正了经验主义只注重感官本身或理性主义只重视形式本身的片面性。"活的形象"是感性材料和完美形式的有机统一,并且,它有这样的特征:

> 美既不扩张到生物界的全部领域,也不仅仅限于这个领域。一块大理石虽然是而且永远是无生命的,但通过建筑师和雕刻家的手同样可以变成活的形象;而一个人尽管有生命,有形象,但并不因此就是活的形象。要成为活的形象,就需要他的形象是生活,他的生活是形象。在我们仅仅思考他的形象时,他的形象没有生活,是纯粹的抽象;在我们仅仅感觉他的生活时,他的生活没有形象,是纯粹的感觉。只有当他的形式在我们的感觉里活着,而他的生活在我们的知性中取得形式时,他才是活的形象;而且不管在什么地方,只要我们判断他是美的,情况总是这样。①

也就是说,在"活的形象"中,生活与形象、内容与形式是相互统一、相互转化的,它们或是"充满内容的形式",或是"变成形式的内容",换句话说,"活的形象"是既有感性的内容,又有理性的形式;既有生活,也有活的形象。它的"特殊"就在于,既不与自然感性的东西相同,也不与抽象的推理形式相同。应该说,席勒的"活的形象"已经使"美"的"特殊"存在形式达到了比较辩证的高度。但是,必须指出,席勒认为"活的形象"是"知性"中取得的"形式",这样,这个"形式"也就具有一定的"先验"意味。

黑格尔在康德、席勒的基础上提出"美是理念的感性显现"来表述美的"特殊"。黑格尔观念中的"美"和以往美学家的观念有很大的区别,其"特殊"之处在于既不同于经验主义美学把美看成是一种主观的感受,也不同于理性主义美学把美看成是抽象的"感性认识的完善",而是认为,美出自心灵(即绝对精神)但却又能在感性具体的对象中体现出来。这样,黑格尔心目中的美就真正是体现了主观和客观、感性与理性、必然与自由的统一。虽然他这种统一仍然是一种唯心的,但却是"客观"的,因此,美就是一种可以观照的东西了,所以,在黑格尔看来,"理念"是美和美感之源。

纵观德国古典美学,无论是康德的"先验理性",还是席勒的"活的形象",或是黑格尔的"理念",他们一致的地方都承认了美感是一种特殊的情感,并且都认为,引起美感的对象需要"特殊"的形式。当然,康德把这种特殊的形式称为

---

① 〔德〕席勒:《审美教育书简》第三封信,冯至、范大灿译,上海:上海人民出版社,2003年版,第118—119页。

"共通感",席勒认为是一种先验的"知性形式",黑格尔则认为是"理念"的"感性显现"。他们的观点虽然有历史局限性,但值得肯定的是,他们对美感"特殊"形态的关注,是富有启发意义的。

总而言之,西方美学关于美和美感研究的历史,也可以说是慢慢地认识美和美感的"特殊"的历史,即使是在现代美学兴起之后,西方美学对美和美感的"特殊"的探索也没有停止过。当然,现代美学更加关注的是"生命"(柏格森)、"意志"(尼采、叔本华)、"存在"(萨特)的意义,更加关注主体的深层意识(弗洛伊德、荣格)对美和美感的影响,但是,不能否认的一点是,当他们要追究美和美感的本源时,就不得不把生命、意志、存在、"里比多"与这些东西的外在存在形式结合起来,于是,美和美感就自然成了生命、意志、存在、"里比多"的外在形式,所以,美和美感终究是与"特殊"联系在一起的。

第三节 "特殊"向美感转化的条件

上一节我们提到,审美活动中的"特殊"一般表现在两个方面:一是审美客体本身的"特殊",二是审美主体与审美客体之间的关系的"特殊"。但是,我们必须指出,一般而言,对"特殊"的认识,毕竟是认识论层次的。因此,在一般情况下,这两种"特殊"就仅仅是美和美感形成的前提。"特殊"要转变为美和美感还需要有一定的条件。在这两种"特殊"中,主客体之间关系的"特殊"对美和美感的生成无疑具有更为重要的意义,因为正是在审美活动中建构起来的审美关系使主体对客体的认识和理解具有不同于认识活动、伦理活动、宗教活动的特点,使其对对象看法有了特殊的视角,从而影响着美感的形成。蒋孔阳先生曾对美的形成所涉及的因素做了一个很好的说明,他说:

> 大千世界,到处都是美的东西。这些东西为什么会成为美的东西?它们是怎样产生和创造出来的呢?人又为什么能够欣赏它们,创造它们,并认为它们是美的呢?这就涉及了人对现实的审美关系。"审美"一词,是一个动宾结构。首先,谁去审美?这是作为审美主体的人。其次,审什么?这是客观现实中具有审美特征的东西,也就是审美的客体。审美主体与审美客体发生了美学上的关系,这就是审美关系。人间之所以有美,以及人们之所以能够欣赏美,就因为人与现实之间存在着审美关系。①

---

① 蒋孔阳:《美学新论》,北京:人民文学出版社,2006年版,第3页。

　　蒋孔阳先生的这段话,就明确无误地告诉我们,美和美感的产生和形成必然涉及审美客体、审美主体和审美关系,因此,我们分析"特殊"向美感的转化条件也从这三个要素入手。

一、客体的审美潜能是一般客体转化为审美客体的基础

　　什么是审美潜能? 目前学界还没有一个很明确的概念,但是,蒋孔阳先生关于美是多层累的突创这个理论为我们认识审美潜能提供了很有意义的启发。他说:

> 我们认为美的创造,是一种多层累的突创(Cumulative emergence)。所谓多层累的突创,包括两方面的意思:一是从美的形成来说,它是空间上的积累与时间上的绵延,相互交错,所造成的时空复合结构。二是从美的产生和出现来说,它具有量变到质变的突然变化,我们还来不及分析和推理,它就突然出现在我们面前,一下子抓住我们。正因为这样,所以美的内容是极其丰富和复杂的,它不仅具有多层次、多侧面的特点,而且囊括了人类文化的成果和人类心理的各种功能、各种因素。但它的表现,却是单纯的、完整的,有如一座晶莹的玲珑宝塔,虽然极尽曲折与雕琢之能事,但却一目了然,浑然一体。①

　　蒋孔阳先生的阐述表明,美(即审美客体)的出现是人类历史文化和人类心理功能、因素的长期累积的必然结果。换句话说,客观的事物要转化为审美的客体,需要具有以下潜能:

　　第一,该事物是人类历史文化和人类心理各因素的长期积淀。蒋孔阳先生认为美具有多样性和复杂性的特征,它是"自然物质层"、"知觉表象层"、"社会历史层"和"意识心理层"的集合体。"自然物质层,决定了美的客观性质和感性形式;知觉表象层,决定了美的整体形象和感情色彩;社会历史层,决定了美的生活内容和文化深度;而心理意识层,则决定了美的主观性质和丰富复杂的心理特征"。② 因此,审美潜能的首要因素是客体本身与人类实践的过程及其成果密切相关。这种文化与心理的积淀,是"人的本质力量对象化"在客体上的表现。

　　第二,该事物在表现形式上显得"单纯、完整"而又"晶莹"、"玲珑",也就是说,它在感性形态上的潜能表现为具有相当的形象性,或者能唤起欣赏者的形象

---

① 蒋孔阳:《美学新论》,北京:人民文学出版社,2006 年版,第 150 页。
② 蒋孔阳:《美学新论》,北京:人民文学出版社,2006 年版,第 158 页。

的功能。蒋孔阳先生说:"所以我们感受美的时候,首先,是带有直觉的突然性。那就是说,美以其具体的形象,直接扑向我们。……其次,感受的完整性……再次,思想感情的集中性……最后,想象的生动性……所以,它生动、活泼、充满生命。"①在这里,蒋孔阳先生是从审美主体的角度谈感受美的时候的特点的,实际上也从一个侧面让我们看到了审美客体在形式方面所该具有的潜能——形象性或唤起形象的功能。

童庆炳先生在其《审美是人生的节日》一文中,也对审美客体的形成条件进行了分析。他首先指出:"美是人类活动之一种,它的实现是人的一种创造,是多层面的整体关系的创造。多层面的整体性关系是形成美的根源。"然后他从三个层面分析了美(即审美客体)形成的条件:主体层面、客体层面和中介层面。在客体层面,他认为,客观的对象要转化为审美客体,"客观对象的整体结构关系极为重要"。② 也就是说,他认为审美客体的形成的根源在于"关系",在第一层面(审美活动中)上的关系是主体、对象和手段(中介)层面的关系,在第二层面(客体本身)上的关系是其自身能形成一个整体结构,这个整体结构像一个"格式塔",能唤起主体对其作整体的把握,从而形成美和美感。

综合蒋孔阳先生和童庆炳先生的观点可以看出,审美潜能主要是指客观对象本身能以其整体的存在方式和鲜明生动的感性形象唤起主体美感的潜质,它能有效地使主体感觉到自己的本质力量在对象中的体现。

客观对象的潜能在艺术作品中最好发现和把握,因为艺术作品本身就是艺术家在感受到自然对象的"美"的基础上的一种创造,所以,就其和艺术家的关系而言他已经不是"客观"的对象了。就其和欣赏者而言,它仍然能以"客观"的身份出现在欣赏者面前,它的审美潜能很快就会被欣赏者发现和把握,因为它的整体性和感性形象性被艺术家以特有的艺术手段予以强化了。如马致远的著名小令《天净沙·秋思》:"枯藤老树昏鸦,小桥流水人家,古道西风瘦马;夕阳西下,断肠人在天涯。"在这里,作家通过把一系列缺乏生命力的意象集中在一起,让人很快就能感受到一个身处荒凉、偏僻、寂寞的漂泊旅人的内心孤独与无奈的痛苦,从而很快被唤起一种具有悲剧意味的美感。

真正的大自然,即第一自然的审美潜能有的在于其生长的态势仿佛与人类心灵的追求相通;有的在于其能使人感受到自己本质力量的伟大,或在于其能够

① 蒋孔阳:《美学新论》,北京:人民文学出版社,2006 年版,第 159—160 页。
② 童庆炳:《审美是人生的节日》,《三峡大学学报》2005 年第 5 期。

使人感受到做人的尊严,或在于其能够使人感受到做人的自豪感。对于前一种,中国文人墨客常常不惜重墨渲染的"岁寒三友"(松树、梅花、竹子)和"花中四君子"(梅、兰、竹、菊)就是典型的代表。"岁寒三友"中坚忍不拔的青松,挺拔多姿的翠竹,傲雪报春的冬梅,它们虽系不同属科,却都有不畏严霜的高洁风格。仁人志士对它的理解,是借此体现傲霜斗雪、铁骨冰心的高尚品格,老百姓则看重其常青不老、经冬不凋,引申为生命力的旺盛,所以也成为吉祥的象征。"花中四君子"各具特色的风格长期以来一直启发着人们如何做人:梅,剪雪裁冰,一身傲骨;兰,空谷幽香,孤芳自赏;竹,筛风弄月,潇洒一生;菊,凌霜自行,不趋炎势。它们经过中国历代文人骚客的渲染,已经积淀了丰富的文化内涵,所以,人们一旦看到事物本身,甚至只要读到有关它们的诗句,就很快引起强烈的美感,因为它们的生长态势所显示出来的精神体现了(或者说是符合了)所有正直的中国人的心灵追求。

至于一些需要一定意志力参与才能欣赏到的大自然的美,最典型的莫过于康德所说的"崇高美"了。崇高的对象往往是体积巨大、数量极多、气势极强,欣赏者的美感产生需要一个过程,对这个过程,康德是这样描述的:"(崇高的情感)却仅仅是一种间接产生的愉快,因而它是通过对生命力的瞬间阻碍、及紧跟而来的生命力的更为强烈的涌流之感而产生的,所以,它作为激动并不显得像是游戏,而是想象力的工作中的严肃态度。"①从康德的描述中可以看出,崇高的对象之所以能唤起一种强烈的美感,主要就在于它能以其特殊的态势激发欣赏者的生命力,实际上是能使人在对象面前感受到征服自然的自信心和自豪感,也就是当欣赏者意识到自己的本质力量足以抗拒对象的气势的时候,美感就产生了,所以,这类对象的审美潜能与人的本质力量也是密切相关的。

另外,还有一些日常生活中的用品,往往因为其积淀的特殊的文化内涵容易唤起欣赏者的美好愿望而使欣赏者产生审美的愉悦感。如《红楼梦》第三十四回写宝玉遭打后,黛玉因此哭肿了眼睛。宝玉记挂着黛玉,就暗地里让丫鬟晴雯给她送去了两条旧手帕,晴雯不明就里,她还追问宝玉为什么送旧手帕。可是当黛玉看到这两条旧手帕时,却激动万分,并在手帕上题了三首诗。为什么她那么激动呢?原来,用手帕传情是中国古代的一种习惯。对这种方式,早在唐代就有记载,唐代元稹《莺莺传》中有张生和崔莺莺在手帕上题诗相赠、倾吐爱慕之情的描绘。明朝冯梦龙在《警世通言》、《醒世恒言》、《喻世明言》中,关于以手帕

---

① 〔德〕康德:《判断力批判》,邓晓芒译,北京:人民出版社,2002年版,第83页。

传情的描写就更多了。除此而外,当时民间也流传着许多描述用手帕传情的民歌,冯梦龙搜集的一首民歌云:"不写情词不献诗,一方素帕寄心知。心知接了颠倒看,横也丝(思)来竖也丝(思),这般心思有谁知?"以手帕定情,形式简单,内容朴素,含义丰富,体现了男女双方爱情的纯洁和真挚。晴雯也许是年龄尚幼,也许是没有接受过这方面的教导,所以,她不了解手帕传情的含义,故她没有任何反应。宝黛熟读西厢,深知其意,所以,宝玉借此表明心中爱恋之意,黛玉也因此睹物生情,心中激动不已,此时她眼中的手帕就是美的对象了。

总的来说,客观事物只有具备审美潜能才能转化为审美客体,而审美潜能既可能是感性的形象的外在存在方式,也可能是其所蕴涵的丰富的文化内涵,更多的时候,是丰富的内涵和外在形式的和谐统一共同唤起了审美主体的生命体验,从而产生美和美感。

二、主体的审美潜力①是一般主体转化为审美主体的条件

关于主体本身的审美潜力对审美关系的建构及对审美活动的展开的影响,最著名也最通俗的说法莫过于马克思所说的"只有音乐才激起人的音乐感;对于没有音乐感的耳朵来说,最美的音乐毫无意义,不是对象,因为我的对象只能是我们的一种本质力量的确证,就是说,它只能像我的本质力量作为一种主体能力自为地存在着那样才对我而存在,因为任何一个对象对我的意义(它只有对那个与它相适应的感觉来说才有意义)恰好都以我们的感觉所及的程度为限"②这段话了。当然,马克思在这里所提到的是需要经过专业训练的"耳朵",只有训练有素的耳朵才能感受到音乐的美,这是一种很专业的要求。其实,就对一般的对象欣赏而言,却没有这样高的要求。正如杜威所说的那样:"很有可能,我们喜爱花的色彩和芬芳,却对植物没有任何理论知识。"③这就意味着日常生活经验和艺术经验之间具有相通性。但是,对美的欣赏毕竟是人类的一种高级的精神需要,因此,主体的审美潜力是从一般主体向审美主体转变的必备条件。那么,主体的审美潜力包括哪些方面呢?根据审美主体的条件,起码包括以下几个方面。

---

① 这里所说的审美潜力与一般的审美能力有很大的区别,前者是作为感受美、欣赏美所存在的一种储备能力,后者是感受美、欣赏美必须具有的能力。也可以说,前者是一种可能,后者则是一种必然。

② 〔德〕马克思:《1844年经济学哲学手稿》,北京:人民出版社,2000年版,第87页。

③ 〔美〕杜威:《艺术即经验》,高建平译,北京:商务印书馆,2005年版,第2页。

第一，主体具有社会性，即他必须是社会中的人，这是一个最基本的潜力。人的社会化是促使主体产生审美需要的重要因素。这个潜力的标志是主体生活在"类"中，他不是离群独居。关于主体生活在"类"中的重要性，康德有很好的论述，他说：

> 美的经验性的兴趣只在社会中；……流落到一个荒岛上的人独自一人既不会装饰他的茅屋也不会装饰自己，或是搜寻花木，更不会种植它们，以便来装点自己；而只有在社会里他才想起他不仅是一个人，而且还是按照自己的方式的一个文雅的人（文明化的开端）；因为我们把一个这样的人评判为一个文雅的人，他乐意并善于把自己的愉快传达给别人，并且一个客体如果他不能和别人共同感受到对它的愉悦的话，是不会使他满意的。①

康德的话，实际上表明，只有社会人，才会有表达自己的情感、表现自己的愉悦的内心愿望，也就是说，是社会关系促进他对美的需求。休谟更用"同情说"的观点，来说明人的审美感情是社会化的结果："每一种快乐，在离群独享的时候，便会衰落下去，而每一种痛苦也变得更加残酷而不可忍受。"他还举例说，一个人至高无上，自然界一切都服从他的指挥，听从他的享受，"可是你至少给他一个人，可以和他分享幸福，使他享受这个人的尊重和友谊，否则他仍然是一个十分可怜的人"。② 在休谟看来，美感是基于人"同情感"而产生的，而"同情感"是社会化的结果，因此，脱离了社会也就没有了"同情感"，也就没有了美感。马克思更是把美和美感的产生与人类社会的实践紧密地结合起来进行考察，他说：

> 社会的人的感觉不同于非社会的人的感觉。只是由于人的本质客观地展开的丰富性，主体的、人的感性的丰富性，如有音乐感的耳朵、能感受形式美的眼睛，总之，那些能成为人的享受的感到，即确定自己是人的本质力量的感觉，才一部分发展起来，另一部分产生出来。因为，不仅五官感觉，而且连所谓精神感觉、实践感觉（意志、爱等）一句话，人的感觉、感觉的人性，都是由于它的对象的存在，由于人化自然界，才产生出来的。③

因此，主体的社会性是美和美感产生的最基本的前提条件，也是一般主体向审美主体转化的最基本的条件。

第二，主体具有自由的意识。

---

① 〔德〕康德：《判断力批判》，邓晓芒译，北京：人民出版社，2002年版，第139页。
② 〔英〕休谟：《人性论》，关文运译，北京：商务印书馆，1981年版，第400—401页。
③ 〔德〕马克思：《1844年经济学哲学手稿》，北京：人民出版社，2000年版，第87页。

在这里所说的自由意识,主要是指主体能超越物质对象的束缚,能以一种自由观照的态度来对待对象。蒋孔阳先生把这种自由关系看成是审美关系产生的前提。他说:"只有有了自由意识的人,才能和现实发生这种审美关系,因此,只有自由的人才能有美,当人还处在动物式的自然状态,还没有从物质的强迫和需要中解放出来,也就是说,当人还是不自由的时候,他虽然已经有了意识,但也还不能欣赏美。"①蒋先生这个断语是科学的。马克思在《1844 年经济学哲学手稿》中对受功利束缚的"挨饿的人"、"忧心忡忡的、贫穷的人"和"经营矿物的商人"缺乏美感的原因做了很生动的说明,他说:

> 五官感觉的形成是迄今为止全部世界历史的产物。囿于粗陋的实际需要的感觉,也只有有限的意义。对于一个挨饿的人来说,并不存在人的食物形式,而只有作为食物的抽象存在;食物同样也可能具有最粗糙的形式,而且不能说,这种进食活动与动物的进食活动有什么不同。忧心忡忡的、贫穷的人对最美丽的景色都没有什么感觉;经营矿物的商人只看到矿物的商业价值,而看不到矿物的美和独特性。②

马克思提到的这三种人之所以缺乏美感,原因就在于他们受功利的束缚,没有自由的意识,不能对事物的外在形式产生美感。

在马克思之前的席勒、康德、黑格尔等美学大家,都非常强调自由意识对审美的意义,这是人所共知的事实。席勒强调的是"人只有在游戏时才是人,人只有是人时才游戏"。他所说的"游戏"就是人在完全自由的情况下的审美状态。席勒还说,只有人只对事物的"外观形象"感兴趣的时候,他才是真正的人。只对外观形式感兴趣,就意味着不受到对象的束缚。康德把美分为"依存美"和"自由美",而"自由美"是一种独立的形式美,也是最高层次的美。黑格尔则把事物是否有自由(这种自由实质上是人和对象之间的关系,黑格尔把它看成是"绝对精神"和物质形式之间的关系)看成是是否具备美和美的程度高低的标准。这些思想都表明,自由意识对一般主体转化为审美主体具有很重要的意义。

第三,主体具有反思判断力。

反思判断力是康德在《判断力批判》提出的一个重要的概念。康德说:

> 一般判断力是把特殊思考包含在普遍之下的能力。如果普遍的东西(规则、原则、规律)被给予了,那么把特殊归摄于它们之下的那个判断力

---

① 蒋孔阳:《美学新论》,北京:人民文学出版社,2006 年版,第 168 页。
② 〔德〕马克思:《1844 年经济学哲学手稿》,北京:人民出版社,2000 年版,第 87 页。

（即使它作为先验的判断力先天地指定了唯有依此才能归摄到那个普遍之下的那个条件）就是规定性的。但如果只有特殊被给予了，判断力必须为此去寻求普遍，那么这种判断力就只是反思性的。①

在康德看来，纯粹判断力和纯粹知性、纯粹理性一样都是先验的能力，它们"是先天地立法的"。② 判断力分为两种：规定性判断力和反思性判断力。这两种判断力的区别在于：规定判断力属于科学的判断力，它是从一般出发去找个别，它是用一般的规律或概念，去说明特殊的个别的事物，规定它的性质；反思判断力属于审美判断力，它是从特殊出发去寻找一般，它是对个别事物表示主观态度的一种判断。康德对反思判断力的界定有两点是关涉一般主体转向审美主体的关键因素，其一是反思判断力对"特殊"的把握，这一点是主体对对象的特殊特征的感性把握；其二是反思判断力对对象的态度是主观的，也就是情感的态度，这一点是主体能够超越实用、功利，并避免以认知的方式而能够采取审美态度欣赏对象的关键。

康德这种哲学上的探讨，弗洛伊德在其心理学理论中予以支持。弗洛伊德在说到幽默时，指出了艺术的三个基本本质：先前零散的成分得以巧妙的聚合；我们的经验成分与一般环境得以分离，这样我们能够由于它们自身的缘故而喜欢它们；涉及了一些与人类情感不可分离的东西。③ 弗洛伊德在这里提到艺术的三个基本本质，第一个本质是说明审美对象是一种特殊的组合。第二个本质是说艺术的超功利的性质。第三个本质是说审美是一种情感活动。因此，反思判断力的确是一般主体向审美主体转变的潜力。

这种反思判断力是如何具备的呢？在康德看来，它和纯粹知性、纯粹理性一样都是人的一种先天的立法能力。这样，他就把本来是科学的发现推向了不可知论的方向了。按照马克思主义的唯物主义观点，人类的任何知识和能力都是从实践来的，反思判断力也不例外。正如我们经常提到的马克思的经典名言"五官感觉的形成是迄今为止全部世界历史的产物"。④ 所以，我们必须在实践中寻找这种潜力生成的根源。

---

① 〔德〕康德：《判断力批判》，邓晓芒译，北京：人民出版社，2002 年版，第 13—14 页。
② 〔德〕康德：《判断力批判》，邓晓芒译，北京：人民出版社，2002 年版，第 13 页。
③ 〔奥〕弗洛伊德：《笑话与无意识的关系》，A. A. 布里尔译，伦敦：1922 年英文版，第 150 页。
④ 〔德〕马克思：《1844 年经济学哲学手稿》，北京：人民出版社，2000 年版，第 87 页。

三、审美关系的建构是美感得以最终生成的情境

对"关系"在审美活动中的作用,在西方美学中,应该说是从经验美学开始,如休谟所说的"对象的美只在于我的心里",就体现了"关系"说的萌芽。但是,真正从理论上进行确认的却是狄德罗,他提出的"美在关系"这个命题明确了关系的类型(实在关系、察知关系),并指出,只有在"关系"中才能判定对象是否美。狄德罗的"美在关系"的贡献一方面在于肯定了"关系"的客观性,也就是肯定了美的客观性;另一方面更在于看到了"关系"的变化对于美的深刻影响,实际上是肯定了美的动态发展性。西方现代心理学美学中的"距离说"和"移情说",也都表现了主体与客体之间的关系对美和美感的重要影响。

马克思主义理论的创始人更是深刻地洞悉了审美关系的确立对美和美感的重要影响。在马克思之前,包括黑格尔这样伟大的美学家,他们一直致力于追问"美是什么?",这种追问的方式必然导致了形而上学或神秘的神学——美和美感最终成为孤立、绝对的形态或神的现实感性形态。马克思深刻地洞悉了传统美学的弊端,一改传统的致思路线,转而从存在论的高度来关注美是如何存在的。马克思认为任何现实的存在都是一种对象性的、关系的存在。"一个存在物如果在自身之外没有对象,就不是对象的存在物","非对象性的存在物是非存在物"。① 这意味着,对他物的关系是一种物的存在的必要关系。美的产生是建立在一种属于人的对象性的审美关系之上,无论是自然美还是艺术美,都是对于人的存在而言的。任何"被抽象地,自为地,被确定为与人分隔开来的自然界,对人来说也是无"。② 从人对现实的审美关系出发考察美和美感,马克思最终得出的结论是美是人的本质力量的确证,美感的形成是世界历史发展的产物这样的合乎历史事实的结论。

在中国美学界,比较早注意到审美关系对美和美感的影响的是朱光潜先生,他在《谈美》和《艺术心理学》中都提到主体面对同一个客体时所可能有的三种态度:其一是科学的态度;其二是实用的态度;其三是美感态度。只有采取美感的态度才能欣赏到对象的美,才会产生美感。

被誉为"中国当代美学研究的总结形态"创造者的蒋孔阳先生,更是把"审美关系"当成了美学研究的逻辑起点。蒋孔阳先生在其《美学新论》中,不但把

---

① 〔德〕马克思:《1844 年经济学哲学手稿》,北京:人民出版社,2000 年版,第 106 页。
② 〔德〕马克思:《1844 年经济学哲学手稿》,北京:人民出版社,2000 年版,第 116 页。

审美关系当成是美和美感生成的基础,而且以此为基础来揭示美和美感的本质。他在肯定审美关系是美之所以存在的前提的基础上指出:"所以,我们认为人对现实的审美关系,是美学研究的出发点。美学当中的一切问题,都应当放在人对现实的审美关系中,来加以考察。"①那么什么是人对现实的审美关系呢? 蒋孔阳认为:人对现实的审美关系,事实上是以客观的感性世界为中介,丰富地展开人的本质力量,从而在审美对象与审美主体之间建立起来的一种关系。在这一关系中,人始终处于主动的地位,他不仅不断地改造自然,而且再生产着整个自然,从而不断地发展人与现实的关系,随着人对现实关系的扩大,人对现实的审美关系也不断扩大,因而美学研究的对象也不断扩大。蒋先生还认为,审美关系是主体与客体相互和谐的一种状态,他说:"当作为审美对象的客体与作为审美主体的人,相互契合了,情与景相互交融了,这时美就会突然创造出来。主体与客体的关系,永远处于恒新恒变的状态中,因此,美也处于不断的创造过程中。"②蒋先生认为,美与美感的关系是光与火的关系,它们同时诞生,同时存在。③ 因此,审美关系建立之处,就是美和美感的诞生之时。

为什么审美关系对美和美感的诞生有这样重要的意义呢? 这是由审美关系的本质特征决定的。蒋先生认为审美关系有以下几个特点:第一,审美关系是"通过感觉器官来和现实建立关系",因而审美关系的首要特点是"感性的形象性与直觉性","我们看画、听音乐、读小说,面前所呈现的,都是直接感受到的生动的形象。离开这些感性的形象,也就失去了审美的对象,因而再也谈不上什么审美的关系"④,这是突出强调了审美关系中审美主体与客体之间的感性特征,审美客体通过感觉器官作用于主体,因而审美主体所把握的是一个感性的世界。第二,审美关系是自由的。这一自由有两层意思:一是"外在的自由",从外在事物实际的功利关系束缚中解放出来的关系。"有关系的地方,就有依赖和限制,因此常常并不都是自由的。审美关系之所以成为审美关系,它的特点则在于它虽然也要受到主体与客体各自条件的限制,但它却常常能从这些限制中解放出来,取得自由。"⑤二是"内在的自由"。"这可以从内容与形式两个方面来看。首先,从内容上看,我们欣赏美的对象,不是要满足物质的需要,而是要自由地展

---

① 蒋孔阳:《美学新论》,北京:人民文学出版社,2006 年版,第 3 页。
② 蒋孔阳:《美学新论》,北京:人民文学出版社,2006 年版,第 152 页。
③ 参见蒋孔阳:《美学新论》,北京:人民文学出版社,2006 年版,第 278 页。
④ 蒋孔阳:《美学新论》,北京:人民文学出版社,2006 年版,第 12 页。
⑤ 蒋孔阳:《美学新论》,北京:人民文学出版社,2006 年版,第 12 页。

示人的本质,取得精神上的自由和满足。""其次,再从形式上看,美的形式要受对象的物质属性的限制,竹子的形式不可能同于梅花的形式。但是,美的形式并不在于物质形式本身,而在于通过某种物质形式自由地表现出或者制造出心灵的形式。"①第三,审美关系是人作为一个整体来和现实发生关系。这是审美关系整体性的主体实现,主体在面对感性对象时,他是调动了由生理到心理由感觉到思维的全部本质力量来感受、来体验。"人的本质力量是多方面的,包括马克思所说的'视觉、听觉、嗅觉、味觉、触觉、思维、直观、感觉、愿望、活动、爱'等在内。"②人和现实的关系应当是完整的,但是现实生活中,我们经常出于某种功利性的目的,只是以我们某一方面的本质力量来和现实的某一方面发生关系。审美活动不同于那些功利性的活动,"在审美鉴赏中,感性的人和理性的人统一了起来,意识形态的人和实践活动的人统一了起来,人以一个完整的整体来和现实发生关系"。第四,审美关系还是特别是人对现实的一种感情关系。"由于作为审美主体的人,是通过感觉器官来对现实进行审美活动的;而作为客体的审美对象,又都是具体的感性对象。感觉器官面对感性形象,其所发生的关系,主要的就不可能是理智上的认识、意志上的行为,而只能是感情上的喜爱与否和满足与否。那就是说,这些具体的形象,通过感觉器官的感受,把我们的理智、意志和其他一切,都化成了感情。因而其所产生的效果,主要的只能是喜怒哀乐的感情活动。"③

所以,审美关系的"感性的形象性与直觉性"及"整体性"使审美主体注重的是对象的外观形象;而"自由性"和"情感性"则确保了主体摆脱对象的束缚。美和美感因此得以生成。

新实践美学的重要理论代表张玉能先生也强调审美关系对美和美感的重要性,他说:"要让人成为审美主体、客体成为审美对象,审美主体真正进入自由的生存方式,这一切都离不开现实的物质的社会实践活动,没有人类实践使人与现实的关系的改变,即没有在社会实践中人与现实的审美关系的生成,也就不会有审美,不会有审美主体、审美客体和审美感受。"④他认为,"所谓人对现实的审美关系指的是在长期的人类社会实践中形成的,主体(人)要求客体(对象)能满足

---

① 蒋孔阳:《美学新论》,北京:人民文学出版社,2006 年版,第 13 页。
② 蒋孔阳:《美学新论》,北京:人民文学出版社,2006 年版,第 13 页。
③ 蒋孔阳:《美学新论》,北京:人民文学出版社,2006 年版,第 14—15 页。
④ 张玉能:《坚持实践观点,发展中国美学——与杨春时同志商榷》,《社会科学战线》1994 年第 4 期。

自己的审美需要,而客体也能满足主体的审美需要的一种特殊关系"。① 这样,审美关系就不仅是审美主体和审美客体形成的基础,也是客体价值生成的基础,还是美和美感生成的条件。应该说,这是对蒋先生的思想的继承和发展。

综上所述可以得出这样的结论:客观对象的"特殊"要发展成为主体体验中的美和美感,一方面要依赖于主体和客体所存在的转化潜力或潜能;另一方面,更有赖于审美关系的建立,审美关系建构起来之时,就是美和美感的诞生之时。当然,我们要特别强调,无论是客体的潜能,还是主体的潜力,抑或是审美关系的建构,都离不开实践活动的开展和拓展。

---

① 张玉能主编:《美学教程》,武汉:华中师范大学出版社,2002年版,第14页。

第三章　审美对象和美感

第一节　自然美的"特殊"和美感

一、自然美的含义

自然美是一种最为直观的美,它或者表现为自然事物的美,或者表现为自然现象的美。所以,美学家在界定它的含义时基本上都把这两者包含在内。《美学小辞典》中对自然美的界定基本上代表了中国美学界的主流观点。它认为,自然美是"客观自然界中自然生成的并被人发现的美。与'社会美'合称'现实美'。"它还说,"美学界对它有两种界定:一是指自然物的美,如日月、山河、花木、鸟虫等的美以及人体美;二是指与'艺术美'相对的一切未经艺术加工的自然界和社会生活中的事物的美。自然美是自然人化的结果。"①这概括的一个核心观点是"自然美是自然人化的结果"。

二、自然美的复杂性

上面的观点代表的是当前中国美学主流——实践美学的观点。这一观点产生于 20 世纪 50 年代的美学大讨论中,其首倡者是李泽厚。当时,与李泽厚持不同观点有蔡仪的"客观派",他认为,"自然美在于自然事物本身"。② 朱光潜则认为自然美是人们的一种观念或认为自然美是一种初级的艺术美。他说:"自然中本身无所谓美,在感觉自然美时,自然即已经变成情趣的意象,就已经是艺术品。"③这些争论表明,自然美的确是很复杂的一种现象,哲学观点不同,对自然美的看法就有差异。

西方美学界同样在这个问题上有不同的看法。第一种是认为自然美是自然

---

① 邱明正、朱立元主编:《美学小辞典》,上海:上海辞书出版社,2007 年版,第 30 页。
② 蔡仪:《唯心主义美学批判集》,北京:人民文学出版社,1958 年版,第 141 页。
③ 朱光潜:《文艺心理学》,北京:三联书店,2005 年版,第 141 页。

界本身的美,这个看法可以追溯到毕达哥拉斯,然后是亚里士多德、达·芬奇、博克、狄德罗等。他们的看法也可以称为"客观派",毕达哥拉斯强调的是比例和数的和谐;亚里士多德强调的是对象的体积和比例;达·芬奇强调的是法则;狄德罗强调的是"关系"。第二种是认为自然美在于客观的"理式"或"理念",前者是柏拉图,后者是黑格尔。柏拉图认为所有的美都是因为对象分享了美的"理式",自然美也不例外;黑格尔认为自然美是"理念的感性显现"最低层次。第三种是认为自然本身并不美,自然之所以美,是主体的心灵见出的,休谟、克罗齐、鲍桑葵等是理论代表。这种观点在西方现代美学中占有比较重要的位置。休谟说美只是在人的心灵里;克罗齐和鲍桑葵的看法更加强调了这点。

克罗齐的核心概念是"艺术即直觉",这一定义否定艺术是物理的事实。所谓物理的事实就是任何被称为"物理"的东西,它包括粗糙的自然和人工制成品的物理的或机械的方面。另外,在克罗齐那里,艺术不是物理事实还包含着这样一层意思:所谓自然美同物理的美一样,是根本不存在的。克罗齐指出,人类有一种急于从自然外部自然事物寻找自然美的原因的习惯,其实自然美是人的心灵活动所赋予的,只有当人用艺术家的眼光去观照自然时,自然才显得美。其次只有依靠想象的帮助,自然才会显得美。由于想象的帮助,自然界事物就可以随心情不同而对人呈现各种姿态:愁惨的或欢欣的,雄伟的或欢笑的。再次,所谓的自然美,其实都经过了艺术家的加工润色。由此,克罗齐认为,自然美显然是由人的心灵活动所赋予的。同艺术的备忘工具一样,"自然的美只是审美的再造所用的一种刺激物"①,他还说"和艺术相比,自然是愚蠢的;人不叫自然开口,自然就是'哑巴'"。②

所以,克罗齐坚信,自然本身并没有美。

鲍桑葵也说:

一切美都寓于知觉或想象中。当我们把大自然当做一个美的领域而同艺术区别开来的时候,我们的意思并不是说,事物具有不以人的知觉为转移的美,像万有引力或刚性一样可以相互作用。因此,必须认为,在我们所谓自然美的概念中暗含有某种规范的、通常的审美欣赏能力。但是,如果是这样的话,区别就很明显了:这样的"大自然"主要是在程度上和"艺术"有所

---

① 〔意〕克罗齐:《美学原理·美学纲要》,朱光潜译,北京:外国文学出版社,1983年版,第109页。

② 〔意〕克罗齐:《美学原理·美学纲要》,朱光潜译,北京:外国文学出版社,1983年版,第240页。

区别。两者都存在于人们的知觉或想象这一媒介中,只不过,前者存在于通常心灵的转瞬即逝的一般表象或观念中,后者则存在于天才人物的直觉中。这种直觉经过提高固定下来,因此可以记录下来,并加以解释。①

鲍桑葵这段话也可以说是对前面两种不同理论观点的总的评价,即它们其实在本质上基本是一样的,自然界的美"存在于天才人物的直觉中"。"可以记录下来"的"固定"的规则、比例等应该是客观派所说的物的属性。也就是说,鲍桑葵要表明的是,以前所有的关于自然美的观点,都是人的知觉或想象的产物。

如果说,休谟、克罗齐、鲍桑葵对自然美均源于人的主观意识持肯定态度的话,阿多诺则持一种完全否定的态度。他认为,传统的自然美从本质上看都是人类中心主义和理性主义的产物,从谢林开始把美学研究的中心转向艺术美,黑格尔更是明确表明美学的研究对象是艺术,自然美只是其"绝对理念"运动的一个环节,是为保证其体系完整而设置的一个环节,自然美从美学中消失的根本原因是"由于人类自由与尊严观念至上的不断扩展所致"②。他指出,"从谢林开始,美学几乎只关心艺术作品,中断了对'自然美'的系统研究。在康德的《判断力批判》(Critique of Judgment)一书里,对自然美作了一些最为敏锐的分析。自然美为什么会从美学的议程表上被拿掉呢? 其原因并非像黑格尔要我们所相信的那样,说什么自然美在一个更高的领域中已被扬弃。事实恰恰相反,自然美完全受到压制,它的继续出现可能会触动一个隐痛之处"。③ 这个"隐痛之处"是与所有作为纯粹的人工制品的艺术作品相关,这种艺术作品是对自然的犯罪,整个人造的艺术作品,在根本上与非人造的自然对立。他还说:"自然美景被感知为确实有效的和不可理解的东西。"④也就是说,自然美不是主观专断的对象,真正的自然美应该脱离主观而凸显自然本身的魅力。

所以,阿多诺是反对从主体的角度(既包括理性主体,也包括非理性的心灵主体)去解释自然美的。那么,自然美的魅力到底在哪里呢? 或者说,自然美的美感之源到底是什么呢? 这是我们必须深入探索的问题。

三、自然美的"特殊"与美感

新实践美学一方面承认自然存在的客观性、独特性;另一方面认为人和自然

---

① 〔英〕鲍桑葵:《美学史》,张今译,桂林:广西师范大学出版社,2001 年版,第 2 页。
② 〔美〕阿多诺:《美学理论》,王柯平译,成都:四川人民出版社,1998 年版,第 110 页。
③ 〔美〕阿多诺:《美学理论》,王柯平译,成都:四川人民出版社,1998 年版,第 109—110 页。
④ 〔美〕阿多诺:《美学理论》,王柯平译,成都:四川人民出版社,1998 年版,第 126 页。

之间存在着不可忽视的关系;并且坚持这样的观点:人类发展的历史,就是不断改造自然、利用自然,最终实现与自然和谐相处的历史。因此,自然美的美感之源在于自然现象或自然事物本身的独特,更在于自然对象与人之间的和谐。前一种是客体本身的"特殊",后一种是审美主体和审美客体之间的关系的"特殊"。

1. 自然现象或自然事物形象的独特性是自然美美感生成的感性物质基础

蒋孔阳先生曾对自然美有精辟的分析:

> 离开了自然物的自然属性,离开了自然物本身的质料、形式和外貌,自然美也就不存在了。自然美之所以称为自然美,区别于艺术美和社会美,就因为它离不开自然,它是自然所显示出来的美。①

这个分析就强调了自然的客观特性在自然美中重要地位。无论是自然现象或自然事物,它们之间的差异是人所共见的:山的宏伟,水的柔媚;树之挺拔,草之秀美;云之厚重,雾之轻逸;太阳之热烈,月亮之温柔;狂风暴雨之气势,明月清风之悠闲……真的是物有千样,景就千样。即使是同一物,也会有万千变化。《国语·郑语》云:"声一无听,物一无文,味一无果,物一不讲。"②一方面既看到各种物之间的差异,另一方面又看到只有差异才能给人以不同的美的享受。蒋孔阳先生对自然美的"特殊"的关注,是对中国古代优秀的美学思想的继承和总结。

对自然事物或自然现象之变化无穷形态之特殊观测之细致、理解之深刻、描摹之仔细,我国宋代著名山水画家郭熙是最为突出的一个。他说:

> 真山水之川谷,远望之以取其势,近看之以取其质。真山水之云气,四时不同:春融怡,夏蓊郁,秋疏朗,冬黯淡。……真山水之烟岚,四时不同:春山淡冶而如笑,夏山苍翠而如滴,秋山明净而如妆,冬山惨淡而如睡。③

郭熙在这里所描绘的就体现了"真山水"之独特之美。远望之是气势美,近看之是质地美,四时之云气,四季之烟岚,各具其独特之美。

郭熙还描绘山之远看、近观、正视、侧察、朝看、暮看及四季之变化:

---

① 蒋孔阳:《浅论自然美——学习马克思〈1844年经济学哲学手稿〉的体会》,《文艺研究》1983年第2期。
② 北京大学哲学系美学教研室编:《中国美学史资料选编》(上册),北京:中华书局,1980年版,第9页。
③ 北京大学哲学系美学教研室编:《中国美学史资料选编》(上册),北京:中华书局,1980年版,第13页。

山,近看如此,远数里看又如此,远十数里看又如此,每远每异,所谓山形步步移也。山,正面如此,侧面又如此,背面又如此,每看每异,所谓山形面面看也。如此,是一山而兼数十百山之形状,可得不悉乎?山,春夏看如此,秋冬看又如此,所谓四时之景不同也。山朝看如此,暮看又如此,阴晴看又如此,所谓朝暮之变态不同也。如此,是一山而兼数十百山之意态,可得不究乎?

春山烟云连绵人欣欣,夏山嘉木繁阴人坦坦,秋山明净摇落人肃肃,冬山昏霾翳塞人寂寂。①

这就是山之独特之处:随空间之变而异,随时间移转而变。也正是这些独特之变化,欣赏者观看山时的感觉也不同。

我国唐代著名山水诗人王维对山水画的体会也很深刻,他说:

春景则雾锁烟笼,长烟引素,水如蓝染,山色渐清。夏景则古木蔽天,绿水无波,穿云瀑布,近水幽亭。秋景则天如水色,簇簇幽林,雁鸿秋水,芦岛沙汀。冬景则借地为雪,樵者负薪,渔舟倚岸,水浅沙平。凡画山水,须按四时。或曰烟笼雾锁,或曰楚岫云归,或曰秋天晓霁,或曰古冢断碑,或曰洞庭春色,或曰路荒人迷,如此之类,谓之画题。②

王维对于山水画的看法,也建立在他对山水在各个季节的独特的观察和理解之上。

对自然美的独特,清代李渔也有很深刻的看法,他认为,"草木之娱观者,或以花胜,或以叶胜","鸟声之悦人者,以其异于人声"。③

中国古代对自然美的独特之美的观察和分析基本上是建立在他们的直观感受的基础上,所以,他们的描绘也有很强的直观性。

现实生活的自然美,各个地方的特色也明显不同,也正是这些不同,成就了它们各自的美名。如中国"五岳"之美就各有特色:东岳泰山之"雄",西岳华山之"险",南岳衡山之"秀",北岳恒山之"幽",中岳嵩山之"峻"。又如桂林山水之美在于其"山清、水秀、洞奇、石美"。并且,山水之间的协调和谐是任何地方

---

① 北京大学哲学系美学教研室编:《中国美学史资料选编》(上册),北京:中华书局,1980年版,第14页。

② 北京大学哲学系美学教研室编:《中国美学史资料选编》(上册),北京:中华书局,1980年版,第270页。

③ 北京大学哲学系美学教研室编:《中国美学史资料选编》(上册),北京:中华书局,1980年版,第243—244页。

的山水都无法比拟的,难怪韩愈用"江作青罗带,山如碧玉簪"来形容其和谐之美。当代有学者指出,桂林山水之美在于其有两点特殊的地方,"一是协调的色彩表现的秀丽性,二是万千形态的表现的奇特性"①。这个概括是恰当的。

桂林山水的秀丽性,具有浓郁的亚热带色彩特征,是一个四季常青的绿色世界,在绿色中,杂以紫灰色,在青山绿水中间,蒙上薄薄的紫绿面纱。此外,有许多山峰断壁,呈现一片浅红、浅紫和橘黄、朱红的色块,在阳光下,与青绿形成强烈的对比,这样协调的色彩,表现自然界生机勃勃,妩媚秀丽。

桂林山水的奇特性,正如清代袁枚所描绘的:"大抵桂林之山,多穴、多窍、多耸拔、多剑穿虫啮,前来无龙,后无去踪,突然而起戛然而止,西南无朋,东北丧偶,较他处山尤奇。"(《随园全集小苍山续文集》卷二十九)这也是桂林群山的奇特之处让袁枚产生了美感。

如果我们再深入一步,从生理学和心理学的角度来看,我们也可以看到,自然美美感也是与自然的独特之处密切相关的。现代脑科学研究表明,人类大脑皮层中的亿万神经细胞是千差万别的,又是统一的。它的机能是反映客观世界,认识客观世界。它对外界的要求,有共同性也有差异性。外界各种不同的事物,作用于人的大脑,就会激起人们各种不同的情感。外界单调的颜色和音响,容易使大脑的视觉和听觉神经疲劳而感到厌恶。外界的多样而统一的色彩和音响,作用于大脑,对大脑起调节作用。自然界的色彩形态与人们的心绪起伏引起共鸣,形成自然物与人的内在审美情感产生节奏一致的和谐,因而使人产生喜爱之情,从而产生美感。现代心理学研究表明,人对外界的认识是以感觉为基础的。贝纳特认为人和外界建立联系时会首先形成一个"感觉世界"。这个感觉世界有什么特点呢? 他说:

　　什么是感觉世界? 感觉世界是由我们四周不断变化着的事件或刺激以及我们或人以外的动物对它作出反应这两方面所构成的。我们经常为周围环境中的刺激所冲击。我们的感觉世界是以永远变化着的一系列光、色、形、声、味、气息和触为其特征的。在我们清醒的时间里,大量的、广泛的刺激像潮水一般向我们涌来,很奇怪的是,我们的感觉器官并没有因此而被淹没。相反,我们在这样的感觉世界中发育成长,我们像其他动物一样,都特别善于根据自己的需要选取适当的信息。②

---

① 何以刚:《桂林山水为什么美?》,《广西民族学院学报(哲学社会科学版)》1983年第4期。
② 〔美〕托马斯·L. 贝纳特:《感觉世界》,旦明译,北京:科学出版社,1983年版,第1页。

贝纳特对感觉世界的构成及功能的分析给我们的启示是：第一,我们对外界的认识以感觉为基础。第二,感觉中的对象是在不断变化的。第三,感觉具有选择性。第四,被选择的对象在其光、色、声、味、气息或触等方面处在不断的运动和变化中,也就是说,它们具有独特的特征和运动形式,容易被主体感觉到。美感是感觉中的一种,它也是人在感觉世界中的重要的感受,它产生于主体对对象新颖独特的形象的感知。这个新颖独特的形象往往体现在其外在的形式中,换句话说,自然美首先是以其外在的形象唤起欣赏者的美感的。

2. 自然现象或自然事物与人的和谐相处是自然美美感生成的心理基础

自然事物或自然现象的新颖奇特的特征只是美感生成的前提条件,主体要对自然产生美感还有一个很重要的心理基础——感觉到能与自然和谐相处。

就人和自然的关系而言,从原始社会发展到今天,人类对自然的态度明显地经历了这样的变化:恐惧的对抗—征服的骄傲—和谐的相处。恐惧的对抗是原始社会时期生产实践能力还非常低下的时候,人类还不能认识自然,更谈不上利用和征服自然,所以只能以本能的恐惧与自然对抗。征服的骄傲是农耕时代出现的情绪,特别是工业时代的明显标志。在工业时代,人类凭借着娴熟的技术能力和强大的机器力量,大规模地向自然索取各种资源,在自然面前,人的意识和力量充分膨胀,甚至出现了滥用人的智力和才能的现象,人类也因此遭到了自然的惩罚。和谐的相处是后工业时代,也称知识经济时代人类对自然的态度。俗话说,痛定思痛,在经历了征服的骄傲与被惩罚的痛苦之后,人类开始反思自己的行为,开始思考应该如何与自然相处,在这个时代,人类才真正是把自然当成自己的朋友来看待的。这是就整个人类社会而言的关系的变化。在具体的审美活动中,个体对自然的美感主要就来源于自己与对象之间的和谐感。我们可以通过几首经典的诗歌来看和谐对美感产生的作用。

其一,李白:《独坐敬亭山》

众鸟高飞尽,孤云独去闲。相看两不厌,唯有敬亭山。

其二,北朝民歌:《敕勒歌》

敕勒川,阴山下。天似穹庐,笼盖四野。天苍苍,野茫茫,风吹草低见牛羊。

其三,陶渊明:《饮酒》(其五)

结庐在人境,而无车马喧;问君何能尔,心远地自偏;采菊东篱下,悠然见南山;山气日夕佳,飞鸟相与还;此中有真意,欲辨已忘言。

第一首,就审美客体本身的"特殊"而言,最明显的是"静"。一是众鸟高飞、孤云独去之后环境之"静",这是热闹之后的静,是类似于"蝉噪林愈静,鸟鸣山更幽"之"静",这样的"静"表现了诗人内心的孤独情怀;二是敬亭山的"静",它既不羡慕急于高飞远走的众鸟,也不羡慕悠闲自在的孤云,而是以其特有的"静"让诗人能够感觉到"诗意般栖居"的惬意,这样的"静"却能够给诗人"物以类聚"的安慰,这是美感产生的基础。就审美主体和审美客体关系的"特殊"而言,和谐是最明显的特征。李白是把敬亭山作为自己的知心朋友看待的,所以,在他心中,敬亭山也把自己当成知心朋友。就在这样的默默对视中,心和心互通,情和情互流,敬亭山成了有血有肉的人,作者自己也沉醉在与知心朋友共享快乐的情境中,人和自然达到了和谐统一的境界,自然因此有了血肉和感情。敬亭山因其特有的"静"而与诗人建立和谐的关系,也因和谐关系而形成审美关系,最终成为诗人的审美客体,美感得以顺利生成。

第二首,在古人的眼里,"天苍苍,野茫茫"往往是荒凉、悲壮的象征。但是,在这首短诗里,这些能显示大草原特有荒凉的景象却显示出视野开阔、激情万丈的豪情美!原因在于牧民的生活实践使得他们能够发现大草原的天地的"特殊之处",已经把天空当成了自己的"穹庐",把大地看成了自己的"笼盖"可以盖住的地方,天人达到了高度的和谐,在这和谐的环境中,牛羊安详地徜徉,牧民幸福地观望,因此,在"天苍苍,野茫茫"中,人不再显得卑微和凄凉,在人的眼里,宽阔的天地成了能给他们带来无限的财富和幸福的大牧场。这个大牧场是美的场所,牧民的美感则是他们所体会到的"天人合一"的和谐感和幸福感。

第三首,审美客体最明显的特色是安静和清净。正是这种"特殊"的宁静和清净使得主客体之间自然而然地体现了"天人合一"的和谐美境界。在这里,由于"心远"——远离世俗的应酬,远离无谓的争斗,所以,虽然还是"结庐在人境",却能感到"而无车马喧"的清净,这是客观环境和主观精神和谐一致的体现;另外,无论是"山气",还是"日夕"都能给人一种舒心的感受,飞鸟也在安详地飞翔;自己更是感受到"采菊东篱下,悠然见南山"的自由自在的惬意,人和环境达到了高度的和谐统一;"欲辨已忘言"是和谐统一的最高境界,诗人完全沉静在因和谐而生成的美感状态中了。

以上三首诗歌中所描述的自然环境,它们都因其特有的形态并给诗人"诗意般栖居"的和谐感、幸福感,所以很自然地使诗人产生了美感。

纵观中国古代的审美习惯和传统,可以看出,人与自然的和谐相处是传统文学讴歌的主题之一,和谐关系被看成是自然美的美感基础。无论是儒家,还是道家,都强调和谐美。周来祥先生指出:"我国漫长的封建社会的艺术所追求和表现的就是古典主义的和谐美。"①他还说："我认为美是和谐,是人和自然、主体和客体、理性和感性、自由和必然、实践活动的合目的性和客观世界的规律性的和谐统一。"②(着重号为原文所加——引者)

孔子提倡的"乐而不淫,哀而不伤",是要求情感要受到伦理道德的严格规范,悲和喜都不能过分,以达到情感与理智的平衡。这个思想成为"中庸思想"的具体表达。道家强调的是适应"道"的要求,"天人合一"是美的最高境界。庄子认为,人的愉悦有三种不同境界,"适人之适"(符合生理和伦理倾向的一般愉悦)、"自适之适"(摒弃功利的自由愉悦)、"忘适之适"(忘却愉悦的终极愉悦),③这三种愉悦都建立在主体和对象的和谐之上,这种愉悦,既是满足感、幸福感,也是美感。他所说的"天地与我并生,万物与我为一"(《齐物论》),更是被视为人生的最高境界。

在西方美学史上,直接把美、美感与和谐联系起来考虑的美学家就更多了。但是,在康德之前,他们只是把"和谐"看成是对象"形式"本身的比例协调,而不是看成人和对象之间关系的协调。到了康德,才开始把"和谐"看成是人和对象之间的自由关系。

康德把美分为两种:一种叫自由美,这种美是比较纯粹的,既无功利,又没有概念,也不依存于其他,是一种独立的美,也就是感性的想象和理性的理解力是和谐地融合在审美活动中的。这种自由美,特别适合于许多自然的情况。例如他说,"花是自由的自然美",还有许多鸟类如鹦鹉、蜂鸟、天堂鸟,以及许多海产贝类,等等,它们的美"不应归于任何按照概念在其目的上而规定了的对象,而是自由地自身给人喜欢的"。④但是,康德又说:"要说一个对象是美的并证明我有品味,这取决于我自己怎样评价自己心中的这个对象,而不是取决于我在哪方面依赖于该对象的实存。"⑤所以在康德看来,自然美就不是来自自然事物的本身,而是来自人的心灵。虽然如此,康德毕竟把人和自然美的关系密切起来考虑了。

黑格尔在康德的基础上,以"美是理念的感性显现"为出发点,进一步考察

① 周来祥:《古代的美 近代的美 现代的美》,长春:东北师范大学出版社,1996 年版,第 93 页。
② 周来祥:《论美是和谐》,贵阳:贵州人民出版社,1984 年版,第 73 页。
③ 参见朱良志:《中国古代审美愉悦观》,《学术月刊》1990 年第 8 期。
④ 〔德〕康德:《判断力批判》,邓晓芒译,北京:人民出版社,2002 年版,第 65 页。
⑤ 〔德〕康德:《判断力批判》,邓晓芒译,北京:人民出版社,2002 年版,第 39 页。

了自然美的美感起源。黑格尔认为自然是没有美的,因为它显现理念不充分、不完善,所以不是真正的美。他还批判了历史上把自然美看成是"抽象形式的美"的观点,"这种形式就是人们所说的整齐一律,平衡对称,符合规律与和谐"①。黑格尔认为,以抽象形式作为衡量自然美的标准是有漏洞的,因为"自然美的抽象形式一方面得到定性的因而也是有局限的形式,另一方面它包含一种统一和抽象的自己对自己的关系。但是说得准确一点,它按照它的这种定性和统一,去调节外在的复杂的事物,可是这种定性和统一并不是本身固有的内在性和起生气灌注作用的形象,而是外在的定性和从外因来的统一"②。也就是说,这种抽象的形式不能体现理念和感性的完美融合,自然还是理念的"异化"。

黑格尔认为,"艺术美高于自然,因为艺术美是由心灵产生和再生的美,心灵和它的产品比自然和它的现象高多少,艺术美就比自然美高多少"。③ 并且因为,"只有心灵才是真实的,只有心灵才能涵盖一切,所以一切美只有在涉及这较高境界而且由这较高境界产生出来时,才真正是美的。就这个意义来说,自然美只是属于心灵的那种美的反映,它所反映的只是一种不完全不完善的形态"。④

黑格尔还根据理念发展的不同阶段把艺术划分为三种类型:象征艺术、古典艺术和浪漫艺术。在这三种艺术中,古典艺术代表了艺术的最高水平,因为这种艺术是"理念的感性显现"的最佳状态。

从黑格尔对自然美的有关论述和他对艺术类型的划分及评价的事实看,黑格尔并没有给自然美应有的地位。但是,黑格尔对自然美的轻视却从另一个方面给我们启示:自然美的美感和人的心灵的关系是非常密切的。因此,如果从自然美与人的心灵和谐的角度去考察,或许能找到自然美美感的真正起源。

3. 实践是实现人与自然和谐相处的保证,也是自然美美感的最终源泉

马克思是在批判黑格尔的基础上思考自然美的问题的。马克思首先认为,人与自然界的关系是非常密切的,他说:

> 从理论领域来说,植物、动物、石头、空气、光等。一方面作为自然科学
> 的对象,另一方面作为艺术的对象,都是人的意识的一部分,是人的精神的
> 无机界,是人必须事先进行加工以便享用和消化的精神食粮;同样,从实践

---

① 〔德〕黑格尔:《美学》(第一卷),朱光潜译,北京:商务印书馆,1979 年版,第 173 页。
② 〔德〕黑格尔:《美学》(第一卷),朱光潜译,北京:商务印书馆,1979 年版,第 173 页。
③ 〔德〕黑格尔:《美学》(第一卷),朱光潜译,北京:商务印书馆,1979 年版,第 2 页。
④ 〔德〕黑格尔:《美学》(第一卷),朱光潜译,北京:商务印书馆,1979 年版,第 3 页。

领域来说,这些东西也是人的生活和人的活动的一部分。人在肉体上只有靠这些自然产品才能生活,不管这些产品是以食物、燃料、衣着的形式还是以住房等的形式表现出来。在实践上,人的普遍性正是表现为这样的普遍性,它把整个自然界——首先作为人的直接的生活资料,其次作为人的生命活动的对象(材料)和工具——变成人的无机的身体。自然界,就它自身不是人的身体而言,是人的无机的身体。人靠自然界生活。这就是说,自然界是人为了不致死亡而必须与之处于持续不断的交互作用过程中的、人的身体,所谓人的肉体生活和精神生活同自然界相联系,不外是说自然界同自身相联系,因为人是自然界的一部分。①

也就是说,无论是从理论领域看,还是从实践领域看,人和自然界都密不可分,这种天然的联系,是自然美美感的基础。自然如何变成审美对象,也就是说对自然的美感是如何产生的呢? 恩格斯曾经把大自然的宏伟壮观和人的有意识的活动进行对比:

> 大自然是宏伟壮观的,……但是我觉得,历史比起大自然来甚至更加宏伟壮观。自然界用了亿万年的时间才产生了具有意识的生物,而现在这些具有意识的生物只用几千年的时间就能够有意识地组织共同的活动:不仅意识到自己作为个体的行动,而且也意识到自己作为群众的活动,共同活动,一起去争取实现预定的目标。现在我们差不多达到这样的程度了。观察这个过程,眼看我们星球的历史上还没有过的情况日益临近实现,对我来说,这是值得认真观察的景象,而且我过去的全部经历也使我不能把视线从这里移开。②

在这里,恩格斯实际上是对马克思提出的“人化的自然”的思想的发挥,他认为社会美比自然美更加宏伟壮丽。人类几千年的创造业绩,大大地改变了地球的面貌。联系马克思在《1844 年经济学哲学手稿》中的思想可以得出这样的结论:自然变得美的重要原因是“人化自然”的过程中,人能够按“美的规律”来创造。“人化自然”是人根据自己的目的和需要,并遵循自然的规律,改变自然的原始状态,使自然和人越来越能够和谐相处。按“美的规律”是指人对自然的改造达到目的性与规律性的和谐统一。这种统一的结果是什么呢? 张玉能先生指出:

① 〔德〕马克思:《1844 年经济学哲学手稿》,北京:人民出版社,2000 年版,第56 页。
② 董学文编:《马克思恩格斯论美学》,北京:文化艺术出版社,1983 年版,第7 页。

　　只有在实践过程中能够达到合规律性和合目的性的具体统一,也就是说,能够运用必然的规律性来改造对象以达到人的某种目的,这种实践就是自由的实践,它运用物质交换层和意识作用层①的各个系统协同地进行运动,改变了对象的外观形式,并以这种外观形象来显示了人在实践中达到的合规律与合目的性的统一;也就是显现了人的一定的自由,那么,这个外观的形象也就是美的形象。②

　　张玉能先生所强调的实际上是实践的自由能实现人和自然的和谐统一,这个和谐统一就是自然美美感得以发生的根源。

　　在新中国美学的发展过程中,我们可以看到实践美学对于自然美研究的思路:李泽厚提出"自然的人化"③,周来祥提出"美是和谐"④,刘纲纪提出"美是人的自由的表现"⑤,蒋孔阳提出"美是人的本质力量的对象化"⑥和"美是恒新恒异的创造",⑦张玉能提出"美是显现人类自由的形象的肯定价值"⑧。这是一个对自然和人的关系的认识不断深化的过程。如果说李泽厚的认识还带有骄傲的征服的特点,人和自然还存在一定程度的对抗,或者说,李泽厚还只是把自然看成是被征服的对象,那么,20世纪80年代后的实践美学就具有了生态学的眼光,已经深刻地认识到了人和自然之间应该是一种和谐相处的关系,因此,也就深刻地认识了自然美美感的根源在于自由实践所创造的和谐。正如蒋孔阳先生所说的那样:"只有当人类通过劳动实践,发展和丰富了自己的本质力量,离开自然,从自然状态的人变成有文化教养的人,这时,他再回到自然,他才能发现和欣赏自然的美。因此,自然美是人类劳动实践的产物。"⑨

　　这是新实践美学对自然美美感根源的根本观点,也是中国美学对世界美学的一个不可忽略的贡献。

---

① 张玉能先生认为,实践分为物质交换层、意识作用层和价值评估层,它们对美的产生都有不同程度的作用。见张玉能:《新实践美学论》,北京:人民出版社,2007年版,第3—18页。
② 张玉能:《新实践美学论》,北京:人民出版社,2007年版,第17页。
③ 李泽厚:《美学三书》,天津:天津社会科学出版社,2003年版,第450页。
④ 周来祥:《论美是和谐》,贵阳:贵州人民出版社,1984年版,第73页。
⑤ 刘纲纪:《美学与哲学》,武汉:武汉大学出版社,2006年版,第32页。
⑥ 蒋孔阳:《美在创造中》,桂林:广西师范大学出版社,1997年版,第5页。
⑦ 蒋孔阳:《美在创造中》,桂林:广西师范大学出版社,1997年版,第33页。
⑧ 张玉能:《新实践美学论》,北京:人民出版社,2007年版,第17页。
⑨ 蒋孔阳:《美学新论》,北京:人民文学出版社,2006年版,第257页。

第二节　艺术美的"特殊"和美感

一、艺术美的含义

在中国学术界,艺术美普遍地被认为是"艺术家对社会生活进行集中、概括、加工、提炼所创造出来的美"①。这个定义表明,艺术的美的确是一种与自然美有很大的区别的美,其最大的区别在于艺术美是"人化"的美的最集中的表现,这也是艺术美最特殊的地方。

二、艺术美的"特殊"与美感

关于艺术美的特殊的问题,西方美学史的研究是相当系统,也相当完备的。从毕达哥拉斯对音乐艺术的特殊认识开始,②西方美学家不断探索各种类型艺术的特殊情况。大致说来,他们的探索可以体现在以下几个方面:

第一,艺术和一般技艺的不同。

柏拉图注意到了诗歌艺术和一般技艺的差别,前者不可复制、摹仿,后者却可以。

第二,艺术和自然品不同。

第三,艺术反映生活的方式和其他意识形态的不同。佛里奥·阿达米明确指出他把艺术看做是修辞,"一种能表达真理的真正的修辞"。③

第四,各个艺术门类的表现手法和使用的媒介不同。

第五,艺术家个性(禀赋、天才等)对艺术创作的影响不同。

第六,艺术对社会生活的影响与其他意识形态的不同。

有关以上这些问题的文章、著作的数量,用"汗牛充栋"来形容是一点都不过分的,但是,他们所关注的焦点是艺术本身的"特殊",而对艺术对象对主体影响的特殊,只有贺拉斯提出了一个原则性的规定——"寓教于乐",还缺乏细致的分析,真正揭示艺术美的"特殊"对美感产生影响的是黑格尔。

---

① 邱明正、朱立元主编:《美学小辞典》,上海:上海辞书出版社,2007年版,第34页。

② 毕达哥拉斯学派认为,音乐是对立因素的和谐的统一,把杂多导致统一,把不协调导致协调。见北京大学哲学系美学教研室编:《西方美学家论美和美感》,北京:商务印书馆,1980年版,第14页。

③ 〔法〕让·吕克·夏吕姆:《解读艺术》,刘芳等译,北京:文化艺术出版社,2005年版,第5页。

具体来说,黑格尔是通过如下的论证来解释艺术美感的产生的。

1. 美是人的一种精神需要

黑格尔说:

> 只要检阅一下人类生存的全部内容,我们就可以看出在我们的日常意识里种种兴趣和它们的满足有极大的复杂性。首先是广大系统的身体方面的需要,规模巨大组织繁复的经济网,例如商业、航业和工艺之类,都是为着满足这些需要而服务的。比这较高一层就是权力、法律、家庭生活、等级划分以及整个的庞大国家机构。接着就是宗教需要,这是每个人心里都感觉到而从教会生活中得到满足的。最后就是分得很细的科学活动,包罗万象的知识系统。艺术活动,对美的兴趣,以及美的艺术形象所给的精神满足也是属于这个范围的。①

黑格尔在这里强调的是人从美的艺术形象中所需要的精神满足是人在日常种种兴趣中的一种。他还对这种需要的特殊性作出了这样的解释:

> 是什么需要使得人要创造艺术作品呢? 从一方面看,艺术创造可以看成一种可有可无的偶然事件和幻想的游戏,因为艺术所要达到的目的还有其他较好的手段可以去达到,而且人还有比艺术所能满足的更高的更重要的旨趣。但是从另一方面看,艺术又好像出于一种较高尚的推动力,它所要满足的是一种较高的需要,有时甚至是最高的,绝对的需要,因为艺术是和整个时代与整个民族的一般世界观和宗教旨趣联系在一起的。②

黑格尔把艺术看成是一种"最高的,绝对的需要",从中可以看出黑格尔心目中艺术和人的需要之间的关系是多么的密切。

他的这个观点,后来在马克思的著作里得到了科学发挥,而在 20 世纪美国人本主义心理学家马斯洛的"需要层次说"那里又找到了心理学上的依据。

2. 美是主体克服内心欠缺,从而求得满足心灵方面的旨趣的一种手段

黑格尔说,"在艺术里,作为简单内容的抽象意义却有一种定性,逼得它要实现于创作,并且在创作中变成具体的"。当还没有把"意义"实现于创作的时候,人会觉得"是一种令人不满的欠缺",从而产生克服欠缺的要求,达到满足。这样,艺术和美实际上就是"要把本来只是主体的和内在的东西变成客观存在,

---

① 〔德〕黑格尔:《美学》(第一卷),朱光潜译,北京:商务印书馆,1979 年版,第 122 页。
② 〔德〕黑格尔:《美学》(第一卷),朱光潜译,北京:商务印书馆,1979 年版,第 38 页。

而且只有在这种完满的客观存在里才得到满足"①。黑格尔的论述表明,艺术是主体满足心灵需要的方式,当这种需要得到满足时,主体就会产生愉悦的情感,这种愉悦的情感也可以称为美感。黑格尔的分析被后来的心理学研究成果所证明。如弗洛伊德的研究就表明,艺术是艺术家以"白日梦"的方式满足其无法满足的一种方式。虽然弗洛伊德把这种需要单纯地看成是性需要显得过于狭窄和生物化,但他的观点也足以证明艺术美感与人的情感需要密切相关。

3. 艺术和美是人实现"自由"的最佳方式

什么是"自由"呢? 黑格尔认为:

> 主体方面所能掌握的最高的内容可以简称为"自由"。自由是心灵的最高的定性。按照它的纯粹形式方面来说,自由首先就在于主体对它和自己对立的东西不是外来的,不觉得它是一种界限和局限,而是就在那对立的东西里发现它自己。就是按照这种形式的定义,有了自由,一切欠缺和不幸就消除了,主体也就和世界和解了,在世界里得到满足了,一切对立和矛盾也就解决了。②

在这里我们看到,黑格尔所说的"自由"有其不足的一面,即把自由看成仅仅是依靠心灵的自我运动来实现的,因此,他所说的自由还是有限的自由。但是,他自觉地把自由和审美活动联系在一起,却是他的功绩。他认为,"我们在艺术美里所欣赏的正是创作和形象塑造的自由性。无论是创作还是欣赏艺术形象,我们都好像逃脱了法则和规律的束缚"。③ 他还说,"只有靠它的这种自由性,美的艺术才成为真正的艺术,只有在它和宗教与哲学处在同一境界,成为认识和表现神圣性,人类的最深刻的旨趣以及心灵的最深广的真理的一种方式和手段时,艺术才算尽了它的最高职责"。④ 他还把艺术看成是实现人的自由的手段:

> 审美带有令人解放的性质,它让对象保持它的自由和无限,不把它作为有利于有限需要和意图的工具而起占有欲加以利用。所以美的对象既不显得受我们人的压抑和逼迫,又不显得受其他外在事物的侵袭和征服。⑤

这是黑格尔对"审美无功利"思想的发挥。早在 18 世纪,英国著名的新柏拉图主义美学家夏夫兹博里就提出了在审美中,应当保持主体的无功利的超然

---

① 〔德〕黑格尔:《美学》(第一卷),朱光潜译,北京:商务印书馆,1979 年版,第 123 页。
② 〔德〕黑格尔:《美学》(第一卷),朱光潜译,北京:商务印书馆,1979 年版,第 124 页。
③ 〔德〕黑格尔:《美学》(第一卷),朱光潜译,北京:商务印书馆,1979 年版,第 8 页。
④ 〔德〕黑格尔:《美学》(第一卷),朱光潜译,北京:商务印书馆,1979 年版,第 10 页。
⑤ 〔德〕黑格尔:《美学》(第一卷),朱光潜译,北京:商务印书馆,1979 年版,第 147 页。

态度;康德在《判断力批判》里更是强调了这个性质,从此,审美无功利成为一个重要的审美欣赏的特征。黑格尔在这里进一步发挥了这个思想:第一,从审美主体与审美对象的关系看,两者都处在互相独立的自由状态。第二,审美对象既不是满足审美主体有限需要(即物质需要)的对象,也不是审美主体用来满足其他需要的工具。第三,在审美状态下,审美对象"无论是它的概念以及它的目的和灵魂,还是它的外在的定性,丰富复杂性和实在性,都是从它本身生发出来的,而不是由外力造成的"①。也就是说,审美对象有其自己特殊的魅力。第四,审美既是实现自由的一个手段,也是自由的一种状态。

黑格尔在第三卷中谈到对各个类型的艺术的欣赏时再次强调了这点,他说:

> 艺术在描绘这种生动的现实之中却要完全改变我们对对象的态度或观点,因为艺术须割断原来把我们联系在一起的一切实用方面的牵涉,让我们完全从认识方面去对待这些对象;同时艺术也要消除漠不关心的情况,把我们原来分散到其他事物的注意完全转移到所描绘的情境上去,因为我们必须专心致志,才能欣赏这种情境,特别是雕刻,由于它侧重理想的创作方式,压根儿就打破我们和对象的实用方面的联系,雕刻作品显得根本不属于实用方面的现实。至于绘画却一方面把我们引到一个较接近我们的日常世界的现实情况里去,而另一方面却又割断把我们联系到这种现实情况的一切实用方面,如牵挂,愿望和厌恶之类,以便引我们更接近对象,把它看做自有目的的自有生命的事物。②

正是这种无利害、无功利的特点,使审美主体与审美对象之间能够实现平等、和谐的情感交流,主体对象化,对象主体化,最终是主体在"美"的熏陶下不自觉地进入自由的境界,真正实现"无目的的合目的性"。

黑格尔的观点后来在尼采的思想中得到了更进一步的发挥,尼采认为,人生就像一个钟摆的两极,一极是痛苦,另一极是无聊,只有在艺术世界里,人才能摆脱这两种不完满的人生。艺术的作用被尼采无限地放大了。

4. 审美主体主要以视觉和听觉两种器官感受审美客体的"特殊"

黑格尔指出,在人的五种感觉中,只有两种称得上是"理论的感觉",因为它们与其感知的对象之间有一定的距离,并且不会使其对象有所损耗;那就是听觉

---

① 〔德〕黑格尔:《美学》(第一卷),朱光潜译,北京:商务印书馆,1979 年版,第 147 页。
② 〔德〕黑格尔:《美学》(第三卷上册),朱光潜译,北京:商务印书馆,1979 年版,第 266—267页。

和视觉。艺术与其对象之间总是保持一定的距离,但是这种理论上的态度却无法演变成一种"知识"。如果说科学能够表现出人类普遍的理性,它却无法表现出其个体的特性,那就是感性。而通过艺术,人类将感性以感性的形式,而非以其他形式提升到了与理念同等的地位:感性有精神化的成分(或者说理念有物质化的成分),而它这种介于自然和科学之间的地位是获得审美愉悦的关键:当肉体的愉悦感从感性上升到理性时,就成了被精神体验到的愉悦感了。①

除视觉、听觉之外,黑格尔认为,感性的表象功能、记忆、想象力等对美感的产生也有影响。这些因素对理念和理念的感性显现及其两者的统一都有着深刻的影响,因此,黑格尔把艺术分为三大类(象征型艺术、古典型艺术、浪漫型艺术)五个门类(建筑、雕刻、绘画、音乐、诗歌)。在这五个门类中,前四个门类依靠视觉或听觉来把握其感性的显现进而把握其意蕴,这是毫无疑义的。诗歌是很特殊的一种艺术,它的特殊在于"诗不像造型艺术那样诉诸感性观照,也不像音乐那样诉诸观念性的情感,而是要把在内心里的精神意义表现出来,还是诉诸精神的观念和观照本身"②。但是,诗歌仍然以其独特的方式展现其美:

从一方面看,诗在史诗体里用客观事物的形式去表现它的内容,这种客观事物虽不像在造型艺术里达到毕肖外在的实际存在,却仍然是由想象采用客观事物的方式来掌握的,而且对于想象也是一种以客观方式表现出来的世界。这种表现方式就形成了真正的语言,它从内容本身及其语言的表现里得到满足。

但是从另一方面看,诗也是一种主体的语言,把内在的东西作为内在的表现出来,这就是抒情诗。抒情诗求助于音乐,以便更深入到情感和心灵里。

第三,诗也用语言来表现一个本身完整的动作(情节),这个动作既要用客观的方式表现出来,又要显示出这种客观现实的内在方面,所以可以和音乐、姿势、摹拟和舞蹈相结合。这就是戏剧艺术。③(着重号为原文所加——引者)

---

① 参见〔法〕让·吕克·夏昌姆:《解读艺术》,刘芳等译,北京:文化艺术出版社,2005年版,第5页。
② 〔德〕黑格尔:《美学》(第三卷上册),朱光潜译,北京:商务印书馆,1979年版,第19—20页。
③ 〔德〕黑格尔:《美学》(第三卷上册),朱光潜译,北京:商务印书馆,1979年版,第20—21页。

黑格尔的分析始终以"美是理念的感性显现"为基点,感性的、外在的可以用视觉、听觉来把握,即使不是具体的感性存在的外形,也可以通过"想象"(黑格尔在论述绘画的特点时使用了"心眼"这个概念)成客观事物的方式来掌握。因此,美感的产生与视觉和听觉是分不开的。这是对柏拉图关于"美不是视觉和听觉产生的快感"这个观点的批评。黑格尔这个观点,无疑有其积极的意义:第一,美感的产生是建立在主体对"感性显现"的对象上的,这是黑格尔"唯物主义"的一面。这一点,在以前对黑格尔的评价中很少有人公平地提到,主要是因为被其"唯心主义美学家"的阴影遮盖了。第二,对视觉和听觉器官在审美活动中的作用的强调,看到了审美活动必须依赖的生理条件。第三,想象在美感形成的过程中有重要的作用,它可以"唤起"欣赏者的"感性形象",从而进入审美的最佳状态。这是对欣赏规律的揭示。

从黑格尔关于艺术美的有关论述中,我们可以看出他的理论的确已经看到了艺术的"特殊"和美感之间的关系:艺术是人的一种需要,因此对人有价值;创造艺术,就是实现价值;艺术需要的满足是一种精神需要的满足,所以是一种不受物质功利限制的自由;艺术欣赏活动以视听为主要器官,通过感性的、有限的"感性显现"进入无限的、自由的形象世界。所以,黑格尔就自觉地把"美(理念的感性显现)——自由(审美活动的境界)——价值(给主体以满足感和幸福感)"联系起来了。按照价值论美学的观点,"艺术品的性质正在于此,它们能直接给人们提供幸福或满足,而不是通过它们与任何其他事物状况的偶然联系"[①]。维特根斯坦在他的《笔记》一书中写道:"美的东西,同时也就是能产生幸福的东西。"[②]美感,就是审美价值得到实现之后的满足感和幸福感。这是黑格尔学说中的合理的一面。当然,更重要的是黑格尔看到了艺术和人生的满足感、幸福感联系起来考察,这无疑是对艺术家如何进行创作提供了一条富有启发意义的思路,既然艺术和美感之间有着密不可分的关系,艺术家必然要走创新之路以保证艺术能给人以独特的美感满足,这也许是黑格尔的艺术美理论对艺术世界的最大贡献之一。

三、艺术创新与美感

1. 艺术创新是艺术家的自觉追求

西方艺术的发展可以说是在柏拉图的"理念说"和亚里士多德的"摹仿说"

---

① 〔英〕H. A. 梅内尔:《审美价值的本性》,刘敏译,北京:商务印书馆,2001 年版,第6—7 页。
② 〔英〕L. 维特根斯坦:《1914—1916 年笔记》,牛津:1961 年英文版,第86 页。

的影响下分浪漫主义和现实主义两个维度拓展与发展的。然而,不管是受哪个影响,创新永远是艺术发展的主旋律,也是艺术的生命所在。即使是强调对自然进行"摹仿"的亚里士多德,创新,即追求创作上的"特殊",仍然是《诗学》中不可忽视的思想。亚里士多德在关于诗与历史的比较中说:

> 诗人的职责不在于描述已经发生的事,而在于描述可能发生的事,即根据可然或必然的原则可能发生的事。历史学家和诗人的区别不在于是否用格律文写作……而在于前者记述已经发生的事,后者描述可能发生的事。所以,诗是一种比历史更富有哲学性、更严肃的艺术,因为诗倾向于表现"带普遍性的事",指根据可然或必然的原则某一类人可能会说的话或会做的事。[1]

所以,诗(艺术)的创作就不能拘泥于具体的事实,而应该根据"可然或必然"的原则对材料进行加工或改造,使之更加体现生活的本质或历史的规律。

启蒙主义的理论代表狄德罗认为"摹仿"分为两种:"严格的摹仿"和"自由的摹仿",它们分别运用于"历史"或"诗"中。他说:

> 严格的摹仿自然是历史学家。对它进行撰写、夸张、减弱、美化或随心所欲地加以支配的是诗人。[2]

后一种就是诗人所用的"自由的摹仿",它包含着主体的积极见解在创作过程中了。歌德关于艺术家和自然的关系,也是"摹仿"说的一种发挥,他说:

> 艺术家对于自然有着双重的关系:他既是自然的主宰,又是自然的奴隶。他是自然的奴隶,因为他必须用人世的材料来工作,才能使人了解;他也是自然的主宰,因为他使这些人世的材料服从他的较高的意旨,为这较高的意旨服务。[3]

因此,艺术家既摹仿自然,却又要超越自然,这才能成就艺术作品。

"摹仿"说一直到18世纪仍有很大的影响,"一般的摹仿说似乎直到18世纪上半叶仍然坚持它的立场并对一切非难满不在乎"。[4] 这说明了什么问题呢?卡西尔分析道:

> 所有的摹仿说都不得不在某种程度上为艺术家的创造性留出余地。想

---

① 〔古希腊〕亚里士多德:《诗学》,陈中梅译注,北京:商务印书馆,1996年版,第81页。

② 转引自〔法〕茨维坦·托多罗夫:《象征理论》,王国卿译,北京:商务印书馆,2005年版,第174页。

③ 伍蠡甫主编:《西方文论选》(上册),上海:上海译文出版社,1979年版,第474页。

④ 〔德〕恩斯特·卡西尔:《人论》,甘阳译,北京:西苑出版社,2003年版,第173页。

把这两种要求调和起来不是容易的。如果摹仿是艺术的真正目的,那么显而易见,艺术家的自发性和创造力就是一种干扰性的因素而不是一种建设性因素:它歪曲事物的样子而不是根据事物的真实性质去描绘它们。艺术家的主观性所带来的这种干扰,是古典的摹仿说所不可否认的。但是,它可以被限制在适当的界限之内并且服从于某些普遍的原则。这样,艺术摹仿自然(ars simia naturae)这个原则就不可能被严格而不妥协地坚持到底。因为甚至自然本身就不是一贯正确的,它也并不总是能达到它的目的。在这样的情况下艺术就必须去帮助自然,并且在实际上去修正它或使它更完善。①

卡西尔的分析说明,"摹仿"说本身也并不是片面强调对自然的忠实摹仿,而是要尊重作家本身的创造性,而且要超越本身并不完美的自然,才有可能创造出真正的艺术作品。其实,黑格尔早就质疑"摹仿"说的价值了,他认为,按照"摹仿"说的观点,摹仿就是完全按照本来的自然形状来复写,这种酷肖自然的表象如果成功,据说就可以完全令人满意。黑格尔认为,这样的复写完全是多余的;并且无论如何,摹仿总会落在自然后面,"靠单纯的摹仿,艺术总不能和自然竞争,它和自然竞争,那就像一只小虫爬着去追大象"②;再有,靠摹仿的熟练所生的乐趣总是有限的;另外,摹仿只能是对形式的摹仿,不能涉及内容,这样,美就缺乏必要的客观标准了。因此,把"摹仿"看成是艺术创造的原则是不正确的。

美国当代著名美学家阿恩海姆认为,要成为艺术品,必须满足以下两个条件:"第一,他必须严格与现实世界分离;第二,它必须有效地把握现实事实的整体性特征。"③这句话可以说是"摹仿说"的现代解读。

至于柏拉图及其后继者,更是强调艺术家的主观能动性对艺术创作的影响。柏拉图与伊安的对话就表明创作不能依赖于技艺,而是要依赖神赐予的灵感。虽然他把创作成功的最终根源归结于神秘的"神",但他的学说仍有值得肯定的地方,那就是强调了人的精神状态对创作的重要影响。

对个人主观能力在艺术创作中的重要地位的认识,始于文艺复兴时期,而在浪漫主义文学得到了极度的张扬。文艺复兴时期强调人的主体性和独立性,把

① 〔德〕恩斯特·卡西尔:《人论》,甘阳译,北京:西苑出版社,2003年版,第172页。
② 〔德〕黑格尔:《美学》(第一卷),朱光潜译,北京:商务印书馆,1979年版,第54页。
③ 〔美〕鲁道夫·阿恩海姆:《艺术与视知觉》,滕守尧译,北京:中国社会科学出版社,1984年版,第189页。

人从中世纪的黑暗和上帝的束缚中解放出来了,艺术家再也不是神的代言人,而是可以依靠自己对事物的认识进行创作,当然,正如前面所言,以达·芬奇为代表的艺术家强调的是法则,但是,这种法则毕竟是人所发现和制定的,因此,人的主体意识可以实现于创作之中。浪漫主义文学更是张扬人的天赋和才能,强调想象的作用。康德、席勒、黑格尔等美学大师的理论为艺术家自觉追求艺术的创新提供了最有力量的理论支持。

首先是康德对个人"天才"的大力推崇,他认为"美的艺术不能不必然地被看做天才的艺术"。① 天才是什么呢? 康德把之定义为:"天才就是给艺术提供规则的才能(禀赋)。由于这种才能作为艺术家天生的创造性能力本身是属于自然的,所以我们也可以这样来表达:天才就是天生的内心素质(ingenium),通过它自然给艺术提供法则。"②"天才就是:一个主体在自由运用其诸认识能力方面的禀赋的典范式的独创性。"③康德给"天才"下的两个定义表明"天才"具有以下几个特征:第一,思维和成果独创性。第二,成果典范性。第三,先天性。第四,创造自由性。第五,不可摹仿性。所以康德非常重视天才在艺术创作中的独特作用。天才和艺术活动中的另一种能力"鉴赏力"相比,康德认为:"为了把美的对象评判为美的对象,要求有鉴赏力,但为了美的艺术本身,即为了产生出这样一些对象来,则要求有天才。"④也就是说,鉴赏力只是评判一个对象具有美的特质的能力,而天才则是创造美的能力。

康德对"天才"的界定及对其作用的推崇,无疑是鼓励艺术家自觉地摆脱古典主义规则的束缚,积极发挥自己的创作才能,走创新的艺术之路。

席勒对主体创新的肯定一方面体现在其著名剧作《强盗》和《阴谋与爱情》等作品中;另一方面体现在的美学著作中。海涅说:"席勒为伟大的革命思想而写作,他摧毁了精神上的巴士底狱,建造着自由的庙堂。"⑤歌德说:"贯穿席勒全部作品的是自由这个思想。"⑥正是对自由的向往和追求,使得席勒认为"美是现象中的自由",而这个规定"美"的本质的自由,是"既符合法则的,而又摆脱法则

---

① 〔德〕康德:《判断力批判》,邓晓芒译,北京:人民出版社,2002 年版,第 151 页。
② 〔德〕康德:《判断力批判》,邓晓芒译,北京:人民出版社,2002 年版,第 150 页。
③ 〔德〕康德:《判断力批判》,邓晓芒译,北京:人民出版社,2002 年版,第 163 页。
④ 〔德〕康德:《判断力批判》,邓晓芒译,北京:人民出版社,2002 年版,第 155 页。
⑤ 〔德〕海涅:《论浪漫派》,张玉书译,北京:人民文学出版社,1980 年版,第 47 页。
⑥ 〔德〕爱克曼:《歌德谈话录》,朱光潜译,北京:人民出版社,1980 年版,第 108 页。

的"①。基于这样的思想,他既肯定"素朴的诗",也肯定"感伤的诗",更推崇"理想的诗"。席勒的创作实践和理论主张为艺术家的创作树立了新的标杆。

黑格尔对艺术家的创作心理的研究也体现了艺术创新的必然性。他说:

> 艺术作品既然是由心灵产生出来的,它就需要一种主体的创造活动,它就是这种创造活动的产品;作为这种产品,它是为旁人的,为听众的观照和感受的。这种创造活动就是艺术家的想象。②

黑格尔在这里首先指出了艺术家创作的心理形式——想象,这是一种最能体现主体特征的心理活动,并且强调"想象是创造性的"。③ 对想象的过程及成果,黑格尔认为,想象在从现实世界中广泛地观察丰富多彩的材料之后,再把"外在现实或内在现实"转化为"自在自为"的真实性和理性,最后,"通过渗透到作品全体而且灌注生气于作品全体的情感"就创造出了一个既与现实有联系,而又超脱现实的具体形态的形象世界。"通过想象的创造活动,艺术家在内心中把绝对理性转化为现实形象,成为最足以表现他自己的作品。"④因此,创新是作家的一种必然选择和自觉追求。

2. 艺术创新是艺术创作的本质规律和特征

"赫拉克利特说太阳每天都是新的,这句格言如果说对科学家的太阳不适用的话,对于艺术家的太阳则是真的。"⑤卡西尔这句话道出了艺术家心理活动的特点及其成果特征。从心理特点来看,艺术家的思维方式不同于科学家的"求真"思维,而是形象思维;从其思维成果来看,他创造出来的"现实"是一个具有独特的主体特征的形象世界。

在艺术美的创造中,艺术家主要是运用形象思维来运思,想象是形象思维最为明显的特征。"艺术创作也是以想象性形象思维活动为中心的,离开想象力则无艺术创造力。"⑥所以,高尔基说:"想象是创造形象的文学技巧的最重要的方法之一。"⑦又说:"想象在其本质上也是对于世界的思维,但它主要是用形象来思维,是'艺术'的思维,可以说,想象——这是赋予大自然的自发现象与事物

① 张玉能:《审美王国探秘》,武汉:长江文艺出版社,1993 年版,第 52 页。
② 〔德〕黑格尔:《美学》(第一卷),朱光潜译,北京:商务印书馆,1979 年版,第 356 页。
③ 〔德〕黑格尔:《美学》(第一卷),朱光潜译,北京:商务印书馆,1979 年版,第 357 页。
④ 〔德〕黑格尔:《美学》(第一卷),朱光潜译,北京:商务印书馆,1979 年版,第 360 页。
⑤ 〔德〕恩斯特·卡西尔:《人论》,甘阳译,北京:西苑出版社,2003 年版,第 177 页。
⑥ 张玉能主编:《美学教程》,武汉:华中师范大学出版社,2002 年版,第 90 页。
⑦ 〔俄〕高尔基:《论文学》,孟昌等译,北京:人民文学出版社,1978 年版,第 317 页。

以人的品质、感觉,甚至还有意图的能力。"①

总的来说,艺术创作的思维特点决定了不同的艺术家及其艺术作品都有着各自独特的创新点,这些创新点可以表现在以下几个方面。

第一,形象世界的创新。黑格尔认为,艺术形象世界是艺术家个人的经历、经验和他的主体心灵相互融合而形成的世界,个人经历不同,心理世界不同,艺术家笔下的世界就不同,"每一部艺术作品都使人感到其中材料是经过作者从各方面长久深刻衡量过的,熟思过的。轻浮的想象绝不能产生有价值的作品"。② 例如,中国古典诗词中,月亮是一个经常被写进诗歌中的意象,但在不同经历、不同情感的作家写就的艺术世界里,月亮却以千姿百态的形象出现在文学形象的走廊里。

第二,表现形式的创新。黑格尔认为,"就艺术一般须经过个性化,使它的产品外射为现实现象来说,它需要一种不同的特殊本领去达到实现这种特殊的方式。这种特殊的本领可以叫做'才能'。"③这种才能的获得,一与天赋有关,二与作家后天的训练有关。这些差异,无疑使艺术家在把"现实真实"或"内在真实"转化为艺术形象时产生比较明显的不同。另外,作家的不同经历和体验对作品的形式也会产生深刻的影响,因为艺术家的经历和体验对他选择和提炼作品的内容具有很密切的关系,按黑格尔的看法,内容和形式密不可分:"内容非他,即形式之转化为内容;形式非他,即内容之转化为形式。"④这些差异导致艺术形式的千差万别,也给读者以各种不同的美感满足。

3. 艺术创新的目的是要给欣赏者以独特的美感享受

艺术创新是作家的一种自觉追求,因为通过创新可以证明作家自己的价值;艺术创新是艺术创作的本质和规律,因为通过创新可以使作品形成独特的审美价值。而这些价值的实现,都要依赖于读者。

最早关注读者在艺术活动中的重要位置的是德国的汉斯·罗伯特·姚斯,他于1967年荣任康斯坦茨大学罗曼语文学教授,在就职仪式上,他发表了一篇演说《研究文学史的意图是什么、为什么?》,在这篇著名演说中,姚斯第一次对读者的地位予以充分的肯定:

　　在作者、作品与读者的三角关系中,读者绝不仅仅是被动的部分,或者

---

① 〔俄〕高尔基:《论文学》,孟昌等译,北京:人民文学出版社,1978年版,第160页。
② 〔德〕黑格尔:《美学》(第一卷),朱光潜译,北京:商务印书馆,1979年版,第358页。
③ 〔德〕黑格尔:《美学》(第一卷),朱光潜译,北京:商务印书馆,1979年版,第360页。
④ 〔德〕黑格尔:《小逻辑》,贺麟译,北京:商务印书馆,1980年版,第278页。

仅仅作出一种反应,相反,它自身就是历史的一个能动的构成。一部文学作品的历史如果没有接受者的积极参与是不可思议的。因为只有通过读者的传递过程,作品才进入一种连续性变化的经验视野之中。①

也就是说,只有通过读者,作品才能在一代一代的接受之链上被丰富和充实,永葆其价值和生命,这正是文学的历史本质。在艺术活动的作品的地位又是如何的呢? 姚斯也作出了一个和传统文学理念完全不同的观点:

一部文学作品,并不是一个自身独立、向每一个时代的每一个读者均提供同样观点的客体。它不是一尊纪念碑,形而上学地展示其超时代的本质。它更多地像一部管弦乐谱,在其演奏中不断获得读者新的反响,使本文从词的物质形态中解放出来,成为一种当代的存在。②

一部乐谱并不是音乐,只有在演奏活动中才能使它成为美妙的音乐,读者的作用有如演奏者,能够把死的文字材料变成活生生的艺术形象,作品的价值只有通过读者才能体现出来。

在接受美学中,有一个很核心的概念,这就是关于读者本身的"期待视野",这个概念如姚斯所言,是他最重要文章的"方法论顶梁柱"③,这个概念也对我们理解艺术创新和美感的关系提供一种有益的启示。

接受美学认为,"期待视野"主要"指由接受主体或主体间的先在理解形成的、指向文本及文本创造的预期结构"④或"指的是读者接受文学作品的前提条件,如读者从已读过的作品中获得的经验、知识,对不同文学形式和技巧的掌握程度,以及读者本人的生活经历、文化水平与欣赏趣味等"⑤。金元浦先生认为"期待视野"包含这几层意义:

其一,对于任何一部从未目睹的新作品,读者对之进行的文学体验必须先行具备一种知识框架或理解结构。没有这一结构,就不可能接受新东西,不存在在"零"度的纯中立的清明无染的"白板"状态,有了前理解即先在视野,才可能对"新"做出理解,并建立新的理解视野。其二,所谓的新作品,

---

① 〔德〕汉斯·罗伯特·姚斯:《走向接受美学》,参见中文版《接受美学与接受理论》,周宁、金元浦译,沈阳:辽宁人民出版社,1987 年版,第 24 页。

② 〔德〕汉斯·罗伯特·姚斯:《文学史作为向文学理论的挑战》,参见中文版《接受美学与接受理论》,周宁、金元浦译,沈阳:辽宁人民出版社,1987 年版,第 26 页。

③ 金元浦:《接受反应文论》,济南:山东教育出版社,1998 年版,第 121 页。

④ 金元浦:《接受反应文论》,济南:山东教育出版社,1998 年版,第 122 页。

⑤ 王先霈、王又平主编:《文学理论批评术语汇释》,北京:高等教育出版社,2006 年版,第 495 页。

从来不可能在信息真空中以绝对的新的姿态展示自身,它总是处在作品与接受者的历史之链中。这样,处在这一历史之链上的接受者总是处于从已有的状态到预期更新状态的变化之中。而一部新作品也通过预告、发布各种公开或隐蔽的信息,暗示、展示已有的风格、特征,预先为读者提示一种特殊的接受,这样来唤起读者对以往阅读的记忆,使之进入一种特定的情感态度中,并产生对作品的期待态度。它是一种感知定向,是审美过程中的一种特殊指令。其三,期待视野不是固定不变的,它处在不断建立和改变的过程中,而这一过程也决定着某一文本与形成流派的后继诸文本的关系。一部新的文本唤起了读者的期待视野,也唤起了由先前的本文所形成的准则。这一期待视野和准则在同新文本的交流中不断变化、修正、改变乃至再生产,在新的结合点上产生新的期待视野与新的评判准则。①

这里特别值得我们注意的是第三个层次的含义,它表明新文本的产生具有建构"期待视野"的功能,也就是说,它能给欣赏者以新的美感满足,这个过程可能比较长,但是,它最终总有可能会实现。这就提示艺术家的创作不能满足于停留在读者已有的视野中,而要以原有的视野为新的起点,创造新的形象,这样才能满足欣赏者不断变化的美感要求。

西方现代绘画产生的过程及原因就典型地体现了艺术家对"期待视野"的打破所产生的积极意义。

关于现代绘画的原因,拜德考克②有一个新颖的假设:它是对抗于发展中的摄影技术。"看来并非偶然的是,'现代主义'绘画的第一个流派——印象主义出现于由弗克斯·陶尔包特(Fox Talbot)1841 年所摄的真正照片的两个阶段之中。我将进一步说,几乎所有那些称为'现代'绘画的,可以令人信服地、贴切地解释为一个简单的假设。那些据有'现代艺术家''先锋派'名目的现代艺术风格,在各自不同的表现方式中,都是对于由照相机发明和推广所表现的创伤的反作用。"③这里的创伤(trauma)是弗洛伊德的重要概念之一,用来表示由照相机的应用给绘画的冲击。在照相机发明以前,画家的任务是明确的,他是以一种美的形式来描绘传达现实、外部实在的世界,无论是风景画或是人物画本质上是没

---

① 金元浦:《接受反应文论》,济南:山东教育出版社,1998 年版,第 122 页。
② 拜德考克(C. K. Badcock)是克莱因学派(社会—心理批评流派)的代表,伦敦经济政治科学学校的教师,艺术评论家。
③ Peier Fuller, *Art and Psychoanalysis Writers and Readers Publishing Cooperative*, London, 1980, P.94.

有区别的。但是,随着照相机的出现,它似乎可以取代画家,摹写现实比绘画更真切、更细致。因此,画家要重新夺回被照相机霸占的领地,它必须开拓新的期待视野。因此,现代画家不得不放弃以前对外界事物的真实描绘,向别的方面,即照相机所达不到的方面去发展。开始,他们通过注重绘画中的光线、色调等技术的运用,已使绘画不同于照片,使欣赏者仍然可以得到不同于照片的美感满足。但是,1900年左右,画家们感到彩色照片的出现使自己的努力又一次归于失败,照片也能真实地传达色彩、感触,而且远胜于画家。于是,现代主义才真正诞生,一些画家决定采取抽象主义、立体派、野兽派等表现方式,其中,就有赛尚等人。

我国学者方汉文认为,"纵观现代绘画的过程,就是在摄影技术日益发达的情况下,不断改变发达手段的过程。从开始的绘画中注重色彩到彩色照相的发明,绘画转向立体主义。后来,蒙太奇—摄影和其他摄影技术的运用,使多角度地再现事物成为可能,又迫使现代绘画再向前发展,进入表现主义"①。这个分析是恰当的,他表现了艺术家对新的"期待视野"的创新,是他们试图引起欣赏者再度关注绘画艺术本身,现代绘画本身的表现方式和媒介的"特殊"是照相技术无论如何也不能摹仿的,就是凭着这些"特殊",现代绘画取得了独特的地位。

因此,艺术在不断创新的过程中,不但为自己赢得了地位,也赢得了欣赏者,因为,他们能给欣赏者以新的美感满足。

第三节　社会美的"特殊"和美感

一、社会美的含义

社会美是中国当代美学界提出的一个概念,用蔡仪的话说,"社会美这个术语,在过去的美学史上是没有的。……有些美学家虽然已经看到某些不同于自然美的社会现象,如黑格尔提出存在着'自由的美'、'伦理的美'等,又如车尔尼雪夫斯基曾经指出由于不同阶层的人生活在不同环境中,于是便会有不同的美的观念和理想等,但是他们都没有提出社会美的概念"②。比较早对社会美予以关注的应该是李泽厚,他在《论美感、美和艺术》(研究大纲)一文中提出,美有两个基本特性:客观社会性和具体形象性。他对美的社会性做了这样的解释:

---

① 方汉文:《现代文艺心理学》,西安:陕西人民教育出版社,1999年版,第148页。
② 蔡仪:《美学原理》,长沙:湖南人民出版社,1985年版,第84—85页。

所谓美的社会性,就不仅是指美不能脱离人类社会而存在(这仅是一种消极的抽象的肯定),而且还指美包含着日益开展着的丰富具体的无限存在,这存在就是社会发展的本质、规律和理想。①

在此,李泽厚虽然没有明确提出社会美的概念,但他却提出了一个思考美的本质的新角度——美的社会性问题。在美感问题上,他认为美感具有直觉性和社会功利性的统一的特点。李泽厚的思考,促使中国当代美学家深入研究社会美的问题。在关于社会美的定义上,主要有这些看法:"社会美是指社会事物、社会现象和社会生活中的美。它来源于人类社会实践。"②"社会美直接体现了人的自由创造,是一种积极的肯定的生活形象。"③社会美"本来是自由劳动及其创造的结果",④"社会美就是表现了人的本质力量——即人的自由的、有意识的创造性活动和人的创造才能、智慧、品格、思想和情感——的事物的、能引起人愉悦感情的具体形象",社会美"是人的本质力量的直接体现",等等。⑤

以上提法所体现出来的共性是:社会美是指社会事物的美,社会美是社会实践的产物,社会实践和实践的产品都是美的,社会美是直接体现人的自由创造,是人的创造才能、智慧和力量的体现,社会美是人的本质力量的对象化,是人的需要的直接体现等。邱明正、朱立元主编的《美学小辞典》对社会美的观点做了一个全面的总结:

人类实践创造的体现社会事物发展规律和丰富性,合乎人的实践意愿、审美理想的社会事物的美。与"自然美"合称"现实美"。包括人的行为美、语言美、心灵美、环境美及劳动创造的物质产品美,等等。社会美来源于人类改造客观世界和改造人自身的一切活动。人类求真向善的本质力量在改造自然、改造社会的实践活动中不断发挥,从而创造出社会美。人类的实践活动本身如果遵循客观规律、适应历史发展的必然要求,并显示出人类无穷的自觉自由的创造力时,体现了美的规律,就是美的;人类的这种创造性实践活动的产品也凝聚着人的本质力量,适应了人的物质的精神的需要,也成

① 李泽厚:《论美感、美和艺术》,载四川省社会科学院文学研究所编:《中国当代美学论文选》,重庆:重庆出版社,1984年版,第128页。
② 司有仑:《新编美学教程》,北京:中国人民大学出版社,1993年版,第141页。
③ 杨辛、甘霖:《美学原理》(第三版),北京:北京大学出版社,2003年版,第100页。
④ 金元浦、王军、邢建昌主编:《美学与艺术鉴赏》,北京:首都师范大学出版社,1999年版,第110页。
⑤ 王朝闻主编:《美学概论》,北京:人民出版社,2005年版,第87页。

为人的审美对象。在社会美中,人的美(包括心灵美、行为美、语言美、仪表美)占据中心地位。社会美具有相对稳定性,又有历史发展性,不同时代有不同的内容和表现形态。它主要侧重于内容,以真为基础,以善为前提,但其功利的直接性已消融在美的感性形式中,它在本质上是以感性形式表现出来的美。社会美是人的审美对象、领域和美感的源泉之一,它的生成、发展对于造就全面发展的人和促进社会进步具有重要意义。它是艺术创造的源泉之一,对社会美的发掘、提炼和艺术的表现,是创造艺术美的重要前提。[①]

这段话,可以说是中国学界关于社会美理论的总结,它高度概括了社会美的定义、性质、根源、类型、特征和作用,也揭示了社会美之所以给人以美感的原因。

二、社会美的"特殊"与美感

社会美与自然美、艺术美比较,它是一种"特殊"的美,它的"特殊"表现在以下几个方面。

1. 社会美是一种"和谐关系"之美

社会美的主体是人的美。按马克思主义观点,一方面,"自由自觉"是人的"类"本性,这个类本性是人不断追求自由与和谐的动力;另一方面,人又是社会关系的总和,这样的"关系总和",又使人的追求必然会受到关系的制约。因此,可以说社会美首先是一种"关系"之美,或者说,是人在社会中追求和谐关系之美。蔡仪先生指出,"自然美,都是直接间接地联系于实体事物的,可以说,主要是有关事物的实体的美。而社会美则主要是属于事物的关系的美。行为美是直接表现社会关系的,性格美也是社会关系规定的,环境美中除了有部分的自然美的因素外,根本都是决定于社会关系的,因此也可以说主要是社会关系的美"。[②]这种关系的美主要表现为人和环境(包括自然环境和社会环境)之间和谐的美,人的内在心灵和外在形象(包括相貌、语言、行为)之间和谐的美。所以,社会美的美感之源在于人和环境之间,或人自身身心之间的和谐。实践美学的理论代表之一,也是在我国当代美学中最早旗帜鲜明地倡导和谐美学的周来祥先生指出:"社会美是人与社会的和谐,社会主义和谐社会新型的人与社会的和谐关系,将创造出一种更新、更高的社会美。"这就非常明确地提出了美和美感是和

---

① 邱明正、朱立元主编:《美学小辞典》,上海:上海辞书出版社,2007年版,第30—31页。
② 蔡仪:《社会美论》(上),《求索》1983年第3期。

谐的社会关系的产物。他还说:"和谐社会的精神是把社会和谐化、审美化,从美的本质上说和谐社会就是美的社会,和谐的关系就是美的关系,和谐的人就是美的人。和谐的精神照亮了我们社会整体的美,也点亮了我们社会一切个体的美。"①因此,和谐又是美和美感的必要条件。

就人和环境之间的关系而言,一方面,人总是根据自己的需要从环境中索取有利于自己的生存和发展的资源,另一方面,环境又总是以自身的规律存在着,为此,人必须通过不断的实践以克服人和环境之间那种"顽强的疏远性",当人和自然之间的"顽强的疏远性"得到有效的克服时,人就因为自己和环境之间亲近的和谐感而感觉到自己的实践行为美,同时也感到自己的实践结果——产品之美。马克思、恩格斯早就指出人是自然的一部分,自然界又是人的无机躯体,自然与人的和谐在实践中产生与发展。没有人与自然的和谐,没有人口、资源、环境的协调,人与社会的和谐就难以实现,因此,人和自然之间关系的和谐,是社会美和美感产生的基础。

关于人本身的美,莎士比亚曾激情满怀地赞扬道:"人类是一件多么了不得的杰作! 多么高贵的理性! 多么伟大的力量! 多么优美的仪表! 多么高雅的动作! 在行为上多么像一个天使! 在智慧上多么像一个天神! 宇宙的精华! 万物的灵长!"在莎士比亚看来,人的美在于其是理性、力量、仪表、动作、行为、智慧等的完美和谐的统一,也就是说是外在形象和内在形象的和谐统一。高度重视人的和谐美的思想源于古希腊,毕达哥拉斯已经注意到了人的美在于各部分的对称和适当的比例,德谟克利特更进一步指出:"身体的美,若不与聪明才智相结合,是某种动物性的东西。"②柏拉图更是明确提出最美的境界是心灵美与身体美的谐和一致。把内在心灵与外在形象和谐一致看成是人的美的最高境界一直是西方美学的主旋律,席勒在《审美教育书简》中推崇审美教育,认为审美教育的任务就在于恢复人的完整,席勒认为,现代生活导致人的感性和理性的分裂,从而破坏了人的美,只有审美活动才能使人性的美得以恢复和张扬。这样,席勒实际上就把人的和谐与美看成是一个不可分割的整体了。车尔尼雪夫斯基对人体美曾赞叹道:"说到人体,这世界上最美的东西,也是半透明的,我们在人身上不只是看到一个外表:人体通过皮肤焕发着光彩,因而赋予人类的美以百般

---

① 周来祥:《从和谐美学看和谐社会》,《文艺研究》2007 年第 2 期。
② 北京大学哲学系美学教研室编:《西方美学家论美和美感》,北京:商务印书馆,1980 年版,第 16 页。

的魅力。"①伟大的雕塑家罗丹说:"我们在人体中崇仰的不是如此美丽的外表的形,而是那好像使人体透明发亮的内在光芒。"②这能赋予身体美以魅力和光彩的"内在光芒"应该是人体外形所透露出的人的内在修养、气质和生命力。所以,作为社会美的主体的人的美,其根源仍然在于和谐关系之美,人们之所以对人产生美感,也就在于人们感受到了这种和谐统一的美。

也许因为社会美是一种特殊的关系之美,所以对社会美的欣赏往往需要采取理性的态度,因为只有理性的态度才能深刻地洞悉社会美的内涵及它们之间的内在关系。

2. 社会美是一种"真"和"善"和谐结合之美

对"真"的解释可以有四个维度:从本体论的维度看,"真"是指不依赖于主体的客观实在物。从认识论的维度看,"真"是指认识主体对客体的特征、规律、性质的把握。从价值论的维度看,"真"是指客体对主体的某种观念、需要的符合、满足后的评价。从审美学的维度看,"真"是指主体的情感倾向和客体形式的和谐一致,凡是引起主体肯定性情感反应的客体就是"真"的;凡是引起主体否定性情感反应的客体则被认为是虚假的。

对"善"的解释一般有两个维度:从价值论维度看,"善"是指对象属性满足主体需要,也就是说,是对象属性合功利目的性。从审美学维度看,"善"是指对象很好地实现了它在功能方面的目的,从而引起主体的愉悦感。

关于"真"、"善"、"美"的关系,在中外美学史,先后出现了真善美混同说和真善美相斥说。"认识论美学、价值论美学强调美与真、善的统一,却走向了真善美混同说;形式论美学、意志论美学、生命本体论美学强调美与真善的区别,却走向了真善美相斥说。"③这种情况表明,在自然美、艺术美中,"真"和"善"到底与"美"是一种什么样的关系,是存在差异的。但是,在中国学界,我们看到,几乎所有的学者都认为社会美是"真"和"善"的有机统一,也就是说,"真"和"善"的和谐统一构成了社会美,或者说,"真"和"善"的和谐统一是社会美产生的基础和前提。如杨辛、甘霖认为,"人物形象的美首先是内在品质、精神、灵魂的美;其次才是外在形式的美——而最好的则是两者的结合"。④ 在这里,内在品质、精神、灵魂的美是属于"善",外在形式是属于"真"。金元浦先生主编的《美

---

① 〔俄〕车尔尼雪夫斯基:《车尔尼雪夫斯基选集》上卷,北京:三联书店,1958年版,第61页。
② 〔法〕罗丹:《罗丹艺术论》,沈宝基译,桂林:广西师范大学出版社,2002年版,第62页。
③ 陶伯华:《美学前沿》,北京:中国人民大学出版社,2003年版,第190页。
④ 杨辛、甘霖:《美学原理》(第三版),北京:北京大学出版社,2003年版,第115页。

学与艺术鉴赏》也有类似的观点:"社会美既要体现社会客观规律的历史必然性(真),又要反映出人对社会实践的需要、目的和尺度(善),是真与善的统一。"①张玉能先生说:"……什么样的社会关系才是美的呢? 它需要满足两个条件:一是符合社会历史发展的必然趋势,即合规律性;二是满足人们生存和生活的需要,即合目的性。"②合规律性即是"真",合目的性即是"善"。他还明确指出:"社会美不仅体现着社会规律的必然性,而且体现着人们认识掌握了规律的自由意志,达到了必然与自由的统一。合规律性和合目的性是美的事物或现象的内容,而自由形象是体现这种美的内容的感性形式。"③这就更加明确地告诉我们社会美是真和善完美地统一在"自由形象"中的美。这个提法,不但区分了"美"与"真"、"善",而且看到了它们之间的内在联系——"真"和"善"是社会美的前提和基础,包含着"真"和"善"的"自由形象"是社会美的表现形式。所以,社会美与艺术美、自然美相比较,其特殊之处是非常明显的——它不仅关涉内容,而且关涉形式,只有内容符合"真"和"善"的要求,并且以形象生动的形式表现出来,才能给人以美感。

中国共产党之所以成为社会美的杰出代表,就在于她始终"代表中国先进生产力的发展要求,代表中国先进文化的发展方向,代表中国最广大人民的根本利益",也就是说,中国共产党的行动纲领和奋斗目标是符合"真"和"善"的,并且,她的"真"和"善"是通过无数的优秀共产党员无私奉献的实践行为表现出来的:战争年代无数烈士抛头颅、洒热血的壮举,和平建设年代无数优秀党员兢兢业业、艰苦创业的不平凡的创造,等等。所有这些实践行为,都集中体现了"真"和"善"的和谐结合。

3. 社会美是一种理性色彩最为浓郁的美

在艺术美和自然美面前,美感的产生往往是以"直觉"的方式出现的,因为,它们往往首先以优美的形式感动人。社会美则不同,它往往是侧重于内容,而对内容的领会和欣赏,往往需要对对象的背景、意蕴、价值有一个基本的了解,因此,对社会美的欣赏是一个不断深化的过程,也是一个依赖于理性判断的过程。无论是对人物形象的欣赏还是对社会事物和社会现象的欣赏都是如此。

比如对雷锋的欣赏,如果单看一个简单的名字,我们无论如何也不可能产生

---

① 金元浦、王军、邢建昌主编:《美学与艺术鉴赏》,北京:首都师范大学出版社,1999 年版,第111—112 页。
② 张玉能主编:《美学教程》,武汉:华中师范大学出版社,2002 年版,第 155 页。
③ 张玉能主编:《美学教程》,武汉:华中师范大学出版社,2002 年版,第 159 页。

美感。要欣赏雷锋的形象美,我们必须了解其苦难而抗争的童年及其全心全意为人民服务的经历,只有这样,才能建构起雷锋的美的形象,才能对"雷锋"产生美感。

雨果在《巴黎圣母院》中,塑造了四种不同类型的人物形象:第一种是外形美,内心也善良,如卖艺女郎埃斯美拉达;第二种是外形丑,内心善良,如卡西莫多;第三种是外形美,而内心丑恶,如菲比思;第四种是内心丑恶、性格阴沉、险恶,外形也丑恶,如神父富洛娄。对这几种类型的形象的欣赏,如果单凭外貌,是很难分辨其美丑的,我们必须通过观察其言行,分析其行为的性质,才能作出美与丑的判断,在这样的基础上产生的美感才可能是真正的美感。特别是对卡西莫多的欣赏更是如此,他那丑陋的外形几乎可以令人窒息,但作者却赋予他一颗金子般的心灵,为了埃斯美拉达,他甘愿赴汤蹈火,这是他的美之所在。

对一些美的事物和美的现象的欣赏,同样需要理性的考察和分析,有的还需要放在历史的长河中进行衡量才可能作出正确的判断。如1976年的"四·五运动",当时的"四人帮"把之定性为反革命运动,粉碎"四人帮"之后,历史才揭示了这场运动的真相,人们才真正认识到这场运动的真正面目,才觉得这场运动是符合历史发展的要求、规律,符合人民群众的利益的,经过理性的分析和还原,人们才对这场运动本身,才对在这场运动中不畏"四人帮"的淫威的革命群众产生美感。

三、社会美与人的自由

1. "自由"是人类的天性

人类诞生的具体情形现在还很难有确凿的资料印证,但人类诞生之初的生活情况我们却可以从很多神话、传说中进行科学的推测和判断。在相当长的一段历史时期内,人和自然是混沌未分的,人类对自然界的各种现象都无法进行科学的解释,一阵风雨、一个闪电都会给他们带来莫名的恐惧。人对自身的认识更是有限,在这种情况下,人真正是"匍匐在自然面前的奴隶"。但是,人之所以为人,在于人从不甘心做自然的奴隶,他们从诞生的那一刻起,就开始了与自然的抗争,古希腊和中国古代的神话传说、故事实质上是人类"想象或借助想象"征服自然的产物。

现代心理学研究表明,人类的基本心态有两种:一是人类征服自然、改造自然,使自然服务于自己的内驱力;另一种是人类不断地探索自身、认识自身,不断地发展自我、完善自我的内驱力。也就是说,人类历史发展的过程就是人类不断地认识自然、征服自然、改造自然和认识自己、发展自我、完善自我的过程。美国当代著名的人本主义心理学家马斯洛提出的"需要层次说"更是深刻地从理论上揭示了人类需要的多层次性和不断追求的本质,他把人类的需求分为生理需要、安全需要、归属和爱的需要、尊重需要、认知需要、审美需要和自我实现的需要。自我实现需要是人类最高层次的需要。关于这一需要的内涵,马斯洛认为,"它可以归入人对于自我发挥和完成的欲望,也就是一种使它的潜力得以实现的倾向。这种倾向可以说成是一个人想要变得越来越像人的本来模样,实现人的全部潜能的欲望。换句话说,一位作曲家必须作曲,一位画家必须绘画,一位诗人必须写诗,否则他始终无法平静。一个人能够成为什么,他就必须成为什么,他必须忠于自己的本性。这一需要就可以成为自我实现的需要。他发现,当一个人对爱和尊重的需要得到合理满足之后,自我实现需要就出现了。"①马斯洛的学说告诉我们,人的需要层次越高,其自由的程度就越高,在自我实现这一层次,已经标志着人能随心所欲地发挥自己的潜能,充分地表现人的本质特性了。各种动机的产生是与人的实践环境、实践内容和方式密切相关的。所以,我们可以说,是实践过程中产生的需要的动机促使人类不断地朝着自由阶段迈进,从而使人的本质得到更加全面的体现。

马克思在阐述人的类本质时指出:"生命活动的性质包含着一个物种的全部特性、它的类的特性,而自由自觉的活动恰恰就是人的类的特性。"②马克思在这里所揭示的是人与外部世界的关系和人自身内在的灵魂与肉体的关系。人与动物的分野就在于是否拥有真正的自由。人的自由是自己创造的,动物的"自由"则是天赋的。现实的人永远是自由与不自由的统一体。人的本质是人的能动性或人的精神,人的本质力量就是人的精神力量,它的指向就是自由。人的自由是一个无限的实现过程,自由的实现程度与人的本质的丰富程度是同步的。人类历史就是一部从本能发展出能动性,由能动性而形成人的本质,通过不断地发明、创造来强化人的智慧而丰富人的本质,永远向往和追求无限自由的历史。

2. "自由"的含义和类型

那么,什么是自由呢?孟德斯鸠说过:"没有一个词比自由有更多的涵义,并在人们意识中留下更多不同印象的了。"③他的意思是说,自由是人类意识中

---

①　〔美〕马斯洛:《马斯洛人本哲学》,成明译,北京:九州出版社,2003 年版,第 57—58 页。
②　〔德〕马克思:《1844 年经济学哲学手稿》,北京:人民出版社,2000 年版,第 52 页。
③　张品兴、乔继堂:《人生哲学宝库》,北京:中国广播电视出版社,1996 年版,第 225 页。

最强烈的一种愿望。萨特认为,自由首先就是要使自己的生存从万物之中分离出来的那股力量,即那股要说"不"的不可克制的力量。因此,自由就是人对自身"兽性"的一种坚决的否定,是人从自然界及万事万物的束缚中超越出来的力量。黑格尔则认为,自由的真义在于没有绝对的外物与我对立。这意味着真正的自由应该是人与客观事物的内在统一。恩格斯说得更为明了透彻:"自由就在于根据对自然界的必然性的认识来支配我们自己和外部自然;因此它必然是历史发展的产物。"①也就是说,人自由的基础是实践,自由的标志是能够认识自然界和人自身发展的必然规律,自由的目标是实现对自然界和自我的支配。张玉能先生认为"自由"有三个层次的含义:

> 一是在实践—创造中人能够把握和运用自然和社会的规律来为自己的某种目的,特别是审美的目的服务,即达到合规律性与合目的性的统一。二是在实践—创造中人能够超越某种物质的或精神的直接功利关系而主要实现了人的某种非功利目的,尤其是审美目的,即达到功利性和超功利性的统一。三是在实践—创造中人能够和谐地处理好个体与群体(个人与社会)的关系,即达到个体与群体(个人与社会)的统一。②

张玉能先生的阐述不仅界定了自由的含义,而且还表明,人类的自由和人类的实践活动是密切相关的。因此,也可以说,实践的类型决定着自由的类型。马克思、恩格斯在《德意志意识形态》中说:"以一定的方式进行生产活动的一定的个人,发生一定的社会关系和政治关系。……这些个人是从事活动的,进行物质生产的,因而是在一定的物质的、不受他们任意支配的界限、前提和条件下能动的表现自己的。""思想、观念、意识的生产最初是直接与人们的物质活动,与人们的物质交往,与现实生活的语言交织在一起的。……表现在某一民族的政治、法律、道德、宗教、形而上学等的语言中的精神生产也是这样。"③张玉能先生认为这段论述蕴涵着重要的分类学意义,为此,他对实践的类型作了这样的划分:

> 实际上,人类的实践是人们为了实现自己的生存而进行的处理人与自然、社会(他人)、自我之间的感性的、现实的活动。因此,实践也理应区分为三大类型:物质生产、精神生产、话语实践。物质生产主要是以物质的手段处理人与自然的关系,以解决人们的实际生存问题(吃、喝、住等);精神

① 《马克思恩格斯选集》(第3卷),北京:人民出版社,1995年版,第456页。
② 张玉能:《实践的自由与美的范畴》,《华中师范大学学报(人文社会科学版)》2003年第1期。
③ 《马克思恩格斯选集》(第1卷),北京:人民出版社,1995年版,第72页。

生产主要是以意识(精神)的手段处理人与社会与自我的关系,以解决人们的生存发展的问题(家庭、国家、道德、科学、艺术等);话语实践则是在物质生产和精神生产的基础上,主要以语言为手段处理人(自我)与他人的关系,以解决人与人之间的交往以及与之相关的现实生存和生存发展的问题,也可以说话语实践是物质生产和精神生产的中介实践活动,它不仅调节物质生产和精神生产之中人与人之间的关系,而且也调节物质生产和精神生产之间的关系。因此,话语实践对于人类来说,是一种具有实践本体论意义的活动。①

张玉能先生对实践的分类,为我们认识人类在实践中追求的自由的类型提供了很好的理论资源。实际上,自由和实践是密切相关的,人类在物质生产(包括人类自身的生产)的领域,努力争取的是认识自然的规律,很好地利用自然的自由,我们称为物质生产(包括人类自身的生产)的自由。人类在精神生产领域,努力争取的是灵活地处理人与社会与自我的关系,以使自己的意志、愿望和精神得到充分的表达的自由,我们称为精神生产的自由。另外,在私有制社会里,人类还有争取以权力和财物为核心(或为基础)的话语权力的自由,我们称之为话语实践的自由。

3. 社会美的本质在于人类追求和谐的社会关系的自由

从本质看,社会美是一种体现人对和谐的社会关系追求的美。物质生产(包括人类自身的生产)的自由,精神生产的自由,或者是话语生产的自由是和谐的社会关系的表现形态,因此,在人类发展历史中,凡是以追求这三种自由为目标的行为,都可以称之为社会美。他们的追求过程和结果都会给人一种特殊的美感。

索福克勒斯的《俄狄浦斯王》、《安提戈涅》,莎士比亚的《奥塞罗》中的主人公之所以成为千古称颂的英雄,其中一个很重要的原因就是他们分别是人类历史上追求物质生产自由、话语生产自由和精神生产自由的杰出代表。他们的追求虽然都以悲剧而告终,但他们的追求却给人类留下了丰厚的精神财富,因此,他们都是社会美的典型。

《俄狄浦斯王》写的是发生在"英雄时代"的故事,故事的渊源则是古希腊的神话传说。在"英雄时代"最重要的发现是"人",在这个阶段文学作品中所塑造的"英雄"是连接"神"和"人"的中介,他们既有神的智慧和力量,又具有人的平

---

① 张玉能:《实践的超越与审美》,《西北大学学报(社会科学版)》2005年第1期。

凡和慈祥,最重要的是,人的理性能力得到了发现和运用。俄狄浦斯和其父母从神谕中得到的启示实质上表明人对"乱伦"的危害已经有了朦胧的认识,而他们力图逃脱命运的安排,实质上是人的理性力量在促使他们趋利避害。俄狄浦斯成功地解释了"斯芬克斯之谜"实质上代表了人对自身的认识和人对神的胜利。

俄狄浦斯王之所以能给人以强烈的悲剧美感,是因为它艺术地展现了人类追求自我发展的自由(物质实践的一种)的过程中的悲剧,说得更具体一点,是探索人类自身生产的规律的过程中的悲剧。按照历史唯物主义的观点,人类社会的发展所经历的氏族社会先后经历了母系氏族和父系氏族这两个阶段。在母系氏族阶段,人类只知其母不知其父,这种状态造成的悲剧(特别是后代残疾)早已经被史家证实。所以,俄狄浦斯的致残(把自己的眼睛弄瞎),在作品中虽然是主动的行为,但更为可能的是,作者以这种方式昭示世人,"乱伦"是人类自己残杀自己的行为。同时,他的致残和其母(也是其妻)伊俄卡斯特的自杀同时表明,随着人类文明的发展,人类对自身生产的规律的认识和把握,人类社会已经明确地认识到伦理道德和法律在婚姻家庭生活中的重要性,已经明确地认识到乱伦禁忌是人类社会的基础。① 其实,作品中提到的其他一些重要灾难,如瘟疫的流行,土地颗粒无收,牲畜不再繁殖,女人不能生育等,实际上都暗含着乱伦行为对人类自身的惩罚。而城邦公民对灾难根源的探讨,表明他们不再把希望单纯地寄托于神灵,也就不再依赖个人的独立祈祷,而是转而寄希望于曾成功地解救了他们的英雄——俄狄浦斯王。当真相大白于天下时,他们也不因英雄曾经的辉煌而被同情的情感所支配,而是理性地把俄狄浦斯王驱逐出境。对俄狄浦斯王而言,这是悲剧,但对忒拜这个多灾多难的城邦而言,则是当时所能达到的必然或可能实现的自由,因为他们经过艰苦的探索,终于看清了乱伦的严重后果,终于认识了人类自身生产的规律,终于踏上了自由发展自身的光明大道。俄狄浦斯王无疑是在追求这种自由的道路上的英雄,他以自身的探索唤醒了人们对自由生产的规律的认识。

《安提戈涅》是黑格尔最为推崇的悲剧之一。不少研究者都认为这个悲剧的根本原因是政治法律的刚性制度和道德伦理的柔性情感之间的冲突,按照黑格尔的悲剧理论,这冲突双方的要求都是合理的。克瑞翁代表着国家意志和法律制度,从国家利益出发,他必须把违反禁令的安提戈涅处死,安提戈涅代表着

---

① 参见〔法〕列维·斯特劳斯:《乱伦与神话》,转引自叶舒宪:《神话—原型批评》,西安:陕西师范大学出版社,1987年版,第234页。

伦理天条,从家庭伦理的角度出发,她必须安葬他的被称为是叛逆的哥哥。他们在冲突过程中都处在"二难选择"之间,谁都不可能迁就和屈服,悲剧就不可避免地发生了。应该说,这个分析是比较符合作品的实际的,但似乎还停留在"见山是山,见水是水"的层次,还无法把悲剧的真正内涵揭示出来,也就是说还无法揭示出悲剧主人公所体现出来的悲剧精神——人的追求自由的天性,这是最伟大的悲剧精神。安提戈涅所追求的,可以说是人类追求民主的话语自由。

索福克勒斯所生活的时代,正是希腊民主生活从繁荣走向衰落的时期,但索福克勒斯本人却一直坚持民主思想。[1] 和当时的雅典人一样,索福克勒斯相信宇宙的主宰是神,神的力量高于一切,但人应当独立自主选择自己的道路,并对自己的行为负责,即使在命运掌握之中,也不丧失坚强性格。[2] 可以说,索福克勒斯是"雅典民主政治繁荣时期意识形态最完善的代表人物"[3]。在当时,雅典人的高贵意识形态已经为民主的意识形态所代替,认为公民要具备各种美德并应合乎"中庸之道"。正是这样的民主思想影响,造就了他笔下的悲剧主人公不畏强权和王道的反抗精神。安提戈涅就属于这样的典型。为了履行对家庭的义务,为了家庭的荣誉,也为了追求归属关系和爱的自由,她敢于和克瑞翁叫板,即使牺牲性命也在所不惜,安提戈涅的悲剧无疑也是对民主的话语自由追求的悲剧。当然,这个悲剧还表明了这么一个事实,就是在规范人类行为的伦理道德的法律制度建立之初,由于人类实践的不足,导致他们不能科学地预见自然的伦理道德和规范的法律制度之间所存在的异同,特别是这两者之间的差异,因此,作为国家权力的代表和法律的执行者的克瑞翁考虑更多的是法律的普遍适用性和强制性,而作为法律后果的承受者的代表安提戈涅考虑更多是个体的感受,双方考虑问题的偏差,就使悲剧的产生成为一种必然。现代法律制度的"人性化"发展的趋势表明,人类的生活实践和执行法律制度的实践已经能够越来越考虑到"自然的人"和"社会的人"之间和谐,和谐程度越高,人类遵守法律制度的自觉性就越高,执法和守法的自由程度也越高。安提戈涅的悲剧艺术地展现了人类建立法律制度实践过程中不可避免的悲剧,悲剧以血的代价促使人们深刻反思法律制度本身的合理性,克瑞翁最后的妥协虽然不可能挽回几条鲜活的生命,但我们已经看到,在安提戈涅之后,更加理性,也更加人性的法律制度已经在她的

---

① 参见谭霈生:《世界名剧欣赏》,长沙:湖南人民出版社,1983年版,第13页。
② 参见任生名:《西方现代悲剧论稿》,上海:上海外语教育出版社,1998年版,第49页。
③ 廖可兑:《西欧戏剧史》,北京:中国戏剧出版社,1981年版,第4页。

坟茔上出现,后来的人也在更高层次上取得更大的话语自由,安提戈涅的悲剧也许是西方民主制度不断发展和完善的催化剂。

对奥赛罗的悲剧,许多人认为是因为其"嫉妒"。其实,与其说是其本人的"嫉妒"造成了悲剧,不如说是其"被嫉妒"而造成了悲剧。因为他和苔斯德梦娜的结合是建立在自由恋爱的情感基础上,正如奥赛罗所言他们之间的爱情:"她爱我,为了我出生入死的遭遇;我爱她,为了那颗同情苦难的心。"这种结合,从感情上说是很成功的,但是,他们之间的差异——主要是社会地位和种族的差异,是他们所处的年代不能容忍的。不论是苔斯德梦娜的家庭,还是奥赛罗身边的小人,或者是城邦里的公子少爷,对他们的结合都非常嫉妒,正是这种嫉妒,使他们的追求受到了考验,自由翱翔的爱情鸽子最终被折断了翅膀。奥赛罗杀害苔斯德梦娜,也可以理解为他对权贵的一种消极的抵抗。因为他想象中苔斯德梦娜的情人是出身高贵的卡西奥,在他的潜意识里,他产生了这样的想法,我不能得到苔斯德梦娜的全部,也不能让其他人(特别是贵族)染指。在杀害苔斯德梦娜之前,奥赛罗曾有这样的内心独白:"可我不愿流她的血,不愿毁伤她那比白雪更皎洁,比雪花石膏更光滑的肌肤。可是不能让她再活下去。她活着,还要欺骗别的男人。熄了火苗儿,我就——熄了这火苗儿……"这段独白,表明的是奥赛罗对其他贵族征服苔斯德梦娜的企图的反抗。

所以,奥赛罗的悲剧,实质上是传达出了在资本主义刚刚萌芽阶段,资产阶级的自由观念面临的封建等级制度的强大压力。在资产阶级取得政权之前,追求以自由为核心的自由、平等和民主是他们的思想武器,但封建制度中的权贵是不会轻易地给他们这样的权力的,这就必然会有许多悲剧上演,这种悲剧是资本主义发展过程中无法避免的。奥赛罗虽然优秀,苔斯德梦娜虽然很倾情,但是他们和强大的封建势力相比,又算得了什么呢? 自由的力量在当时是多么脆弱啊! 所以,他们对爱情(人类渴望的精神生产自由之一)的追求,虽然是一种合情合理的追求("历史的必然要求"),也因为历史的原因,导致失败。

总的来说,社会美是人类所渴望的一种关系和谐之美,当这种和谐关系出现时,社会美是一种现实,当这种关系尚未实现时,社会美则体现为人类的追求实践之美。因此,人们在面对社会美时产生的美感可能出现两种状态:一是自由实现时的满足感和幸福感;二是面对人类锲而不舍,甚至不惜生命而追求自由的壮举而产生的一种敬佩感和崇高感。这样的美感和人们面对艺术美和自然美时产生的美感相比,具有更深入人的灵魂,更加激荡人心的特点。

第四章　实践与"特殊"的关系

第一节　实践的含义、类型和美感

实践美学认为,实践是美和美感产生的基础。因此,考察实践的含义及其类型对认识美和美感具有重要的意义。

一、实践的含义

"实践"是马克思主义美学的理论基石,因此只有正确理解它的内涵,才能科学地认识它在美的创造和美感生成中的功能和意义。依据马克思主义经典著作对实践的界定,可以从以下几个层次来理解"实践"的含义。

1. 实践是人类获取物质生活资料、解决人的生存问题的基本条件,是感性的活动

在《德意志意识形态》中我们可以读到这段话:

> 我们首先应当确定一切人类生存的第一个前提,也就是一切历史的第一个前提,这个前提就是:人们为了能够"创造历史",必须能够生活。但是为了生活,首先就需要吃、喝、住、穿以及其他一些东西。因此第一个历史活动就是生产满足这些需要的资料,即生产物质生活本身,而且这是这样的历史活动,一切历史的一种基本条件,人们单是为了能够生活就必须每日每时去完成它,现在和几千年前都是这样。①

这段话包含的意义很丰富,第一,实践是人类每日每时都必须进行的活动。第二,实践是人类获取最基本的生存资料的重要手段,物质生产是最基本的实践活动,因此,它是人类得以生存的首要前提。第三,实践是人类历史开始的一种基本条件。一句话,没有实践,就没有人类,更没有人类的历史。

马克思在《关于费尔巴哈的提纲》中,特别强调了实践的感性特征。"费尔

---

① 《马克思恩格斯选集》(第1卷),北京:人民出版社,1995年版,第78—79页。

巴哈不满意抽象的思维而喜欢直观;但是他把感性不是看做实践的、人的感性的活动。"①并强调"社会生活在本质上是实践的"。②他还反对机械唯物主义对实践的理解:"直观的唯物主义,即不是把感性理解为实践活动的唯物主义至多也只能达到对单个人和市民社会的直观。"③这个感性特征还是美和美感生成的基础,这是我们必须指明的。

2. 实践是人的一种自觉的、有意识的活动,因此是人区别于动物的重要标志

实践不但使人能够生存下来,而且使人脱离了动物界。马克思在《1844年经济学哲学手稿》中写道:

　　　　动物和自己的生命活动是直接统一的,动物不把自己同自己的生命活动区别开来。它有意识的生命活动。这不是人与之直接融为一体的那种规定性。有意识的生命活动把人同动物的生命活动直接区别开来,正是由于这一点,人才是类存在物。或者说,正因为人是类存在物,他才是有意识的存在物,就是说,他自己的生活对他来说是对象,仅仅由于这一点,他的活动才是自由的活动。……

　　　　通过实践创造对象世界,改造无机界,人证明自己是有意识的类存在物,就是说是这样一种存在物,它把类看做自己的本质,或者说把自身看做类存在物。诚然,动物也生产。它为自己营造巢穴或住所,如蜜蜂、海狸、蚂蚁等。但是,动物只生产它自己或它的幼仔所直接需要的东西;动物的生产是片面的,而人的生产是全面的;动物只是在直接肉体需要的支配下生产,而人甚至不受肉体需要的影响也进行生产,并且只有不受这种需要的影响才进行真正的生产;动物只生产自身,而人再生产整个自然界;动物的产品直接属于它的肉体,而人则自由地面对自己的产品。动物只是按照它所属的那个种的尺度和需要来构造,而人懂得按照任何一个种的尺度来进行生产,并且懂得处处都把内在的尺度运用于对象。因此,人也按照美的规律来构造。④

马克思这两段经典名言指明了实践在"人"和"美"的生成中的重要作用:第一,实践使人的生命活动与动物的生命活动区别开来了,正是在改造无机界、创

---

① 《马克思恩格斯选集》(第1卷),北京:人民出版社,1995年版,第56页。
② 《马克思恩格斯选集》(第1卷),北京:人民出版社,1995年版,第56页。
③ 《马克思恩格斯选集》(第1卷),北京:人民出版社,1995年版,第56—57页。
④ 〔德〕马克思:《1844年经济学哲学手稿》,北京:人民出版社,2000年版,第57—58页。

造对象世界的实践中,人脱离了动物界而成为一个具有独特本质的生命存在,因此,首先是实践使"人"生成了。第二,实践使人克服了动物片面生产的缺陷,而具有超脱肉体需要的全面的特点。第三,人能够自由地对待实践的产品,并且能够按照"美的规律"进行实践,从而促使"美"的生成。

在《德意志意识形态》中,马克思、恩格斯更是明确指出人和动物的区别就在于实践:"可以根据意识、宗教或随便别的什么来区别人和动物。一当人开始生产自己的生活资料的时候,这一步是由他们的肉体组织所决定的,人本身就开始把自己和动物区别开来。人们生产自己的生活资料,同时间接地生产着自己的物质生活本身。"①从这里我们可以看到实践所具有的本体论的意义——它生成了人及与人相关的一切。对实践这个重要性,张玉能先生指出:"生存,人的个人的生命存在仅仅是美、审美、艺术的生成的条件,而物质生产、以物质生产为中心的社会实践才是美、审美、艺术的生成的起点。"②这是从马克思的有关理论中得出来的必然结论。

3. 实践是人类认识掌握世界的一种方式

马克思曾在《〈政治经济学批判〉导言》中对人类认识和掌握世界的方式做了一个比较,他说:

> 整体,当它在头脑中作为思想整体而出现时,是思维着的头脑,这个头脑用它所专有的方式掌握世界,而这种方式是不同于对世界的艺术的、宗教的、实践—精神的掌握的。实在主体仍然是在头脑之外保持着它的独立性。③

很明显,马克思是把"实践—精神"看成是与理论的、艺术的、宗教的等并列为掌握世界的四种不同的方式。董学文先生认为"所谓'实践精神的'掌握方式,主要指实际家从务实精神上去认识和改造世界的一种思维方式,或称一般的日常实际活动的思维方式。这其中既有形象思维,又有抽象思维,两种思维还没有达到各自独立的高度;只要这个头脑还仅仅是思辨地、理论地活动着"。④ 应该说,董学文先生把这种方式看成是"实际家从务实精神上去认识和改造世界的一种思维方式""或称一般的日常实际生活的思维方式"有一定的道理,即他

① 《马克思恩格斯选集》(第1卷),北京:人民出版社,1995年版,第67页。
② 张玉能:《新实践美学与实践观点》,《武汉理工大学学报(社会科学版)》2002年第2期。
③ 〔德〕马克思:《〈政治经济学批判〉导言》,见《马克思恩格斯全集》(第46卷上册),北京:人民出版社,1979年版,第39页。
④ 董学文编:《马克思恩格斯论美学》,北京:文化艺术出版社,1983年版,第47—48页。

看到了这种方式与具体事务的紧密联系,但把它称为"思维方式"似乎不妥,实际上,在马克思的原意中,应该是想表达这么一种思想:认识和掌握世界既可以运用抽象思维(经济学研究),也可以用形象思维(艺术),也可以用幻想方式(宗教),而实践—精神则是人的一种具有理论指导的自由自觉的直接改造世界的方式。前三种与他后面所说到的"表象"的联系都是观念中的,而实践—精神的方式则直接与"表象"相接触。其实,马克思在《1844年经济学哲学手稿》中曾把理论研究和实践的不同做了区分,他说:

> 从理论领域说来,植物、动物、石头、空气、光等,一方面作为自然科学的对象,另一方面作为艺术的对象,都是人的意识的一部分,是人的精神的无机界,是人必须事先进行加工以便享用和消化的精神食粮。同样,从实践领域说来,这些东西也是人的生活和人的活动的一部分。人在肉体上只有靠这些自然产品才能生活,不管这些产品是以食物、燃料、衣着的形式还是以住房等的形式表现出来。在实践上,人的普遍性正表现在把整个自然界——首先作为人的直接的生产资料,其次作为人的生命活动的材料、对象和工具——变成人的无机的身体。①

> 通过实践创造对象世界,即改造无机界,证明了人是有意识的类存在物,……②

所以,马克思的意思是很明确地把实践看成是认识和掌握世界的一种方式来看待的。

4. 实践是检验真理的唯一标准

马克思在《关于费尔巴哈的提纲》中强调了实践是人的思维的真理性的检验标准,他说:

> 人的思维是否具有对象的真理性,这并不是一个理论的问题,而是一个实践的问题。人应该在实践中证明自己思维的真理性,即自己思维的现实性和力量,亦即自己思维的此岸性。关于离开实践的思维是否具有现实性的争论,是一个纯粹经院哲学的问题。③

实践这个作用在审美活动中主要是用来检验艺术作品是否能够以"个别的"、"特殊的"传达了"普遍的"的思想。

---

① 〔德〕马克思:《1844年经济学哲学手稿》,北京:人民出版社,2000年版,第56页。
② 〔德〕马克思:《1844年经济学哲学手稿》,北京:人民出版社,2000年版,第57页。
③ 《马克思恩格斯选集》(第3卷),北京:人民出版社,1995年版,第78页。

5. 实践是美、艺术的创造方式、手段和美感产生的基础

前面说到,实践使人与动物区别开来,但这仅仅是"万里长征的第一步",人也没有仅仅满足于简单地区别于动物。他还要不断地进步,一句话,他要成为自由的人。而人自由的基础是实践,自由的标志是能够认识自然界和人自身发展的必然规律,自由的目标是实现对自然界和自我的支配。我们前面所提到的张玉能先生关于"自由"的理解科学地解释了实践和自由的关系,也充分地说明实践是实现自由的必不可少的手段。正如恩格斯在《劳动在从猿到人的转变中所起的作用》所说的:"劳动本身经过一代又一代变得更加不同、更加完善和更加多方面。除了打猎和畜牧外,又有了农业,农业以后又有了纺纱、织布、冶金、制陶器和航行。同商业和手工业一起,最后出现了艺术和科学;从部落发展成了民族和国家。"①"一句话,动物仅仅利用外部自然界,单纯地以自己的存在来使自然改变;而人则通过他所作出的改变来使自然界为自己的目的服务,来支配自然界。这便是人同其他动物的最后的本质的区别,而造成这一区别的还是劳动。"②恩格斯所说的"劳动"是最基本的实践。因此,实践是人实现其本质——追求自由的手段。正是在这个基础上,艺术和美才得以产生。

综合以上几个层次的分析,我们可以为"实践"下这么一个定义:实践是人类认识、掌握、改造、创造世界的一种感性的活动,也是人实现自身自由和价值,创造艺术和美的重要手段和方式,也是美感生成的基础。

二、实践的类型和美感

1. 实践的类型

前面我们谈到,实践活动是人类生存最基本的活动,人类活动领域的广泛性和所面对的对象的多样性决定了人类必须采取灵活多样的实践活动,如何对这些实践活动进行分类势必影响着我们对审美活动的认识和评价。

在中国学界,一般是依据毛泽东的《实践论》和《人的正确思想是从哪里来的?》把实践分为生产斗争、阶级斗争和科学实验三大类。③ 对这种分法,张玉能先生认为:

这种分类也有其合理之处,但终究是从认识论角度来立论的,而忽视了

① 《马克思恩格斯全集》(第20卷),北京:人民出版社,1979年版,第516页。
② 《马克思恩格斯全集》(第20卷),北京:人民出版社,1979年版,第518页。
③ 参见张玉能:《新实践美学论》,北京:人民出版社,2007年版,第19页。

实践的本体论含义。而且,这种分类所讲的生产斗争、阶级斗争和科学实验,实际上所指的都只是物质生产的活动。生产斗争是一种物质生产,处理着人与自然的关系,科学实验也是一种物质生产,它是物质生产中的一种生产力因素;阶级斗争则是在人类的自身生产基础上进行的处理人与人之间关系的物质生产,而作为意识形态的科学、艺术、宗教都被归入了认识领域,并未被视为实践活动,这正是认识论哲学的观点。①

张玉能先生的批评是正确的。毛泽东所处的语境是如何解决认识和实践的关系的问题,是如何在提高认识水平的基础上加快经济建设的问题,因此,把他的观点当成是实践分类的依据确实有挂一漏万之嫌。张玉能就是在认识这个不足的基础上把实践划分为"物质生产"、"精神生产"和"话语实践"②三大类型的。

这个分法的合理之处在于:第一,标准合理。这个分类的标准是人处理外界关系(人与自然、人与社会、人与他人)所采取的不同方式。第二,定位准确。这三种类型的实践所处的位置及其应解决的问题都很明确。第三,层次清晰。这三种类型的实践的层级关系及其相互关系是很明晰的。因此,这个分类为我们正确地认识实践和美及美感的关系提供了很好的借鉴。

2. 实践的类型与美和美感的关系

(1)物质生产与美和美感。

按照实践唯物主义的观点,物质生产是人类历史的第一个活动,是人类生存的最基本的现实活动,是整个社会实践的核心,是人类本身和人类社会的本根,即人类本身和人类社会都是人类通过物质生产而生成的。它一般包含着两种,即生活的和生产的两种形式:通过劳动的自己生活的生产和通过生育的他人生活的生产。在这两种形式中,前一种生产对美和美感的生成具有本体论的意义。物质生产的对象是自然,其中心任务是把自然的东西改造、转化为能够适应人的生存和发展的东西。因此,在这个生产过程中,一方面,人要通过自己的力量改变自然环境的形态,使其更加适合人在其中生活;另一方面,要制造工具、器皿,以方便自己获取食物或方便生活。随着人类对自然规律的不断掌握,也随着生产力的不断提高,人类对自然的改造和利用的能力就不断加强,自己的"本质力量""对象化"的能力也就越来越强,创造美的意识就不断强化,创造美的能力也就不断加强,美感也随着美的产生而产生。这样一个过程,是由人类最基本的物

---

① 　张玉能:《新实践美学论》,北京:人民出版社,2007 年版,第 19—20 页。
② 　张玉能:《实践的超越性与审美》,《西北师范大学学报(社会科学版)》2005 年第 1 期。

质生产形式——劳动的基本特点和人的基本心理形式所决定的。

对劳动的基本特点,马克思主义的经典著作有很好的阐述。[①] 对马克思主义的经典阐述,张玉能先生认为"把实践主要理解为人的生命活动,自由自觉的类的活动,人的感性的活动;人的主体的活动,主要是物质生产,是人类改造世界的、革命的活动,它的主要结构要素是:劳动过程、劳动对象和劳动结果,目的、手段和结果……这些无疑都是合理的,也有一定的正确性。不过,这些理解和解释却忽视了实践的多层累性与开放性"。[②] 张玉能先生的考察和评价是恰当的,综观马克思主义经典作家的分析,他们侧重彰显的是人在劳动过程中的主体性及劳动的作用,要解决的问题是"人"如何在劳动中生成的问题,而对劳动对美和美感的关系并没有论述到。到底实践与美和美感之间的内在联系是什么呢? 张玉能先生首先认为,实践具有多层累性与开放性:

> 所谓实践的多层累性就是,实践本身是一个多层次累积的结构;所谓实践的开放性就是,实践并不是一个一成不变的结构,而是随着时间和空间及具体条件不断调节和变化的、恒新恒异的结构。而美学问题(其核心为美的问题)正是由这个实践的含义和结构生发出来,而且内在于实践的含义和结构之中的,与实践的多层累性与开放性是相表里的,也就是说,美也是

---

① 马克思《1844年经济学哲学手稿》:"劳动这种生命活动、这种生产生活本身对人来说不过是满足他的需要即维持肉体生存的需要的一种手段。而生产生活就是类生活。这是产生生命的生活。一个种的整体特性、种的类特性就在于生命活动的性质,而自由的有意识的活动恰恰就是人的类特性。""通过实践创造对象世界,改造无机界,人证明自己是有意识的类存在物,就是说是这样一种存在物,它把类看作自己的本质,或者说把自身看作类存在物。"(马克思:《1844年经济学哲学手稿》,北京:人民出版社,2000年版,第57页。)

马克思《关于费尔巴哈的提纲》:"从前的一切唯物主义者(包括费尔巴哈的唯物主义)的主要缺点是:对对象、现实、感性,只是从客体的或者直观的形式去理解,而不是把它们当作感性的人的活动,当作实践去理解,不是从主体方面去理解。""环境的改变和人的活动或自我改变的一致,只能被看作是并合理地理解为革命的实践。""费尔巴哈不满意抽象的思维而喜欢直观;但是他把感性不是看作实践的、人类的感性的活动。""社会生活在本质上是实践的。""哲学家们只是用不同的方式解释世界,问题在于改变世界。"(《马克思思恩格斯选集》第1卷,北京:人民出版社,1995年版,第54—57页。)

马克思、恩格斯《德意志意识形态》:"一当人开始生产自己的生活资料的时候,这一步是由他们的肉体组织所决定的,人本身就开始把自己和动物区别开来。""这种活动,这种连续不断的感性劳动和创造、这种生产,正是整个现存的感性世界的基础,它哪怕只中断一年,费尔巴哈就会看到,不仅在自然界将发生巨大的变化,而且整个人类世界以及他自己的直观能力,甚至他本身的存在也会很快就没有了。"(《马克思恩格斯选集》第1卷,北京:人民出版社,1995年版,第67、77页。)

② 张玉能:《新实践美学论》,北京:人民出版社,2007年版,第4页。

多层累的突变性创造(实践),是恒新恒异的创造(实践)。因此,美的特征,美学问题的特征,也内在于实践的含义和结构。①

把实践看成是多层累性和开放性的结构实际上是把它看成是共时性和历时性共存的结构。张玉能先生认为,这个结构包括物质交换层、意识作用层和价值评估层。② 这是符合人和实践的关系的,人的实践正是从最简单的物质索取开始的,然后过渡到自觉自由的实践,最后到以一定的价值标准来确定实践的内容、规模、方式并评价其成果等,这是人在实践中不断进步的结果。

在物质生产实践这个领域,张玉能先生还提出了一个很有创见的分类。他认为,实践"从发展程度上分为:获取性实践、创造性实践、自由(创造)性实践"。③ "获取性实践是早期人类与灵长目动物所共有的、很难显现人的本质的活动方式。"④ "创造性实践是一种制造出自然界原本没有的事物的实践活动。"⑤而对美和美感的产生具有决定性意义的是"自由(创造)性实践"。他那充满诗意般的推理使我们看到了美和美感的产生过程:

> 自由创造的实践,也可以叫做自由的实践,这是一种运用一切物种的尺度(规律)来进行的,超越了人的物种尺度和实用的、认知的、伦理的、巫术宗教的功利目的的,为某个社会群体所认同的社会实践。正是这种自由的实践使得自然及其万事万物与人的关系发生了根本性的改变,又与人关系不密切的、甚至威胁到人的生存的"自在的自然"逐步转化为,与人关系密切的、确证人的本质力量的"为人的自然"。与此同时,人本身也由仅仅具有一己的物种尺度的"属人的人"逐步转化为不断把握着一切物种的尺度、并且随时随地都能够把这些内化为自己的意识结构的一切物种的尺度运用到对象之上去的"人化的人"。这个过程也就是所谓的人与自然的双向对象化——自然的人化和人的自然化,这时候在"人化的自然"与"自然化的人"("人化的人",即具有扬弃了自然性的人性的人)之间就形成了一种超越了实用的、认知的、伦理的、巫术宗教的功利目的的关系——审美关系,这种人对现实的审美关系,是把"形式与功能"两者之间的关系作为实践的重点的关系。它是人要求对象的外观形象能够满足人的审美需要,而对象的

---

① 张玉能:《新实践美学论》,北京:人民出版社,2007年版,第4—5页。
② 参见张玉能:《新实践美学论》,北京:人民出版社,2007年版,第5页。
③ 张玉能:《新实践美学论》,北京:人民出版社,2007年版,第66页。
④ 张玉能:《新实践美学论》,北京:人民出版社,2007年版,第67页。
⑤ 张玉能:《新实践美学论》,北京:人民出版社,2007年版,第67页。

外观形象也能满足人的审美需要的特殊关系,它是超越直接功利目的的、主要与对象的外观形象所发生的、充满着情感的关系。这种审美关系体现在对象客体之上就是美,而这种关系体现在人这个主体之上就是美感。艺术则是这种审美关系的集中表现。①

张玉能先生这个划分及其对各个阶段的特点的分析是符合人类历史的发展规律和人的心理发展规律的。正如马克思所言,人必须首先解决最基本的吃、喝、住等问题,才能够从事精神性的生产,也就是说,物质生产实践是最基础的实践活动。20世纪50年代,美国著名的人本主义心理学家马斯洛所提出的"需要层次说",也充分说明了人的审美需要是建立在基本的需要得到满足的基础上的。按照马斯洛的看法,人的需要从低到高可以排列出七个等级:生理需要,安全需要,归属和爱的需要,尊重需要,认知需要,审美需要,自我实现的需要。马斯洛认为,上述七种需要都是天生的,是人的基本需要。它们构成不同的等级或水平,并成为激励个体行为的动机力量。低级需要直接关系到个体的生存,因此也叫缺失需要(deficiency of need),是要求满足个体生理和心理平衡的需要,如生理需要、安全需要、归属和爱的需要。高级需要则不是维持个体生存所绝对必需的,但它的满足能使人充分发挥潜能,超越过去而成长,因此,高级需要也叫成长需要(growth need)。在需要等级中,某一水平的需要至少部分地得到满足,才会萌发下一水平的需要,因此只有低级需要得到满足或部分地得到满足之后,高级需要才会成为行为的重要决定因素。② 马斯洛的需要层次说,尽管有许多不尽如人意之处,但基本上还是正确的。人的需要必须依靠实践活动才能依次得到满足,需要也就在实践活动的过程之中逐步由低级向高级发展。而当以自我实现为主轴线的人类需要逐步发展到生成出审美需要时,人类的实践活动才生成出来审美活动及人对现实的审美关系,生成出客体的美和主体的美感并逐步集中表现为艺术。

所以,物质生产实践是美和美感得以产生的前提和基础,当然,我们也必须承认,当物质生产实践发展到一定程度(即生产主体的水平达到一定高度的时候,或者说,当主体能够娴熟地运用形式规律的时候),美和美感就会随着物质生产一同产生。这一点,已经得到人类学家的证实。美国人类学家弗兰兹·博厄斯就认为,人类的一切活动都可以通过某种形式具有美学价值。那么,是什么

---

① 张玉能:《新实践美学论》,北京:人民出版社,2007年版,第68页。
② 参见孟昭兰主编:《普通心理学》,北京:北京大学出版社,1994年版,第370—372页。

令人感觉到它具有美学价值呢？当工艺达到一定卓越的程度,经过加工过程能够产生某种特定的形式时,我们把这种工艺制作过程称之为艺术。因为,只有高度发展而又操作完善的技术,才能产生完善的形式。所以技术和美感之间必然有着密切的关系。① 他说:"形式和实践创造的活动是艺术的基本特征。"②他所说的工艺加工活动达到一定卓越的程度而产生的某种特定的形式,正是人类实践过程中逐步生成的审美需要向外形成审美目的的对象化,即通过人的实践把审美需要转换为审美目的并以一定的形式(形象)体现出来,这就构成了人类的审美活动及其集中表现形式——艺术。因此,博厄斯有如下的结论:"我们讲过艺术的来源有二:一是来自生产技术,二是来自具有一定形式的思想感情的表现。形式对于不协调动作的控制越是有力,其结果就越具有审美价值。""工人的技巧赋予艺术作品以审美效果(esthetic effect)。这种审美效果不仅来自掌握技巧的愉快,而且来自完美的形式造成的快感。""形式方面的原则是一切艺术最古老、最基本的特点,在绘画和造型艺术中,这些原则表现为对称、节奏和图像。"③这几个具有因果关系的结论就充分说明物质生产实践在美和美感生成中的重要作用。

(2)精神生产与美和美感。

按照马克思主义的实践唯物主义观点,精神生产是在物质生产的基础上发展起来的。张玉能先生则根据人的需要特点及其发展规律提出:"精神生产是满足人类发展性需要以自我实现的实践活动。它是在缺失性物质需要得到满足以后,在物质生产的基础上生成发展起来的。"④他还根据精神生产的对象特点把精神生产划分为认知(科学)活动、伦理(道德)活动、审美(艺术)活动、幻象(宗教)活动,他进而指出,精神生产与审美活动都有很密切的关系,其中,认知活动和伦理活动是审美活动的基础,宗教活动与审美活动相互交织,它们都具有审美活动的性质。⑤ 应该说,张玉能先生的分析为我们认识精神生产与美和美感的关系提供了很好的思路,即要注意美和美感形成的复杂性。具体说来,精神

---

① 参见〔美〕弗兰兹·博厄斯:《原始艺术》,金辉译,刘乃元校,上海:上海文艺出版社,1989年版,第1—2页。
② 〔美〕弗兰兹·博厄斯:《原始艺术》,金辉译,刘乃元校,上海:上海文艺出版社,1989年版,第4页。
③ 〔美〕弗兰兹·博厄斯:《原始艺术》,金辉译,刘乃元校,上海:上海文艺出版社,1989年版,第331—332页。
④ 张玉能:《新实践美学论》,北京:人民出版社,2007年版,第22页。
⑤ 参见张玉能:《新实践美学论》,北京:人民出版社,2007年版,第22—25页。

生产和美与美感的关系可以从以下几个方面来把握。

其一,认知活动是判断美进而产生美感的基础。

认知活动主要是处理人对现实的认知关系(逻辑关系),它所要确定的是事物、情感或现象的真的问题。现代认知心理学研究表明,个体的认知能力对其认识对象的真相具有很重要的影响,认知活动中的感知、表象、想象、思维等活动对美和美感的形成的影响都是不可忽视的因素。

在西方美学史上,亚里士多德最早看到了认知活动在美和美感中的作用,他认为,摹仿是孩提时候起人就有的本能,每个人都能从摹仿中得到快感,"这是因为求知不仅于哲学家,而且对一般人都是一件最快乐的事"。[1] 这个观点曾经在中世纪神学美学中被长期遮蔽,因为普洛丁、圣·奥古斯丁和圣·托马斯·阿奎那等人都把美看成是与神、上帝密切相关的,美感在他们看来其实就是对神的观照而体验到的一种愉悦。这种情况在文艺复兴时代才得到恢复。达·芬奇就认为,美的欣赏开始于感觉,但是要通过智力活动。他说,当爱好者(即审美主体)和所爱好的对象(即审美客体)双方和谐一致时,结果就是喜悦,愉快和心满意足,而"这种对象是凭我们的智力认识出来的"。[2] 中世纪之后的英国经验主义美学和大陆理性主义美学分别从不同的方面强调了主体的经验或理性对美和美感的影响。其后,对美和美感是否以认知活动为基础一直是美学上有争议的问题,这种争论具体表现为:第一,审美主体是否需要具备一定的审美经验,是否需要专门的训练才能进行欣赏活动。第二,审美活动是直觉的活动还是联想的活动。第三,审美直觉是否内含着理性因素,等等。[3] 这种争议一直到 20 世纪

---

[1] 〔古希腊〕亚里士多德:《诗学》,陈中梅译注,北京:商务印书馆,1996 年版,第 47 页。

[2] 北京大学哲学系美学教研室编:《西方美学家论美和美感》,北京:商务印书馆,1980 年版,第 70 页。

[3] 1967 年 10 月,在美国美学协会(the American Society for Aesthetics)第 24 届年会上的一篇主席发言,题为"再谈美学与非美学"("Once again, aesthetic and Non-Aesthetic"),谈到美学感受时,主席讲道:"有人认为欣赏者需要具备特殊的敏感性或经过专业培训才能理解审美特性和非审美特性,这是错误的。罗斯科(Rothko)绘画作品中体现的宁静,以及波谱艺术(Pop Art)中蕴含的半同情半挖苦的特征等确实需要欣赏者具有敏感性或受过专业训练才能理解。但是,美学特征(aesthetic features)是大众化的,例如,欣赏者不需要经过专业训练就可以从绘画中解读出是愤怒还是开心,这就像让孩子辨认球是圆的、红色的一样简单。因此,为了说明美学特征和非美学特征(non aesthetic features)之间的基本区别,我拒绝接受西布利(Sinley)认为欣赏者任何时候都需要具有敏感性或受过专业训练的观点。"(转引自〔英〕奥斯本:《鉴赏的艺术》,王柯平译,成都:四川人民出版社,2006 年版,第 93 页)

现代认知心理学的兴起之后才有比较一致的看法。

首先是美国著名心理学家托尔曼(E. C. Tolman)率先提出"中间变量"的概念向传统的行为主义的 S—R 公式发起了挑战。行为主义的 S—R 公式的意思是人的行为是环境刺激的被动结果。托尔曼认为,人的认知行为之所以具有目的性,根源在于人的内部心理或意识过程。外部刺激与人的行为反应,是以人的内部过程为中介联结起来的。因此,人的行为反应,不仅为外部环境刺激所规定,并且受其内部过程的影响和制约。托尔曼把人的内部过程称做"中间变量",从而把行为主义的 S—R 公式修改为 S—O—R 公式。其中 S 代表外部环境刺激,R 代表人的行为反应,而 O 则代表中间变量,它包括人的生理内驱力、遗传、过去经验和年龄等因素。"中间变量"概念的提出,突破了行为主义心理学仅从外部环境考察人的反应的思想樊篱,重新确立人的内部心理或意识过程作为心理学研究对象的地位,从而为现代认知心理学取代行为主义心理学提供了理论和方法。而瑞士心理学家皮亚杰(J. Piaget)在《发生认识论原理》中提出的一些看法,更使人们清楚地认识人的认识的本质和规律。他说:"认识既不能看做是在主体内部结构中预先决定的,——它们起因于有效地和不断地建构;也不能看做是由客体的预先存在的特性决定的,因为客体只是通过这些内部结构的中介作用才被认识的。"①"认识起因于主客体之间的中途。"②在皮亚杰看来,认识活动的过程,就是主体在自我意识的调节下,运用其内部的思维图式或认知结构同化或顺应客体刺激,以达到主客体之间动态平衡的过程。因此,人的内部思维图式或认知结构,是主客体相互作用的最主要的"中间变量",一定的客体刺激(S)只有被全体(A)同化于其认识结构(T)之中,才能引起人们对刺激的行为反应(R)。由此他提出 S—(AT)—R 的公式,从而深化和发展了托尔曼等现代认知心理学家关于"中间变量"的思想。

现代认知心理学的理论为我们认识美和美感的产生规律提供了比较合理的理论资源。美和美感虽然并不是认识,它们和一般的认知也不同。但是,有一点是相通的,那就是美和美感与人的心理密切相关,而在心理活动中主客体的各种因素都对情感产生不可忽略的影响。1970 年,英国知名美学家兼艺术理论家奥斯本发表《鉴赏的艺术》(*The Art of Appreciation*)坚持认知能力在艺术鉴赏中具有重要的作用。他说:

---

① 〔瑞士〕皮亚杰:《发生认识论原理》,王宪钿等译,北京:商务印书馆,1981 年版,第 16 页。
② 〔瑞士〕皮亚杰:《发生认识论原理》,王宪钿等译,北京:商务印书馆,1981 年版,第 21 页。

艺术鉴赏既不是理论知识的分支,也不是情感上的放任自流,而是一种习得的技能(an acquired skill)。作为一种技能,既可以加以培养,也可以得到完善。事实性知识尽管会以多种方式提供帮助,但无法取代对技艺性能力的训练。①

奥斯本还对审美活动中可能出现的"受挫感"进行了分析:

一般说来,当我们对某物采取审美态度时,有人会说我们已经在鉴赏此物,因为,只要不放弃或中断这种态度,我们就会获得一种体验,一种充实而满足的体验,这里没有丝毫的受挫感。出现受挫感的原因有两个:一是对象不适宜,不能维系审美兴趣;二是我们没有足够的能力从审美上去感悟那个特定的对象。②

奥斯本的分析说明,认知的能力和水平对美感的产生的确是有影响的。

当然,我们必须指明,由于现代认知心理学在方法论上的两大不足:"第一个不足之处是脱离社会实践来研究人的认识活动,把它归结为单纯的内部心理过程或意识系统,把人的认识活动归结为纯粹的认知行为,甚至类比或等同于计算机对信息的机械加工。""第二个不足之处便是忽视了非认知因素的作用,它在方法论上的片面性使其对认识活动只知其一,不知其二,只见部分,不见整体。"③

因此,我们只有"回到马克思",才有可能真正认识认知活动对美和美感影响的客观性。马克思主义把人的认识需要、目的、过程、规律等建立在坚实的实践的基础上,这就为我们探讨认知的作用提供了正确的思路和方法。事实也证明,美和美感的形成离不开在实践基础上形成的认知活动。正确、科学的认知活动能够使人掌握客观规律,使人能够顺利地把自己的本质力量对象化到对象中去,从而产生美,而人也就能在观照美的同时反观到自己的本质力量,从而产生美感。这是马克思主义实践美学的观点,简单地说,就是在实践中形成科学的认知,而科学的认知又促进实践,并保证人的本质力量顺利地对象化,从而产生美和美感。

其二,伦理道德活动是影响美和美感形成的潜在因素。

伦理活动主要处理人对现实的伦理关系(道德、政治的关系),以人的意志

① 〔英〕奥斯本:《鉴赏的艺术》,王柯平译,成都:四川人民出版社,2006年版,第16页。
② 〔英〕奥斯本:《鉴赏的艺术》,王柯平译,成都:四川人民出版社,2006年版,第35页。
③ 颜世元:《从现代认知心理学的发展看认识活动机制》,《哲学研究》1993年第3期。

（意）心理能力和活动为主要因素，通过人的动机、目的和行为的意志能力和活动，达到对对象世界（自然、社会、他人）的合目的性的把握，经过确立动机、确定目的、拟订计划和方法而采取决定，再到执行决定克服主客观各种困难，最终达到预定目的过程，从而规范行为或把握对象对人们自己的合目的性和有用性，调节人与人之间的关系、人与对象的关系，充分利用对象为自己的发展服务，即达到效用。它的价值对象即是善。

在西方美学史上，最早探讨伦理道德与美和美感之间的关系的美学家应该是苏格拉底，他认为"美即有用"，认为任何一件东西如果它能很好地实现它在功能方面的目的，它就同时是善的又是美的。英国经验主义美学家博克、休谟则认为道德伦理对美和美感有着重要的影响，它甚至影响着美和美感的产生。启蒙主义美学家狄德罗认为真善内容加上生动形态就构成美。而德国古典主义美学家康德则旗帜鲜明地提出"美是道德的象征"。但是，德国古典主义美学的另一个杰出代表黑格尔却又反对把道德伦理与美和美感联系起来，他说："艺术在原则上不应以追求不道德和提倡不道德为目的。"①

在中国，早就有"羊大为美"和"羊人为美"②说，前者强调感官的自然需要，后者侧重群体的社会礼仪。许慎在《说文解字》中确定：美与善同义。先秦伍举直接点明：无害即美。儒家美学强调里仁为美。从中国的美学思想看，中国主要是偏向于道德伦理与美和美感统一的。

可见，关于道德伦理与美和美感的关系实际上存在着两种不同的观点：一是认为它们之间关系密切，甚至是同一的；二是认为不能混同，它们之间没有必然的联系。之所以产生这样的分歧，一方面表现为在学科发展不是很明确的条件下，美和善就被看成统一，当然更表明在人的实践力量不足以完全解决生存所需要的资料的条件下，善在美中所占的重要地位。而把善与美对立起来的原因在于当时的美学家急于确立美学的学科地位，当然也是艺术发展达到一定程度的必然结果。

按照马克思主义的实践美学观点，美是人的本质力量的对象化，美是合规律

---

① 〔德〕黑格尔：《美学》（第一卷），朱光潜译，北京：商务印书馆，1979 年版，第 64 页。
② 殷墟甲骨文字中的"美"是一个"人"形之上头戴羊角的形象。萧兵据此提出"羊人为美"，这里的"羊人"是"冠羊"进行图腾扮演的祭司或酋长。鲁迅则戏称"美"字为"戴帽子的太太"，于是有人引申出美的本义应该是羊生殖崇拜，而孕妇祈羊求取生育畅美。这两说都包含了明显的功利内容和礼仪规范。（参见陶伯华：《美学前沿》，北京：中国人民大学出版社，2003 年版，第 188 页。）

性与合目的性的统一,认知活动中的"真"的实现是合规律性的体现,伦理活动中的"善"的实现则是合目的性的体现。合规律的"真"有助于人的本质力量对象化于对象中,从而顺利实现"善"的目的,这样,美在求真和求善中得以呈现,美感则在观照、体验美的同时得以产生了。因此,真、善、美就达到了高度的统一。

其三,宗教活动与美和美感的关系。

宗教活动主要是人类处理自己与对象世界的非现实的幻象关系的实践活动。它是一种特殊的精神生产活动,和一般的精神活动相比,它的特殊之处在于:第一,想象的神秘性。想象是宗教活动主要的思维形式,但其想象和一般的想象不同,带有神秘的特点。因为宗教产生于原始社会,当时的生产力水平还不足以让原始人了解各种各样的自然现象,但人类不甘心做自然的奴隶的心理特点又促使他们想了解甚至征服自然,于是他们就用幻想或想象的方式来解释自然。伴随着想象和幻想的活动,神话就产生了。所以马克思说"任何神话都是想象和借助想象以征服自然力,支配自然力,把自然力加以形象化"。① 因为不能科学地认识,这就使想象带上浓厚的神秘色彩。正如列维·布留尔所考证的那样,"原始人周围的实在本身就是神秘的。在原始人的集体表象中,每个存在物、每件东西,每种自然现象,都不是我们认为的那样。我们在它们身上见到的差不多一切东西,都是原始人所不予注意的或者视为无关紧要的"。② 第二,神秘力量的异己性。和神秘性相关的是力量的异己性,即宗教活动的想象中的力量往往以一种外在于人本身的力量来左右自己的思维和行动。据列维·布留尔考证,在新墨西哥和北美的印第安人部落、澳大利亚和非洲刚果的土著居民对土地的观念就是既敬之又畏之。在他们看来,土地"不但是他们表演人生的舞台,而且更有过之。在土地里居留着并从那里发出来一种生命力,它钻进一切东西的里面,它把过去和现在连接在一起……一切有生命的东西都从土地那里借来力量……他们把自己的土地看成是他们的神赐给他们占有的封地,……土地对他们来说是神圣的"。所以,"他们认为耕地是亵渎神灵,耕翻土地意味着冒犯神秘力量,因而会给自己带来惨祸"。③ 宗教活动中神秘力量的异己性的特点是由于原始思维中的"互渗律"在起作用。第三,拟人性。宗教活动中的对象往往

---

① 〔德〕马克思:《〈政治经济学批判〉导言》,《马克思恩格斯全集》(第46卷上册),北京:人民出版社,1979年版,第48—49页。
② 〔法〕列维·布留尔:《原始思维》,丁由译,北京:商务印书馆,1981年版,第28页。
③ 〔法〕列维·布留尔:《原始思维》,丁由译,北京:商务印书馆,1981年版,第31页。

被人赋予人的品格,它们能够像人一样思考和行动,甚至能观察到人不可能观察到的许多细节(包括心理活动的细节),因此,人在宗教活动场所必须虔诚。以上这三个特点表明宗教活动和一般的精神生产活动相比,的确有其独特的地方。那么,这种活动和审美活动之间具有什么样的关系呢? 柏拉图在《斐德诺篇》中曾描述过宗教活动和美和美感的关系,他认为,要观照到"美本身"必须得参加"入教典礼",或不能"受了污染",他在典礼上必须怀着虔敬的心情向神"馨香祷祝",让"灵魂"在这个庄严的场合"遍体沸腾跳动",这样才有可能观照到"美本身"。① 张玉能先生也对宗教活动和审美活动之间的关系做了精辟的分析:

> 在远古时代,宗教活动曾经与审美活动是浑然一体的,因为二者在形象性、想象性、超越性上是息息相通的。不过,随着人类社会生产力的发展,二者逐步分化了。宗教活动愈发向非现实的虚幻世界发展,而审美活动则更倾向于现实的超越世界。然而,人类所面对的自然界、社会和人本身是一个仍然充满未解之谜的自在的、必然的世界,因此,那种以幻想方式超越现实的宗教活动也会改变形式地存在着,并且与审美活动相互交织。可是,审美活动毕竟是现实的实践自由的形象显现,与宗教活动也有着质的区别,宗教活动是以幻想的形式和虚幻的形象来显现人类希图达到的非现实的自由的活动。②

因此,宗教活动与美和美感曾经是孪生姐妹一般亲密。只不过后来才有了分化。

(3)话语实践与美和美感。

"话语实践是人类运用语言(符号)进行交往的活动。"③马克思、恩格斯对语言产生的原因和作用曾有过精辟的分析,他们说:"语言和意识具有同样长久的历史;语言是一种实践的、既为别人存在因而也为我自己存在的、现实的意识。语言也和意识一样,只是由于需要,由于和他人交往的迫切需要才产生的。"④恩格斯在《劳动在从猿到人转变过程中的作用》中又说:"劳动的发展必然促使社会成员更紧密地互相结合起来,因为它使互相支持和共同协作的场合增多了,并且使每个人都清楚地意识到这种共同协作的好处。一句话,这些正在形成中的

---

① 〔古希腊〕柏拉图:《文艺对话录》,朱光潜译,北京:人民文学出版社,1963 年版,第127—128 页。
② 张玉能:《新实践美学论》,北京:人民出版社,2007 年版,第24 页。
③ 张玉能:《新实践美学论》,北京:人民出版社,2007 年版,第26 页。
④ 《马克思恩格斯选集》(第1 卷),北京:人民出版社,1995 年版,第81 页。

人,已经到了彼此间有些什么非说不可的地步了。需要产生了自己的器官:猿类不发达的喉头,由于音调的抑扬顿挫的不断加多,缓慢地然而肯定地得到改造,而口部的器官也逐渐学会发出一个个清晰的音节。""语言是从劳动中并和劳动一起产生出来的,这是唯一正确的解释,拿动物来比较,就可以证明。""首先是劳动,然后是语言和劳动一起,成了两个最主要的推动力,在它们的影响下,猿的脑髓就逐渐地过渡到人的脑髓;后者和前者虽然十分相似,但是就大小和完善的程度来说,远远超过前者。"①

马克思、恩格斯的分析表明:第一,语言产生于劳动实践中,劳动的分工与合作的需要是语言产生的催化剂。第二,劳动和语言一起推动了人脑的发育、发展和完善。第三,语言促进了"人"的意识的产生,这是人类试图独立于自然界的开始,也为人类想象和美化自然提供了必要的媒介。

索绪尔关于"能指"和"所指"的理论也揭示了话语实践对美和美感的重要影响这一事实。索绪尔认为,语言是由"符号"、"所指"和"能指"来构成的一个系统,他说:"我们建议保留符号这个词表示整体,用所指和能指分别代替概念和音响形象。"②"所指"具有较明显的稳固性,"能指"则有较大的可变性,所以,"符号",即语言就具有不变性和可变性的辩证特点。因此,"一方面,语言处在大众之中,同时又处在时间之中,谁也不能对它有任何的改变;另一方面,语言符号的任意性在理论上又使人们在语音材料和观念之间有建立任何关系的自由。"③语言含义的稳固性是语言作为交际工具的必然结果,而语言运用的自由性则是艺术家的创造才能的体现。卡西尔在《人论》中也指出:"甚至连语言也是人类文化中最牢固的保守力量之一。没有这种保守主义,它就不可能完成它的主要任务——信息交流。信息交流需要严格的规则。语言的符号和形式想要抵挡时间的消解性和破坏性的影响,就必须具有一种稳定性和经久性。然而,语音变化和语义变化并不仅是语言发展中的偶然特征,而是这种发展的内在必然条件。""人在掌握语言的过程中总是持一种能动和创造性的态度。"④卡西尔特别指出,在艺术活动中,艺术家在运用语言中的独创性、个别性、创造性上表现得

---

① 《马克思恩格斯全集》(第20卷),北京:人民出版社,1979年版,第512—513页。
② 〔瑞〕费尔迪南·德·索绪尔:《普通语言学》,高明凯译,北京:商务印书馆,1980年版,第102页。
③ 〔瑞〕费尔迪南·德·索绪尔:《普通语言学》,高明凯译,北京:商务印书馆,1980年版,第114页。
④ 〔德〕恩斯特·卡西尔:《人论》,甘阳译,北京:西苑出版社,2003年版,第226—227页。

特别地突出。他说：

> 在艺术中我们不满足于重复或复制传统的形式。……艺术家的相同的
> 基本主题也总是一而再、再而三地出现。然而每一位伟大的艺术家在某种
> 意义上都开辟了一个新纪元。……没有一个诗人能创造一种全新的语言。
> 他不得不采用各种语词，并且不得不尊重他的语言的基本规则。然而，诗人
> 给所有这一切增添的不仅是一种新的特色而且还是一种新的生命。在诗歌
> 中，语词不仅是在一种抽象的方式下有意义的，它们不只是我们想要用来指
> 明某些经验对象的指示者。在这里，所有的普通语词都经历了某种变形。
> 莎士比亚的每一行诗，但丁或阿里奥斯托的每一节诗，歌德的每一首抒情诗
> 都有其独特的含意。莱辛曾说，要想窃取莎士比亚的一行诗就像窃取赫拉
> 克勒斯的木棍一样不可能。更为使人吃惊的还在于，伟大的诗人从来不重
> 复同样的语言。莎士比亚说着一种以前从未听说过的语言——每一个莎士
> 比亚笔下的角色都说着他自己的独一无二的不会弄错的语言。在李尔王和
> 麦克白、勃鲁托斯或汉姆莱特、罗瑟琳或比屈里士那里，我们都听到这种个
> 人的语言。它是一面反映个人灵魂的镜子。只有用这种方式，诗才能够表
> 达所有那些用其他表达方式不可能表达的无数细微区别以及微妙的感情差
> 异。如果语言在其发展中需要不断更新的话，那么没有比诗更好更深厚的
> 源泉了。伟大的诗歌总是在语言的历史上造成轮廓分明的分期：意大利语、
> 英语、德语在但丁、莎士比亚、歌德去世之时都已不同于这些诗人出生之
> 时了。①

正是艺术家对语言的敏感把握和独特的运用，形成了不同的美感对象，欣赏
者可以享受到不同的美感。

英国当代著名美学家奥斯本对日常语言和艺术语言的不同也有过精辟的论
述，他说：

> 语言是在实际运用中形成的，语言的演化就是为了满足实际需要。显
> 然，对于感知活动来讲，可以解悟的感觉特性，在任何语言中都几乎远远超
> 出用文字来命名这些特性的广度。……我们很快就会用完这类语词。习惯
> 于关注自然或人造物体外观的专家们，出于自身的目的会知道许许多多外
> 观形状（几乎是数不胜数），但他们即便是采用自己创造的那些专门的词
> 汇，也无法命名所有这些外观。关注盆盆罐罐与其他人造物品的外观以及

---

① 〔德〕恩斯特·卡西尔：《人论》，甘阳译，北京：西苑出版社，2003年版，第228—229页。

动物与植物外形的人们,会意识到有许许多多的外观特征是没有词语来命名的。这些外观特征尽管可以直接感知,但要给其命名或描述这些东西,就必须采用专门的新词或者求助于隐喻、比喻和含蓄达到说法。谈论三维外观的词汇很不成熟,因此,当我们描绘雕刻的外观时,只能使用出于权宜之计的现有语言。然而,当语言不再产生用来标示外观的名称时,这些外观就不会成为主观性的。它们为感知活动所提供的东西,乃是我们所见事物的现象特征,会使我们意识到这些感觉呈现形式的客观特性。当我们需要谈论这些东西时,我们就会不知所措,就会开始使用隐喻、比喻和情感性的语言。①

也就是说,日常语言只是满足于日常的需要,并且很有限。艺术语言则可借助隐喻、比喻和情感性语言走向无限,这使每一个艺术家都能塑造具有自己个人风格的美。奥斯本还说:

> 语言不仅有助于我们从容地感受这个世界,而且有助于我们观察这个世界。我们觉察不到的东西也就不予以关注。在我们没有文字的地方,为了养成觉察的习惯性和观看的敏感性,训练和应用活动就必不可少。这样的训练是有意为之,这几乎对每个人来讲,都是培养或发展鉴赏技能的必要组成部分。在其特定的或有时更为普遍的领域内,特别是在更为广泛的有关外观形态的艰涩难懂的感觉特性的范围内,艺术家全都比一般人更敏感、更敏锐。此乃他们工作的一部分。在其创造性的活动中,对于事物这些性相的不断关注,使天赋变得更加敏锐灵动。在其艺术品里,在不假思索语言便利性的情况下,艺术家利用了自己看到的种种外观形状,这些形状的范围与清晰度已经得到扩展。他们根据自己观察到的外观形状,创造出许多新的外形变体与新的综合外形。②

这一段话说明语言在审美活动中的地位是非常重要的。就艺术家而言,语言是他们感受世界、观察世界、创造新形象的手段,就一般的欣赏者而言,语言是他们体会独特的艺术世界或艺术形象的媒介。因此,语言实际上是建构艺术世界、品味艺术滋味、体验独特美感的重要媒介。

总而言之,实践的三种类型在美和美感的生成中都具有不可忽视的作用,它们共同促成了美和美感的产生。但是,必须指出,由于个体的实践能力的不同,

---

① 〔英〕奥斯本:《鉴赏的艺术》,王柯平译,成都:四川人民出版社,2006年版,第89—90页。
② 〔英〕奥斯本:《鉴赏的艺术》,王柯平译,成都:四川人民出版社,2006年版,第93页。

他们对美和美感的感受和体验就不同。或许,这正是美具有千般形态的原因,也是美感具有万般差异的原因。

第二节 实践与审美主体的"特殊"能力的关系

审美主体是审美关系产生的前提,也是审美活动得以开展的基础,审美主体的能力是在实践中生成的,这是实践美学坚持的观点。

一、审美主体的含义

在中国学界,审美主体一般被定义为"认识、欣赏、评判审美对象和创造美的社会的人。包括群体和个体。与'审美客体'相对。与审美客体相互作用构成人对现实的审美关系。审美主体是实践的、社会的、富于创造性的主体,是使对象成为审美对象的条件"。[①] 这个定义规定了审美主体包含着以下几个层次的意思:

第一,审美主体是在审美活动中的群体或个人。第二,审美主体的标志,不在于你是否具有一定审美条件,也不在于你是否置身在具有一定审美属性的对象面前,而在于你是否与对象发生了审美关系,进入具体的审美状态。第三,审美主体的主要活动包括感受、体验、认识、欣赏和评判审美对象。第四,审美主体的行为是实践的、社会的、创造性的活动。

二、审美主体的特征

对审美主体在美和美感形成中表现出来的重要性,前人是很早就看到了的。如休谟看到了主体的心灵对美产生的作用。康德则进一步张扬主体的作用,在他看来,人们能普遍欣赏的优美,在于人类共有的"共通感";崇高美也源于审美主体的心灵。黑格尔更是认为,所有的美都是"心灵化"的结果。特别是在心理学美学兴起之后,审美心理发生的条件、审美主体的心理要素、审美机制、审美过程等都有了系统的研究,但是,对审美主体特征的研究至今仍然没有得到重视,这无疑影响了我们对美和美感的认识,因此,很有必要对其特征作一番考察。根据审美主体在审美活动的心理特点,可以从三个不同的维度对审美主体的特征进行界定:从审美主体进入审美的动机看,是自觉性与非自觉性的统一;从审美

---

① 邱明正、朱立元主编:《美学小辞典》,上海:上海辞书出版社,2007年版,第63页。

活动的状态看,是情感性与理性的统一;从审美效果的影响看,是有限性与无限性的统一。

1. 自觉性与非自觉性的统一

这是审美主体从事审美活动的动机所表现出来的动机。一般来说,人的愿望或动机可以由激情所引起,也可以由思虑所引起。"单纯由激情所推动的行动,是冲动的行动;人在进行这种行动时,一般对行动目的和后果缺乏清醒的认识,缺乏理智的控制,并且往往不能持久。相反,由思虑引起的愿望所推动的行动,是意志的行动,对于为什么要行动,行动要达到什么以及如何行动,有比较明白的认识,并且为达到目的而能作坚持不懈的努力。"① 审美主体从事审美活动也是如此,由"思虑"所起的就具有很强的自觉性色彩,由"激情"所起的就具有非自觉性的特点。一般来说,如果审美主体从事的是创作活动,那么,自觉性就强一些,如果是单纯的欣赏活动,那么非自觉性就突出一点,因为很多人的欣赏兴趣是在特定的场合(比如音乐会、画展等活动)被特定的情境激发起来的。单是就美的欣赏和美感的产生来看,则是自觉和非自觉的统一。

审美主体的自觉性可以从两个方面来理解。一是从人类整体来看,主要表现为追求美和享受美感是其自觉的要求。二是从审美个体来看,自觉地探究美、创造美和享受美是其审美实践的深化和审美经验的积累的积极结果。

首先,我们从人类整体看人对美和美感的自觉追求。前面我们说到,黑格尔和马斯洛已经揭示出美是人类的一种心理需要这个事实了,在解释为什么需要美时,黑格尔认为是人要在"对象化"的活动中反观自己的力量。马斯洛则认为是人在追求自我实现的过程中的一个重要环节。他们的学说的共同点是都看到了追求美、享受美感是人的一种自觉的行为,他们的共同缺陷是脱离社会实践来看待人的这种高级的需要。对此,阿恩海姆迈出了一大步。阿恩海姆从心理学的角度研究人对艺术的需要时指出,人对艺术的需要是出于人对"平衡"的一种追求。"平衡"既指视知觉等感官方面的平衡,也指心态方面的平衡。因为平衡"能使人称心和愉快"。② 阿恩海姆指出:"格式塔心理学家们也得出一个相似的结论:每一个心理活动领域都趋向于一种最简单、最平衡和最规则的状态。"③

---

① 曹日昌主编:《普通心理学》(下册),北京:人民教育出版社,1979年版,第94页。
② 〔美〕鲁道夫·阿恩海姆:《艺术与视知觉》,滕守尧译,北京:中国社会科学出版社,1984年版,第36页。
③ 〔美〕鲁道夫·阿恩海姆:《艺术与视知觉》,滕守尧译,北京:中国社会科学出版社,1984年版,第37页。

他还客观地指出：

> 在人类活动中，平衡只能部分地或暂时地获得。即使如此，一个不断地从事追求和运动的人，总是要设法把构成他生命状态的那些相互冲突的力量组织起来，尽可能使它们达到一种最佳的平衡状态。在生活中，需要和义务，总是各持一端，互不相让，这就有必要将二者协调起来。因此，他必须不断地与他一起生活的人进行周旋和调解，以便使背离和摩擦减少到最小的程度。①

也就是说，人在大多数情况下都处于不平衡状态，因此，人生的过程其实就是不断追求平衡的过程。艺术就是使人的心态得到平衡的一种重要方式。这样，阿恩海姆不但指出了艺术和美是人的心理需要，而且还指出了这种需要的社会根源，这是他比黑格尔和马斯洛高明的地方。

考古学和人类学的研究成果也表明，人类的审美活动曾经历了从非自觉到自觉的过程，这可以从人类所使用的工具和日常器具的外观形态变化中得以证明。人类用来改造世界的工具及日常用的器具往往是从粗糙、实用到对称、平衡，然后再发展到精致美观的。这种变化，一方面说明人的实践能力的提高，另一方面更说明人类对美的追求是随着其实践能力的提高而慢慢地走向自觉的。美国的人类学家弗兰兹·博厄斯在其著名著作《原始艺术》中描述了这种自觉行为的产生过程。"形式的变化总是受到人们的习惯动作所形成的一定的限度的制约，如果一种新形状的器具样子虽然漂亮，却不符合手的运动习惯，那就不可能被广泛采用。器具的样式决定于人们的习惯动作，这些运动越带有基本的性质，其用品就越不易脱离传统的形式发生较大的变化。"②"我们并不能确定美学观点是何时产生的。然而有一点可以肯定，只要产生出定型的动作，连续的声调，或一定的形态，这些本身就会形成一种标准，用来衡量它的完善亦即它的美的程度。""世界各地有人类的地方都存在这些类型，而我们必须肯定：任何尚未定型的形式，只要对一群体具有美学感染力，它就会很容易地被采纳。确定的形式，看来同人们对于美好的观念最为密切。""因为，只有高度发展而又操作完善的技术，才能产生完善的形式。所以技术和美感有着密切的联系。"③"有了固定形式，即可在技术尚不完善的情况下，力争取得理想的形式，同时，对于美的理想

---

① 〔美〕鲁道夫·阿恩海姆：《艺术与视知觉》，滕守尧译，北京：中国社会科学出版社，1984年版，第38页。

② 〔美〕弗兰兹·博厄斯：《原始艺术》，金辉译，上海：上海文艺出版社，1989年版，第136页。

③ 〔美〕弗兰兹·博厄斯：《原始艺术》，金辉译，上海：上海文艺出版社，1989年版，第2页。

的追求很可能超过创作者的能力所及。""世界各族人们的创作证明,理想的艺术形式主要来自有高超技术的匠人在实践中提高了创作的标准,它们有可能是原有标准形式的一种富于想象的发展。"①

博厄斯的考察表明,原始艺术在发展的初期阶段受到习惯行为的影响较大。但是,随着人类实践能力的提高,他们就慢慢地、自觉地力争"理想的形式",这种形式往往是"原有标准形式的一种富于想象力的发展"。"理想"和"想象"的渗入就充分说明了人类对美和美感的追求开始进入自觉的阶段。

其次,从审美个体的审美实践看,审美主体的自觉性主要表现为主体在审美活动中自觉地探究"美"的意蕴。接受美学理论家姚斯认为,审美欣赏活动不仅仅是对审美客体直接掌握的活动,不仅仅是被动的感知,也更是对审美对象进行再创造的过程。在审美欣赏中,一方面,欣赏主体充分调动自己的主动性,激发审美想象和联想,充分地把握文学作品中的意蕴;另一方面,还把自身的人格气质、生命意识渗入到对作品的解读中,对原有的艺术形象进行丰富、补充和拓展,从而赋予作品中的艺术形象以新的含义。所以,艺术欣赏活动是审美主体以自己的感性血肉之躯的各种感官去看、去听、去触摸、去品味、去体验。因而主体的各种不同的心理活动独特的心理感受,都将对"再造性形象"的形成起到很大的影响。所以,高尔基也说:"欣赏者要从自己的经验印象和知识结构中去补充作品中的描写,使艺术的作品形象更丰富起来,才能获得真正的艺术享受。"②这是很有道理的。

所谓非自觉性,主要是指在特定的情境下,主体不经意间就被客体的美所吸引,甚至被陶醉。这种在毫无心理准备的情况下就进入审美的状态一般是发生在突然遇到自然美或社会美的独特形态时,或者在特定的集会中(如舞会、音乐会),前者往往是因为自然美或社会美的新奇独特,后者往往是由于特定情境的感染,也就是因为从众心理的作用而产生美感。

描写无意中就被美景所陶醉的最典型的作品莫如白居易的《大林寺桃花》了。

> 人间四月芳菲尽,山寺桃花始盛开。
>
> 长恨春归无觅处,不知转入此中来。

这是一首纪游诗,是作者在江州任司马时所作。大林寺在庐山香炉峰顶,建

---

① 〔美〕弗兰兹·博厄斯:《原始艺术》,金辉译,上海:上海文艺出版社,1989年版,第3页。

② 〔苏〕高尔基:《论文学》,曹葆华等译,北京:人民文学出版社,1978年版,第129页。

于晋代,是我国著名佛教寺院。诗人有《游大林寺序》,详细记录了作诗之缘由。序云:"余与河南元集虚……凡十七人,自遗爱寺、草堂,历东西二林,抵化城,憩峰顶,登香炉峰,宿大林寺。大林穷远,人迹罕到。环寺多清流苍石,短松翠竹。寺中惟板屋木器,其僧皆海东人。山高地深,时节绝晚,于时孟夏月,如正二月天,梨桃始花,涧草犹短,人物风候,与平地聚落不同,初到恍然若别造一世界者。因口号绝句云……"其口号绝句即此诗。①

这个缘由表明,作者在"人间四月芳菲尽"的季节里,曾经苦苦寻觅春在何处,不经意间却在"山高地深"、"人迹罕到"的地方发现了开得正盛的桃花,自己一下子就被这满山的春景所陶醉。"初到恍然若别造一世界者"的美好感觉在诗中被形象地传达出来了。这种情境真称得上是"踏破铁鞋无觅处,得来全不费功夫",也称得上是"有心栽花花不开,无心插柳柳成荫"的意外之喜。

除了这种情况外,另一种非自觉地进入审美状态的是由于特定情境的影响而产生审美愉悦,心理学上称之为是由于"从众心理"的影响。因为在特定的情境下,个人除了容易受到来自遗传的"无意识"的影响外,还容易受到"感染",或容易受到某种"暗示"而失去自我,在一些娱乐场所则产生美感。古斯塔夫·勒庞就曾分析过这种情况:

……在群体中,每种感情和行动都有传染性,其程度足以使个人随时准备为集体利益牺牲他的个人利益。这是一种与他的天性极为对立的倾向,如果不是成为集体的一员,他很少具备这样的能力。

……决定着群体特点的第三个原因,也是最重要的原因,同孤立的个人所表现出来的特点截然相反。我这里指的是易于接受暗示的表现,它正是上面所说的相互传染所造成的结果。

现在我们明白了,有意识人格的消失,无意识人格的得势,思想和感情因暗示和相互传染作用而转向一个共同的方向,以及立刻把暗示的观念转化为行动的倾向,是组成群体的个人所表现出来的主要特点。他不再是他自己,他变成了一个不再受自己意志支配的玩偶。②

这就是欣赏者容易被特殊的情境的影响而不自觉地进入审美境界的原因。当然,我们还必须指出,自觉性与非自觉性的统一还指这两种心态在审美过

---

① 参见刘学锴、赵其钧、周啸天:《唐代绝句赏析》(续编),合肥:安徽文艺出版社,1985 年版,第 177 页。

② 〔法〕古斯塔夫·勒庞:《乌合之众》,冯克力译,北京:中央编译出版社,2005 年版,第 17—18 页。

程中的交融。特别是在非自觉状态进入审美情境的欣赏者,很可能因其内心的"无意识"和想象力被激活后,会以更主动的心态去探索"美",享受美感。

2. 情感性与理性的统一

在审美活动中,审美主体究竟是以"理"胜,还是以"情"胜,这在美学史上是争论已久的问题。康德在其著名的《判断力的批判》中是这样规定的:

> 为了分辨某物是美的还是不美的,我们不是把表象通过知性联系着客体来认识,而是通过想象力(也许是与知性结合着的)而与主体及其愉快或不愉快的情感相联系。所以鉴赏判断并不是认识判断,因而不是逻辑上的,而是感性的(审美的),我们把这种判断理解为其规定根据只能是主观的。但诸表象的一切关系,甚至诸感觉的一切关系都可以是客观的(而这时这一切关系就意指着某种经验性表象的实在之物);唯有对愉快和不愉快的情感的关系不是如此,通过它完全没有标明客体中的任何东西,相反,在其中主体是像它被这表象刺激起来那样感觉着自身。①

对康德这段著名的话,很多人注意的是他所说的"鉴赏判断并不是认识判断,因而不是逻辑上的,而是感性的审美的",因而得出的结论是,审美主体在审美状态中完全是情感性的。其实,在康德的话中,我们仍然可以看出,审美主体在审美时虽然是以情感为主,但是由于表象在通过想象力与情感联系的过程中隐含有知性(因为想象力与知性有结合的可能),因此,理性的因素就渗透在过程中了。全面考察审美活动本身,包括其活动的性质、主体的特点及审美客体本身,我们可以看出审美主体在审美活动中,其情感因素和理性因素是密不可分的。

首先,我们看到,审美活动是人类实践的一种,而实践活动是情感因素和理性因素的统一。这个特点我们在对实践的含义考察时已经阐述了。在此我们只补充说一点。马克思在《1844年经济学哲学手稿》中曾比较了动物的实践活动和人类的实践活动的异同点。就相同一点来说,人和动物的实践活动都与需要密切相关,也就是说,是需要促使实践活动的展开。但是,和动物相比,人比动物高明的地方在于:第一,人可以不受需要的局限展开实践活动。第二,人的实践活动有目的、有计划。第三,人开展实践活动的尺度既可以是自身的尺度,也可以是对象的尺度。第四,人的实践活动是按照"美的规律"来开展的。② 从这个

---

① 〔德〕康德:《判断力的批判》,邓晓芒译,北京:人民出版社,2002年版,第37—38页。
② 参见〔德〕马克思:《1844年经济学哲学手稿》,北京:人民出版社,2000年版,第57—58页。

比较中可以看出,实践活动既与情感相关(由动机引起),更与理性相关(有目的、有计划、有标准、能预测劳动结果)。审美活动是人类社会发展到一定程度后才出现的活动,情感和理性的结合就更为融洽。

其次,从审美主体的心灵看,也是情感与理性的和谐统一。康德在《判断力批判》第一版的"序言"中,把人的心灵分为认识、快与不快的感情和愿望三个部分,也就是知、情、意三个部分。适应这三个部分,人有三种认识能力:理解力、判断力和理性。这三种能力各有自己的领地。而现代心理学研究表明,在任何一种活动中,人的认识能力是作为一个不可分割的整体共同对对象起作用的,审美活动也不例外,所以,审美主体在审美活动中的情感与理性必然是作为一个和谐的整体共同作用于审美对象。

再次,从审美客体的特点来看,审美主体也必须充分调动情感因素和理性因素才可能达到审美的最高境界。我们不能否认,对一些简单的客体的欣赏不需要很丰富的经验和知识,也许用"直觉"就可以产生很强烈的美感了。但是对一些结构复杂、意蕴丰富的客体的欣赏,就必须具备较强的理性了,也即是需要较为丰富的经验和知识了。如对张籍的《节妇吟》的欣赏:

> 君知妾有夫,赠妾双明珠。
> 感君缠绵意,系在红罗襦。
> 妾家高楼连苑起,良人执戟明光里。
> 知君用心如日月,事夫誓拟同生死。
> 还君明珠双泪垂,恨不相逢未嫁时。

这首诗初看纯粹是一首抒发男女情事之诗,骨子里却是一首含义丰富的政治诗。作者运用比兴的手法,委婉地表明自己的态度。此诗注云:"寄东平李司空师道"。原来,中唐以来,藩镇割据,有名的文人和中央官吏往往成为那些割据一方的首领拉拢的对象。李师道是当时藩镇之一的平卢淄青节度使。这首诗就是作者为拒绝李师道的拉拢而作的。诗中以"君"喻李师道,以"妾"自比,心理刻画细致绵密,既委婉回绝了李师道的"好意",又保护了自己的节操。类似的作品很多,的确需要我们去细读。当然,就这首诗歌而言,不知道其创作的背景和创作的动机,也能得到不凡的享受,但不能深刻领会诗中的深刻意蕴,毕竟是一件憾事。

3. 有限性与无限性的统一

这个特征主要指的是审美主体在审美过程中,既受审美客体的制约,又有很大的自由度,可以充分发挥自己的想象力,从而体验到很强烈的美感。

　　首先是有限性,指的是审美主体的活动总是在审美客体的"质"规定的方向或范围内进行,不管审美主体的个体的差异多大,都只是在审美客体的"质"的上下浮动。即使是欣赏自由度很大的语言艺术,仍有其局限性。因为语言艺术总是由特定文字系列组合。对文字组合的意义的理解,可以因为审美主体的差异而有很大的异变。但在正常的情况下,不论如何异变,总会有"第一文本"潜在意义的某种因素,而不会是无中生有。比如尽管每个人对林黛玉有不同的认识,但总起来说,他所认为的总与多愁善感、体弱多病分不开,而不会成为八面玲珑的"宝姐姐"。因此,审美客体的特性制约着主体的想象方向和内容。

　　其次是无限性,主要是说审美主体可以暂时超脱客体的束缚,以一种自由的方式来感受美、享受美感。这种自由性是不受功利目的束缚的。由于审美就是一种自由状态,作为个体存在的审美主体的审美心灵可以不受制于物质世界,审美时只从自身的审美需求出发,不受外在物质世界或异己力量的干涉和控制。黑格尔说:"人就是通过实践的活动来达到为自己(认识自己),因为人有一种冲动,更在直接呈现于他面前的外在事物中实现他自己,而且就在实践中认识自己……在这些外在事物上面刻下他自己内心生活的烙印而且发现他自己的性格在这些外在事物中复现了,目的在于要以自由人的身份……在事物的形状中他欣赏的只是自己的外在现实。"①审美主体以"自由人"的身份进行"自由"审美,即审美主体处于和谐状态,既可能有功利又可能无功利,既可能受道德、宗教、经济等的影响又可能不受其影响,体现出一种"自由意志"审美,这是一种心灵的审美自由。当然,我们必须指出,这种自由状态的程度,归根结底要受到审美客体和审美主体本身的实践经验的制约,后实践美学所认为的那种纯粹的自由是一种自欺欺人的自由。

三、审美主体生成的条件

　　马克思说:"如果你想得到艺术的享受,那你就必须是一个有艺术修养的人。"②马克思的话表明,要成为审美主体,必须要具备一定的条件。一般来说,审美主体所该具备的条件包括美的感受力、发现力和判断力。这些能力的形成条件,可分两种情况来分析。

　　1. 从整个人类审美能力形成的条件来看,主要是物质生产实践起了决定性

① 〔德〕黑格尔:《美学》(第一卷),朱光潜译,北京:商务印书馆,1979 年版,第 39 页。
② 〔德〕马克思:《1844 年经济学哲学手稿》,北京:人民出版社,2000 年版,第 146 页。

的作用

马克思主义的实践美学认为,人的审美经验的发生取决于人的审美能力,而人的审美能力的形成,从根本上说,则是人长期社会实践活动的一个结晶和成果。用马克思的话说就是:"社会的人的感觉不同于非社会的人的感觉。只是由于人的本质的客观地展开的丰富性,主体的、人的感性的丰富性,如有音乐感的耳朵、能感受形式美的眼睛,总之,那些能成为人的享受的感觉,即确证自己是人的本质力量的感觉,才一部分发展起来,另一部分产生出来。因为,不仅五官感觉,而且所谓精神感觉、实践感觉(意志、爱等),一句话,人的感觉、感觉的人性,都只是由于它的对象的存在,由于人化的自然界,才产生出来的。五官感觉的形成是以往全部世界历史的产物。"①这里说的"人的感觉"当然不只是指人的审美感觉,但显然包括着人的审美感觉和审美经验在内。而"人化了的自然界"就是指人的本质"对象化"了的自然界,也就是指通过人的生产劳动改造了的自然界,以此为基础构成了"以往全部世界史"。这就是说,人的审美感觉和审美经验是以往全部生产劳动发展史的产物。生产劳动创造了美,也创造了能够感受美的主体,也创造了主体的审美感觉和审美经验。正如恩格斯所说的那样:"只是由于劳动……人的手才达到这样高度的完善,在这个基础上它才能仿佛凭着魔力似地产生了拉斐尔的绘画、托尔瓦德森的雕刻以及帕格尼尼的音乐。"②前面我们说到,张玉能先生根据实践的发展程度把实践划分为获取性实践、创造性实践、自由(创造)性实践三种类型,这三种实践都对人的审美能力的形成有贡献,特别是到了自由创造性实践这个阶段,人类就进入了自由的境界,实现了合规律与合目的的统一、功利性与超功利性的统一、个体与社会的统一,到了这个境界,人类的审美能力就完全成熟了。这个推论是已经在考古学家和人类学家的有关考证中得到了证明。

2. 从个体的审美能力形成的条件看,一方面是"集体无意识"在个体身上的遗传,更重要的一个方面是个体本身后天的训练

首先,是"集体无意识"对审美主体审美能力形成的影响。"集体无意识"是瑞士心理学家卡尔·古斯塔夫·荣格(Carl Gustav Jung)在批判弗洛伊德的个人无意识的基础上提出的一个概念。弗洛伊德认为无意识主要来自个人早期生活

---

① 〔德〕马克思:《1844 年经济学哲学手稿》,北京:人民出版社,2000 年版,第 87 页。
② 〔德〕恩格斯:《劳动在从猿到人转变过程中的作用》,见《马克思恩格斯全集》(第 20 卷),北京:人民出版社,1971 年版,第 511 页。

特别是童年生活中受到压抑的被遗忘了的心理内容,因而无意识具有个人的、后天的特性。荣格则认为,弗洛伊德所说的无意识只是表层的个人的无意识,"这种个人无意识有赖于更深一层,它并非来源于个人经验,并非从后天中取得,而是先天地存在的。我把这一层定名为'集体无意识'。选择'集体'一词是因为这部分无意识不是个别的,而是普遍的。它与个性心理相反,具有了所有地方和所有个人皆有的大体相似的内容和行为方式。换言之,由于它在所有人身上都是相同的,因此它组成了一个超越个性的心理基础,并且普遍地存在于我们每一个人身上。"①"我们所说的集体无意识,是指由各种遗传力量形成的一定的心理倾向。"②在荣格看来,集体无意识不仅影响了艺术家的创作,而且影响着欣赏者的审美态度。对前者的影响,他强调的是艺术家不过是在集体无意识的控制下完成创作的人,他举的经典例子是,"不是歌德创造了《浮士德》,而是《浮士德》创造了歌德"。③ 对后者的影响,荣格认为集体无意识影响着欣赏者的审美态度——抽象和移情。抽象的审美态度使审美主体与对象疏离,移情的审美态度则使主体和对象亲近。在荣格看来,无论创作还是欣赏,主体都受到集体无意识的控制,主体本身很少主动权。也就是说,主体意识是集体无意识的表现形式而已。

荣格的集体无意识理论的合理之处在于看到审美主体的审美意识、审美能力的形成有着深刻的文化背景,但是,他的学说的不足之处在于把这种背景神秘化了。按照马克思主义的观点,人类的审美活动归根到底是人类社会实践的产物,人的各种审美态度和审美能力是在人类创造世界历史的活动中形成、发展和丰富起来的。因此只有从人类社会实践的角度才能对其作出全面和科学的解释。俄国的普列汉诺夫在考证原始艺术产生和发展的基础上指出"任何民族的艺术,都是由该民族的心理所决定的,而该民族的心理,则是由其生产方式所决定的,归根到底,该民族的生产方式是由生产力和生产关系的状况所决定的"。④这才是合理的解释。

其次,审美主体的审美能力主要形成于个人后天的艺术实践。早在古希腊时期,柏拉图就洞悉了艺术训练对提高主体的审美能力的作用。他认为音乐教

---

① 〔瑞士〕荣格:《心理学与文学》,冯川等译,北京:三联书店,1987年版,第52—53页。
② 〔瑞士〕荣格:《心理学与文学》,冯川等译,北京:三联书店,1987年版,第137页。
③ 〔瑞士〕荣格:《心理学与文学》,冯川等译,北京:三联书店,1987年版,第143页。
④ 〔俄〕普列汉诺夫:《没有地址的信》,丰陈宝等译,北京:人民文学出版社,1962年版,第371页。

育是最好的艺术实践。为此,他说:

> 节奏与乐调有最强烈的力量浸润心灵的最深处,如果教育的方式适合,它们就会拿来浸润心灵,使它也就因而美化;……受过良好的音乐教育的人可以很敏捷地看出一切艺术作品和自然事物的丑陋,很正确地加以厌恶;但是一看到美的东西,他就会赞赏它们,很快就把它们吸收到心灵里去,作为滋养,因此自己性格也变成高尚优美。他从理智没有发达的幼年时期,对于美丑就有这样正确的好恶,到了理智发达之后,他就亲密地接近理智,把她当做一个老朋友看待,因为他的过去音乐教育已经让他和她很熟悉了。①

这段阐述表明,在柏拉图的思想中,他意识到两点:第一,美感并非先天生成的,而是要靠后天的积极训练;第二,实现美感生成的最佳手段是音乐教育,因为音乐中的节奏与乐调有强烈的力量,这种力量能够浸润到心灵的最深处,能够美化心灵,从而使他们形成正确的美丑分辨能力,并能自觉地吸取美的东西,排斥丑的东西,有美的滋养,自己的性格也变得高尚优美,最后在成年之后能够成为具有理智的高尚的人,即成为"爱美和爱智慧者",这是非常可贵的思想。后来马克思在《1844年经济学哲学手稿》中关于美感形成的思想与柏拉图所表达的思想非常接近,他们之间的不同在于柏拉图的是通俗化话语,马克思的是哲学化话语而已。马克思说:"感觉在自己的实践中直接成了理论家。"他还说:"五官感觉的形成是迄今为止全部世界历史的产物。"②而人的历史即是人类在实践过程中认识自然、社会,并改造利用自然、社会的过程。所以,柏拉图对音乐教育的强调,实际上是他看到了主体实践在美感形成中的重要意义。

在文艺复兴时期,绘画的创作很强调规则的运用,艺术家为了熟练地掌握规则,就不得不刻苦地训练,达·芬奇画蛋的故事就是一个典型。而要欣赏到作品的美妙之处,也需要训练自己对艺术的敏感把握和判断的能力,这是无数的例子所证明了的。我国当代著名的美学家王朝闻先生说:

> 我们面对把握了光和色的微妙变化的绘画,能够觉得光和色的变化是微妙的;除了它本身没有光和色的变化,那么这种光和色的变化表现得多么奥妙的绘画,对我们来说也觉察不到,甚至可以说相当于不存在。③

这段话也充分地说明艺术实践对主体的鉴赏能力的重要影响。下面所提到

---

① 〔古希腊〕柏拉图:《文艺对话录》,朱光潜译,北京:人民文学出版社,1963年版,第62—63页。
② 〔德〕马克思:《1844年经济学哲学手稿》,北京:人民出版社,2000年版,第86—87页。
③ 王朝闻:《王朝闻学术论著自选集》,北京:北京师范大学出版社,1991年版,第495页。

的奥斯本和克莱夫·贝尔的说法也充分证明,没有艺术的实践,审美主体就不可能具备良好的鉴赏力。

奥斯本说:"鉴赏家是一位感觉敏锐并且有识别趣味能力的人。""通过习得鉴赏活动中的技能,我们就能获得感知周围世界特征的能力,这些特征往往视而不见或听而不闻,如今我们却能清楚而有意地关注它们;假如没有这一技能,这些特征也只会偶尔在不经意之间引起我们的注意。这并非是推理、推断或理论分析的问题,也不是凭借各种感觉来支配现有信息的问题;这是一个要开辟新的认识维度的问题。鉴于这一原因,技能的习得要求采用种种培养方法,这些方法不同于为了达到改善人的推理能力或扩展其实用知识范围的传授方法。"①

他还说:"对美的事物的鉴赏,尤其是对优美艺术的鉴赏,均需要一种技能。对绝大部分人来讲,这种技能源自种种能力的培养或修养,尽管这些能力本身与开发这些能力的冲动差别甚大且因人而异。"②

奥斯本的阐述表明:第一,鉴赏家需要有敏锐的感觉和识别趣味的能力。第二,鉴赏的技能可以靠特殊的训练得到。第三,训练鉴赏技能的方法和"改善人的推理能力或扩展其实用知识范围"的方法不同。第四,人和人之间的鉴赏技能有比较大的差异性。第五,个人鉴赏能力会因为兴趣问题而有所偏爱和选择,他也许是对某种艺术形式很熟悉,而对别的形式却很陌生。

克莱夫·贝尔(Clive Bell)在其著作《欣赏绘画》(*Enjoying Pictures*)一书中说:"就我而言,我去听音乐会的收获,并不比一位陆军上校参观绘画馆的收获好多少。偶然发现的美,我能享受到一些,比如这里一段旋律,那里一段和声。但我不能把握整部错综复杂的和陌生的乐曲,也不能将其掰开揉碎后加以欣赏,也不能搞清乐曲之间各个部分及其相互关系。"③这也说明,没有艺术实践的熏陶,就没有艺术鉴赏能力,就不能享受到艺术美感所带来的愉悦。

所以,归根到底,审美主体审美能力的最终形成是不可能离开实践的。

第三节　实践与审美客体的"特殊"的关系

审美客体在审美活动是不可或缺的条件,它的形成也与人的实践活动密不

---

① 〔英〕奥斯本:《鉴赏的艺术》,王柯平译,成都:四川人民出版社,2006年版,第31页。
② 〔英〕奥斯本:《鉴赏的艺术》,王柯平译,成都:四川人民出版社,2006年版,第17页。
③ Clive Bell, *Enjoying Picture*, 1934, pp. 51–52. 转引自〔英〕奥斯本:《鉴赏的艺术》,王柯平译,成都:四川人民出版社,2006年版,第18页。

可分。

一、审美客体的含义

在中国学界,审美客体被认为是"被主体认识、欣赏、体验、评判、改造的具有审美特质的客观事物。"它是"与'审美主体'相对",并且"与审美主体相互作用构成人对现实的审美关系"。"审美对象是客观存在的具有形象性、丰富性、独特性、感染性或美的潜能的事物。"①这个定义规定了审美客体的内涵有如下几个层次的意思。

第一,审美客体是已经进入了审美主体的审美视野,并且与审美主体构成了审美关系的客观事物。

第二,审美客体不是单纯的客观事物,而是包含着主体的感受、认识、欣赏、体验、批判和改造等主体因素。

第三,审美客体具有特殊的审美特质,这些特殊的特质表现为"形象性、丰富性、独特性、感染性或美的潜能"。

这个定义实质上还从另外一个角度规定了哪些对象不是审美客体:

第一,单纯的客观事物只是一种潜在的审美客体,而不是实质意义上的审美客体。

第二,并不是所有与人发生关系的客观事物都是客体,而只有那些具有审美潜质且能够与人发生审美关系的客观事物才是审美客体。所谓具有审美潜质,主要是指客体蕴涵着承载"人的本质力量对象化"的条件,即蕴涵着可以使主体体验到自己的本质力量的对象化的喜悦的可能性条件。也有学者把审美潜质看成是审美客体的本质,而"审美客体的本质就是客体事物的形式结构中所蕴涵的召唤主体生命潜在的属性"。② 审美关系是指"在长期的人类社会实践中形成的,主体(人)要求客体(对象)能满足自己的审美需要,而客体也能够满足主体的审美需要的一种特殊关系"。③ 这是一种既不同于认知关系(求真),也不同于伦理关系(求善),而是一种以追求精神的满足和情感的享受为指归的审美关系(求美)。

第三,与人类生活无关的客观事物不是审美客体。从审美关系的定义我们

---

① 邱明正、朱立元主编:《美学小辞典》,上海:上海辞书出版社,2007 年版,第 61 页。作者认为,审美对象等同于审美客体。

② 王绍钦主编:《审美关系论》,成都:成都科技大学出版社,1994 年版,第 46 页。

③ 张玉能主编:《美学教程》,武汉:华中师范大学出版社,2002 年版,第 14 页。

可以看到,审美客体必须能满足人的审美需要,即对人有价值,那些与人无关的客观事物,还谈不上对人有价值。所以,不能说是审美客体。正如高尔太先生所说的"不被感受的美,就不成其为美"①也是这个意思,张玉能先生则更是明确地说"美是一种社会属性和价值"②,不但表明了审美客体不能离开人,而且强调了美要对人有价值。

二、审美客体的特征

关于审美客体的特征,在学界的讨论很多,兹先举一些有代表性的观点来分析。如前面提到的《美学小辞典》中的说法,具有"形象性、丰富性、独特性、感染性或美的潜能"。有的学者认为"审美客体的本质规定性决定了审美客体的总体特征——形象性、形式的完整性和感染性"。③ 王绍钦先生认为审美客体的特征体现在四个方面:"形象鲜明,显示出自身的规律性"、"蓬勃向上,展示出内在的生命力"、"整体统一,标志着关系的恰当"、"外观悦人,符合形式美法则"④。从这些有代表性的观点看,他们往往是从审美客体的外在表现形式(形象性、独特性、外观形式、关系等)、内容意蕴(丰富性、具有潜能、内在生命力)及其对审美主体的影响(感染性)这几个方面来概括的。应该说,这些看法既着眼于客体本身,也考虑到了主客体之间的关系。但是,他们的侧重点是在客体本身,更多的是关注其静态的特征,主体在其中是被动的。既然审美主体和审美客体是在审美关系中形成的,那么,考察主体也好,客体也好,在对它们进行静态考察的同时,还应该在审美关系中进行动态的把握,因为离开了审美关系,审美主体和审美客体就失去了意义。基于这个考虑,审美客体的特征就可以从以下几个方面来把握。

1. 个体性与社会性的统一

所谓个体性,指的是审美客体的"特殊之美"具有很强的个性色彩,或者说,审美客体的美在不同的审美主体中有比较大的差异性,并且,审美主体并不在意自己眼中的客体与别人眼中的客体之间的差异。审美客体的个体性是由于审美主体的生活经验、思想感情、兴趣爱好等差异造成的。王夫之说:"作者用一致

① 高尔太:《论美》,兰州:甘肃人民出版社,1982 年版,第 13 页。
② 张玉能主编:《美学教程》,武汉:华中师范大学出版社,2002 年版,第 134 页。
③ 彭萍:《论审美客体的本质和特征》,《昌吉学院学报》2006 年第 1 期。
④ 王绍钦主编:《审美关系论》,成都:成都科技大学出版社,1994 年版,第 47—54 页。

之思,读者各以其情而自得。"①鲁迅先生也说过:"看人生是因作者而不同,看作品又因读者而不同。"②所以,个体实践的差异,是审美客体具有个体性的根本原因。

所谓社会性,是指审美客体是在社会实践的基础产生的,而其发展也随着社会实践的发展和社会心理、时代精神、文化思潮的转变而转变,换句话说,各个时代都有自己独特的审美客体。

蒋孔阳先生曾对审美客体中最普遍的"美"有这样的看法:"美不仅具有社会性,而且具有个性,它是社会性与个性的统一。人能够欣赏的美,不仅是社会所规定的某种类型的美,而且是适应不同的对象所发现和创造出来的、千差万别的、具有独特个性的美。"③这是对审美客体中的个体性与社会性的关系的中肯说明。

实际上,审美客体的社会性是通过个体来体现的,也就是说,在审美客体中,个体性与社会性是统一的。比如,今天的原始森林和许多过去人迹罕至的荒漠相继成了人类的审美客体,一方面表明了人类的实践能力已经能够自由地出入这些地方,它们不再是威胁人类的生命禁区,也就是说,社会的进步已经为这些地方成为审美客体提供了可能;另一方面,它们要成为真正的审美客体,还需要个体的审美主体的审美活动来实现。因此,我们可以说,社会性与个体性是和谐统一的。

2. 确定性与不确定性的统一

所谓确定性,一方面,主要是指审美客体的存在形式具有客观实在性,无论是自然美、艺术美,还是社会美,它们首先都是作为一种"彼在"而存在的,它们一般不会因为审美主体的"缺场"而失去其存在;另一方面,又指审美客体的"质"有其稳定性的一面,或者说有其独立的内在规定性,不管欣赏者的理解有多大的差异,都不会超出其"质"所规定的范围或幅度。

所谓不确定性,主要指审美客体本身有很多的"不确定性"与"空白",对这些"不确定性"和"空白"的理解会因为审美主体的差异而不同。也可以说,这些"不确定性"和"空白"是由审美主体和审美客体之间的"此在"关系所决定的。

---

① 王夫之:《薑斋诗话》,见戴鸿森:《薑斋诗话笺注》,北京:人民文学出版社,1981 年版,第 4 页。

② 鲁迅:《俄译本〈阿 Q 正传〉序及著者自序传略》,见《鲁迅全集》(第七卷),北京:人民文学出版社,1981 年版,第 82 页。

③ 蒋孔阳:《美学新论》,北京:人民文学出版社,2006 年版,第 165 页。

"不确定性"与"空白"理论最初是由德国接受美学理论家伊瑟尔在研究文学文本时提出的概念。伊瑟尔认为:作为审美对象的文学作品有许多"不确定性"与"空白",这些"不确定性"与"空白"是本文之所以被读者接受的前提条件,"作品的意义的不确定性和意义的空白促使读者去寻找作品的意义,从而赋予他参与作品意义构成的权力"。也正是这些空白,使读者能发挥想象,用自己的知识、经验、情感"填补"这些空白。这样,意义不确定性与意义空白就成了本文的基础结构,伊瑟尔把它们称为不确定性的"召唤结构",它召唤读者在其可能的范围内充分发挥自己的再创造。伊瑟尔说:"未定性与空白在任何情况下都给予读者如下可能:把作品与自身的经验以及自己对世界的想象联系起来,产生意义反思。这种反思的歧异是百出的。从这个意义上说,接受过程是一个再创造的过程。"①为什么会产生这种"未定性"与"空白"呢? 伊瑟尔通过比较文学作品的文本与一般性著作的文本的不同解释这个原因。他认为,一般性著作(如学术著作、理论论文、新闻报道文章等)的文本只是说明某个事实或阐明一种道理,用的是"解说性语言"(erlauterned Sprache),而文学作品是用形象的艺术来表现人们生活与想象的世界,表现人们的思想感情的。它的本文采用的是一种"描写性语言"(darstellende Sprache)。"描写性语言"比"解说性语言"有着明显的模糊性,具有更多的意义的不确定性和空白,而造成人们理解的不一致,尽管文学也是按照规范的语法制造出来的,但文学到处是含蓄的隐喻与丰富的想象,给人以充分的审美想象空间。

　　虽然,"不确定性"和"空白"理论是伊瑟尔针对文学文本提出来的观念,但是,我们看到,其他的审美客体也有着同样的"不确定性"和"空白"。如自然美,它的不确定性就表现为具有"多面性"的特征。"自然美的多面性指的是自然物可以表现多种多样的美的形态,有时甚至表现出丑的形态。"这个"多面性"的原因有四个:第一,"在于人类社会生活的多样性,自然物与人类社会生活之间的多种关系"。第二,"是自然物自然属性在人类社会生活中作用不同,从而产生不同的审美评价"。第三,"文化背景的差异"。第四,"丑与美的纠缠"。② 总之,由于自然美的根源在于"人的本质力量的对象化",从人类发展的"历时"状态看,人的本质力量对象化的程度不同,人们对自然美的美感的范围和程度就不

---

① 〔德〕沃尔夫冈·伊瑟尔:《本文的召唤结构》,见雷纳·瓦宁编:《接受美学:理论与实践》,慕尼黑:芬克出版社,1970 年版,第 238 页。

② 张玉能主编:《美学教程》,武汉:华中师范大学出版社,2002 年版,第 151—152 页。

同;从人类社会的"共时"状态看,个体之间的本质力量对象化的能力和程度不同,他们对自然美的美感也就会有差异。所有这些差异都说明了自然美的"不确定性"和"空白"的客观存在及其真正原因。

绘画和书法艺术中所存在的"不确定性"和"空白"也是很普遍的,它们往往是艺术家有意留给欣赏者欣赏的想象空间。如著名的《拉奥孔》,这组雕刻群为了给欣赏者留下可供想象的"不确定性"和"空白",就刻意"避免描绘激情顶点的顷刻",莱辛对这样的刻意安排分析道:

> 既然在永远变化的自然中,艺术家只能选用某一顷刻,特别是画家还只能从某一角度来运用这一顷刻;艺术家的作品之所以被创造出来,并不是让人一看了事,还要让人玩索,而且长期地反复玩索;那么,我们可以有把握地说,选择上述某一顷刻以及观察它的某一个角度,就要看它能否产生最大的效果了。最能产生效果的只能是可以让想象自由活动的那一顷刻了。我们愈看下去,就一定在它里面愈能想出更多的东西来。我们在它里面愈能想出更多东西来,也就愈相信自己看到了这些东西。在一种激情的整个过程里,最不能显出这种好处的莫过于它的顶点。到了顶点就到了止境,眼睛就不能朝更远的地方去看,就只能在这个印象下面设想一些较软弱的形象,对于这些形象,表情已经达到了看得见的极限,这就给想象划了界限,使它不能向上超越一步。所以,拉奥孔在叹息时,想象就不能往上面升一步,也不能往下降一步;如果上升或下降,所看到的拉奥孔就会处在一种比较平凡的因而是比较乏味的状态了。想象就只会听到他在呻吟,或是看到他已经死去了。①

莱辛这段论述充分说明:第一,审美客体必须留有"不确定性"和"空白",否则就不是完美的艺术。第二,审美主体在欣赏活动中,总会自觉或不自觉地在客体形象的基础上进行想象、加工、创造,以自己独特的体验对原来的形象进行"建构"和"完形",通过"建构"和"完形",欣赏者才能获得最美妙的感受。

3. 客观性与主观性的统一

客观性与主观性的统一指的是审美客体既不是纯粹的客观存在,也不是纯粹的心灵创造,而是对象的客观属性与主体的情感因素在审美关系中和谐统一的状态。

---

① 〔德〕莱辛:《拉奥孔》,见《朱光潜全集》(第十七卷),合肥:安徽教育出版社,1989年版,第23—24页。

首先,审美客体是一种客观的存在,这种存在往往是以物理属性的形式呈现出来的,包括语言艺术的"文本"也具有其物理属性的形式。这种物理属性的形式是审美客体的价值产生的前提。

其次,审美客体又不是单纯的物理属性形式,因为审美客体是在审美关系中形成的,它的价值生成有赖于审美主体对其价值的发现和评价,而这种发现和评价就带有浓郁的主观色彩,审美主体的人生经验、文化背景、艺术实践的能力等都会影响到审美客体的价值的形成。

当然,审美客体的价值并不是客观与主观因素的简单相加,而是在动态的审美关系中水乳交融地形成的。

关于这样的统一,有很多美学家进行了精辟的论述。如席勒关于美这个最普遍的客体的论述,他说:

> 美对于我们来说虽然是对象,因为反思是我们感觉到美的条件;但是,美同时又是我们主体的一种状态,因为感情是我们获得美的表象的条件。因此,美虽然是形式,因为我们观赏它;但是,美同时又是生命,因为我们感觉它。总之,一句话,美同时是我们的状态和我们的活动。①

席勒说得很明白,审美客体既是我们所感受到的一种客观存在的形式,也正因为是我们感觉到的,所以它又是我们的状态和我们的活动,也就是说是主观和客观水乳交融的结合体。

朱光潜先生在综合西方各流派学说的基础上对美这一普遍的客体作出了这样的判断:"美不仅在物,亦不仅在心,它在心与物的关系上面;但这种关系并不如康德和一般人所想象的,在物为刺激,在心为感受;它是心借物的形象来表现情趣。世间并没有天生自在、俯拾即是的美,凡是美都要经过心灵的创造。"②朱光潜先生也表明,审美客体是主体的"心"和客观的"物"融合形成的"形象"。朱光潜还根据经典作家关于艺术生产的基本观点,认为文艺也应该视为一种生产劳动。从生产观点看文艺,可以得出以下结论:"第一,文艺不只是要反映世界,而且还要改变世界。文艺在改变世界中也改变了人自己,这就是文艺的功用。第二,现实世界只是原料,文艺要在这原料上进行毛泽东同志所说的'创造性的劳动',才能得到产品。这个创造性的生产劳动过程在美学里必须占有它的恰当的地位。第三,产品不同于原料,它是原料加上创造性的生产劳动。艺术

---

① 〔德〕席勒:《席勒散文选》,张玉能译,天津:百花文艺出版社,1997年版,第260页。

② 朱光潜:《文艺心理学》,北京:三联书店,2005年版,第140页。

反映客观世界要多一点东西,并非客观世界的不折不扣的翻版。"①

也就是说,在朱光潜看来,无论是从艺术生产的产品看,还是从欣赏的对象看,审美活动中的客体都是主观与客观的统一。

张玉能先生则从价值论的角度分析这个普遍客体的构成:

> 美不是一种事物存在的实体,而是与人的存在密不可分的审美属性和审美价值。所以美是人对现实的审美关系在对象之上的显现,美不是对象的存在本身,更不是实体存在本身,而是对象的属性整体对人生成的审美关系的对象性、客观性的显现,只是一种不能离开人和人类社会的存在的价值。这种价值(审美价值),虽然不能离开人和人类社会的存在,却是可以独立于人的认识(意识)之外的对象性、关系性属性。因此,作为一种特殊的价值,美的客观性就与一般事物的客观性不完全相同,还必须从哲学价值论的层面予以探讨。②

价值是对象(客观)符合主体(主观)需要所显现出来的一种属性,因此审美客体的价值属性仍然是主观与客观的统一。

为什么主观和客观能够水乳交融在一起呢? 这是由审美活动的特点所决定的。"审美活动是人有目的地欣赏美、创造美的实际活动、行为及其过程。""它以一定事物的审美特性为对象和出发点,以一定的审美目的、需要为内驱力。在一定的社会历史条件的制约下,发挥主体的能动性,将审美的精神需求转化为审美、创造美的意志行为,在认识美、创造美、发展美的过程中,自由地实现自己的审美理想,使对象人化,人的本质对象化,人在对象中发现、确证自己。因此,审美实践的过程,是人认识、改造对象和自我创造、自我实现的过程。"③在这个解释中非常关键的命题是:审美是"人的本质力量对象化"。正是在这种对象化的实践活动中,客观和主观自然地融合在审美客体中了。这是马克思主义实践美学的正确的解释。

美国当代著名的心理学美学的杰出代表阿恩海姆从艺术家的视知觉对客体感受的特点这一角度论证了审美客体的主观与客观统一的必然性问题,他说:

> 无论是艺术家的视觉组织,还是艺术家的整个心灵,都不是某种机械地复制现实的装置,更不能把艺术家对客观事物的再现看做是对这些客观事

---

① 朱光潜:《朱光潜美学文集》(第三卷),上海:上海文艺出版社,1983 年版,第 62 页。
② 张玉能:《论美的客体性和客观性》,《吉首大学学报(社会科学版)》2006 年第 4 期。
③ 邱明正、朱立元:《美学小辞典》,上海:上海辞书出版社,2007 年版,第 59—60 页。

物偶然性表象所进行的照相式录制（或抄写）；换言之，这些科学发现使人们愈加坚信，虽然艺术形象远远不是"酷似现实的形象"，它们仍然能使人感到是真实的。①

从以上分析中可以看出，美学史上分别只从客观属性或主观心灵来谈美和美感都是片面和不合理的。

4. 有限性与无限性的统一

审美客体的有限性主要表现在两个方面：一是其物理属性本身总是受到其本身的表现媒介、存在方式或受到其他和它有联系的物体的制约，这个制约正如黑格尔所说的是"有限事物"的限制，这是"他者"对审美客体的制约所造成的有限性；二是审美客体本身对审美主体的限制，意思是说，审美主体的审美活动实践往往受到审美客体的制约，这是审美客体对"他者"的制约。对审美客体的有限性的特性，狄德罗提出了比较中肯的看法。他认为"美在关系"，而这种关系会因为对象之间的不同或者主体的"悟性"差异而变化，实质上就蕴涵了客体的有限性的思想，所以，审美客体的有限性是谁也无法否定的事实。"后实践美学"认为审美是对客体的无限超越，并且强调超越的绝对精神性，其实就因为他们没有看到审美客体的有限性的一面。

审美客体的无限性也表现在两个方面。一方面是其蕴涵意义的模糊性。这种模糊性产生的原因在于作品表现的模糊性和难于理解性，而作品表现的模糊性和难于理解性存在三种情况：一是由作家或艺术家自身体验的模糊性所致；二是作家、艺术家为了使作品的表现具有深度，有意识地用各种修辞手法和表现技巧增加作品的模糊性。三是艺术媒介表现的局限性导致情感体验传达的模糊性；而正是这些模糊性和难于理解性为欣赏者从多种多样的角度去理解客体本身提供了可能，也就是这样的模糊性和难于理解性为审美主体的无限发挥提供了可能的想象空间。另一方面是说审美客体可以给审美主体的自由想象提供充分的条件。除了刚刚提到的审美客体蕴涵意义的模糊性外，审美客体本身的"不确定性"和"空白"都为审美主体的自由"再创造"提供了契机。

卡西尔认为，审美客体的无限性是由审美知觉的特点决定的，他说："我们的审美知觉比起我们的普通感官知觉来更为多样化，并且属于一个更为复杂的层次。在感官知觉中，我们总是满足于认识我们周围事物的一些共同不变的特

---

① 〔美〕鲁道夫·阿恩海姆：《艺术与视知觉》（引言），滕守尧译，北京：中国社会科学出版社，1984 年版，第 7 页。

征。审美经验则是无可比拟地丰富。它孕育着在普通感觉经验中永远不可能实现的无限的可能性。展示事物各个方面的这种不可穷尽性,这就是艺术的最大特权之一和最强的魅力之一。"①阿恩海姆则从艺术品本身的内容来说明无限性的可能,他说:"每一件艺术品都必须表现某种东西。这就是说,任何一件作品的内容,都必须超出作品中所包含的那些个别物体的表象。"②阿恩海姆还说:"如果艺术创作的目的仅仅在于运用直接的或类比的方式把自然再现出来,或是仅仅在于愉悦人的感官,那么,它在任何一个现存的社会中所占据的那种显赫的地位,就会使人感到茫然不可理解,我认为,艺术的极高声誉,就在于它能够帮助人类去认识外部世界和自身,它在人类的眼睛面前呈现出来的,是它能够理解或相信是真实的东西。"③正是审美客体所蕴涵的无限性,为审美主体的多种多样的需要和自由想象提供了最大的可能性,这也是很多审美客体具有超越时空的魅力之所在。

当然,我们在这里提到的"无限性"基本上是说"丰富性",因为无论如何的"无限",都不能完全脱离客体的"质"的规定性。所以,我们强调审美客体是有限性与无限性的统一,并且强调,这个无限性的发挥程度与审美主体的实践具有很密切的关系。

所以,审美客体的"特殊"就在于其是个体性与社会性的统一、确定性与不确定性的统一、主观和客观的统一、有限性与无限性的统一。

三、审美客体生成的条件

从艺术史的发展过程看,人类生活中审美客体的生成具有这样的特点:第一,审美客体是在人类发展到一定阶段才出现的。第二,审美客体的范围是随着人类实践活动范围的扩展和实践能力的不断增强而慢慢地扩大的。第三,审美客体的范畴形式是随着艺术实践不断发展而不断增多的。因此,人类的实践能力对审美客体的生成具有最根本的决定作用。具体来说,劳动实践对审美客体的生成作用表现在以下几个方面。

---

① 〔德〕恩斯特·卡西尔:《人论》,甘阳译,北京:西苑出版社,2003 年版,第 178 页。
② 〔美〕鲁道夫·阿恩海姆:《艺术与视知觉》,滕守尧译,北京:中国社会科学出版社,1984 年版,第 609 页。
③ 〔美〕鲁道夫·阿恩海姆:《艺术与视知觉》,滕守尧译,北京:中国社会科学出版社,1984 年版,第 636 页。

1. 劳动实践是审美客体生成的前提条件

近几年来,国内学术界对艺术起源于劳动这个看法多有微词,但是,人类发展的历史证明,没有劳动实践,就不可能形成人类,更不可能有审美主体和审美客体的产生。马克思在《1844 年经济学哲学手稿》中对人类生产和动物生产的比较表明,动物的生产是直接同其肉体需要直接相关的,它们的活动完全是一种本能的求生行为,它们同外界的接触和交流也完全是本能式的"刺激——反应",动物与外界不存在着物质、能量、信息的双向交流。人类的实践活动却是借助于工具的自由自觉的活动。以工具为中介的劳动有何意义呢? 有学者指出:"人对工具的操作不仅使人意识到,人和工具各是一个独立的自在系列,而且操作过程中工具作用于外物所引起的变化,又可使人意识到自然在人之外,劳动作用的对象也是一个独立的自在系列,操作者与工具则构成了与之相对立的另一个有机的统一体。外物对这个统一体(主体)有时顺应,有时违抗,必然反转来影响工具和操作方法的改进,两者间物质、能量、信息的双向交流,终于改造了自然,使之服从于人类的需要,为人类所支配。这一过程的反复延续,主客体的浑然一体,就因为工具这个中介而分化为主体和客体。人与外界那种'本能—刺激'反应关系也演变为意识和对象的关系。在此基础上人对世界的改造成分越来越多,于是就形成了一个人造的世界,或称第二自然。该第二自然就是人的意向所指较高级阶段上的产物,因而也是严格意义上的客体。"①主客体的分离过程实际上就是人的自主自立意识的生成过程,这种自主自立的意识对审美客体的产生就有很重要的作用,因为主客体区分后,主体自然以自己的眼光打量对象的特征,并不断地根据劳动实践的需要对其进行加工和改造,当人们感觉到自己的本质力量通过实践的方式对象化之后,美和美感就同时产生了。

2. 人类劳动能力的提高和劳动范围的扩大是审美客体不断丰富的条件

张玉能先生指出,"美是社会实践的产物,美是对具有审美能力的人而言的一种价值,因而,美就必然随着人类社会生活、社会实践的发展而发展。"②这里所提到的"美"即是最典型的审美客体。社会实践的发展所依赖的是人的实践能力的提高,而实践能力的提高又依赖于人对自然界规律的认识水平,认识水平与实践能力的提高存在着一种相互促进的关系。劳动能力的提高最初是从改进工具开始的。人类在劳动过程中,慢慢地认识到工具的重要性之后,就开始有意

① 王钦绍主编:《审美关系论》,成都:成都科技大学出版社,1994 年版,第 26—27 页。

② 张玉能主编:《美学教程》,武汉:华中师范大学出版社,2002 年版,第 139 页。

识地对工具进行加工改造,因此,劳动工具就慢慢地发生这样的变化:从随意到专门,从不规则到规则,从不对称到对称,从粗糙到光滑。这些变化,一方面使人类的劳动效率得到进一步的提高,另一方面使人类在改造工具的过程中体会到改造工具(实际上是人的本质力量对象化在工具上)的快乐,美和美感最初产生在与劳动实践紧密结合的工具领域是很自然的事。工具的改进,促进了劳动能力的提高,劳动能力的提高,又促进了生产领域的开拓,人类的劳动领域从最初很不稳定的狩猎生活过渡到比较稳定的农耕生活。这一过渡是人类从野蛮人变为文明人的重要标志。对此,罗素曾说:

> 文明人之所以与野蛮人不同,主要的是在于审慎,或者用一个稍微更广义的名词,即这种习惯是随着农业的兴起而开始变得重要起来的;没有一种动物,也没有一种野蛮人会为了冬天吃粮食而在春天工作,除非是极少数纯属本能的行动方式,例如蜜蜂酿蜜,或者松鼠埋栗子。在这种情况下,并没有深谋远虑;它只有一种直接行动的冲动,这对一个人类观察者来说,显然在后来证明了是有用的。唯有当一个人去做某一件事并不是因为受冲动的驱使,而是因为他的理性告诉他说,到了某个未来时期他会因此收益的时候,这个时候才出现了真正的深谋远虑。打猎不需要深谋远虑,因为那是愉快的;但耕种土地是一种劳动,而并不是出于冲动就可以做到的事。①

罗素是从农业与"深谋远虑"的关系为文明人下定义的。如果我们从审美的角度看农业生产在美和美感中的重要意义,至少有两个方面的变化是值得注意的,一是人的审美行为日趋于自觉;二是与农业生产有关的植物开始出现在人们的审美视野,并慢慢成为人们重要的审美对象。表现在审美实践中就是一些植物的图像开始以很明晰、很流畅的形式出现在人类早期的壁画创作中,这种情况已经得到人类学家的充分证明。

3. 人类劳动实践是人类实现自己从必然王国进入自由王国的必由之路,也是审美客体最终形成的必然手段

马克思在阐述人的类本质时指出:"而生产生活就是类生活。这是产生生命的生活。一个种的整体特性、种的类特性就在于生命活动的性质,而自由的有意识的活动恰恰就是人的类特性。"②马克思在这里所揭示的是人与外部世界的

---

① 〔英〕罗素:《西方哲学史》(上册),何兆武、李约瑟译,北京:商务印书馆,1963 年版,第38—39 页。
② 〔德〕马克思:《1844 年经济学哲学手稿》,北京:人民出版社,2000 年版,第 57 页。

关系和人自身内在的灵魂与肉体的关系。人与动物的分野就在于是否拥有真正的自由,人的自由是自己创造的,动物的"自由"则是天赋的;现实的人永远是自由与不自由的统一体;人的本质是人的能动性或人的精神,人的本质力量就是人的精神力量,它的指向就是自由;人的自由是一个无限的实现过程,自由的实现过程与人的本质的丰富程度是同步的。人类历史就是一部从本能发展出能动性,由能动性而形成人的本质,通过不断地发明、创造来强化人的智慧而丰富人的本质,永远向往和追求无限自由的历史。

人类要实现精神的自由,要实现自己的本质,需要借助于什么呢? 马克思唯物主义认为,只有实践才是实现自由的必由之路。人类历史发展史表明,实践不但使人类获取了必要的生存资料,而且促进了人本身的发展。也是在实践中,人最终掌握了自然、社会的规律,有效地克服人和自然之间的"顽强的疏远性",人从而能自由地对待自然和各种客体,最终超越实用的功利需要,审美客体最终在实践过程中得以形成并不断丰富。

总而言之,实践是审美客体最终形成的最根本的条件。

结　语

纵观美感研究发展的历史,可以看出在理论领域对美感的研究经历了如下几个不同的阶段。

(1)从古希腊至17—18世纪,可以称之为敏感而不明确时期。

这个时期,很多哲学家、美学家已经敏感地感觉到在审美活动中审美主体内心的情感活动与日常生活、认识活动中的情感活动明显不同。但不同在哪里?它发生的根源何在?又该如何命名它?这是困惑着他们的基本问题。他们只能用"快感"或"审美趣味"来命名它。对这种特殊的情感的根源,或者理解为是对象本身所具有的特性对欣赏者的感动,或者理解为是欣赏者本身所生发,或者理解为是神或上帝所赐予。总的来说,这个时期是敏感而不明确的时期。

(2)从德国古典美学至19世纪中后期,可以称之为哲学分析时期。

这个时期,以鲍姆嘉登、康德、席勒、黑格尔、马克思为主要的理论代表从哲学的高度对美感进行了全面而深刻的分析,他们不但明确了美感的名称,还深刻地区分了美感和一般情感的不同,而且还深入探讨了美感的根源。康德认为美感来源于人类先验的"共通感",席勒认为来源于"活的形象",黑格尔认为来源于对"感性显现"的"理念"的自由观照,马克思认为来源于"自然的人化"或"人的本质力量的对象化"。哲学的探讨虽然使人们对美感的认识深刻了很多,但过于抽象的阐述仍然不能使人真正理解美感的真正面目。

(3)从19世纪中后期至20世纪中后期,可以称之为科学探索时期。

这个时期,心理学研究方法成为最主要的方法。研究深入之程度、研究范围之广泛,是前所未有的。自然科学方法的运用,使人们对美感的认识更为深刻和全面。但是,运用自然科学研究复杂的情感问题仍然使人不满足,因为情感是不能简单地加以量化分析的。

在这个时期,美感研究也受到了严重的挑战,随着现象学哲学、分析哲学和价值论哲学的兴起,美和美感的合法地位都受到了挑战。特别是分析哲学,他们认为美和美感问题都是"假命题",因此没有研究的意义和价值。在概念的使用上,西方美学则出现了以"审美经验"取代"美感"的趋势。

以上情况说明,美感问题的确是一个使人"心有千千结"、"欲说还休"的问题。

新中国美学可以说是从探讨美和美感的本质及其关系开始的。20世纪50—60年代的美学大讨论的核心问题就是美的本质及其美感的生成问题。但由于时代的局限,讨论的问题就很狭窄,或是辩论美的主客观性质,或是探讨美和美感孰先孰后,因此,今天回过头去看当时的情形,就发现新中国美学起步的平台的确很低。不过,当时的大讨论也奠定了中国美学的发展基础——马克思主义的实践观开始成为审视美和美感及其关系的理论指南。80年代中后期,美学热再度在中国学术界出现。与50—60年代相比,这次美学热所讨论的问题要广泛得多了,研究的方法也丰富多了,理论成果也更加丰硕了。美和美感的本质及其关系仍然是讨论的热点问题。20世纪90年代中后期至21世纪初,中国学术界出现了实践美学和"后实践美学"之争,论争的重要成果之一是催生了一个坚持马克思主义实践观,并能够与时俱进的美学流派——新实践美学。新实践美学是在批判地继承旧实践美学的基础上形成的,她既没有受缚于旧实践美学,也没有迷失在西方现代和后现代的理论海洋里,更没有被后实践美学的喧哗声所动摇。新实践美学一方面坚持了马克思主义的基本理论,另一方面根据时代发展的情势和要求全面审视美学理论中的各种问题,新实践美学的包容性和开放性使其始终站在时代的前列。

在美感研究方面,新实践美学也显示了新的活力。首先是研究思路的改变。蒋孔阳先生以实践为基础,以创造为契机,以审美关系为逻辑起点,突破传统美学争执于美和美感孰先孰后的认识论研究模式,认为美和美感同时诞生于富有创造性的实践当中。这样的研究思路,突破了机械反映论的局限,把美和美感看成是不可分割的两个方面,从而打破了"先有鸡还是先有蛋"的逻辑循环。

刘纲纪先生则把美和美感与人的自由本质联系起来,并把自由看成是人对必然规律的认识,从而更加突出了美感的精神愉悦性和情感陶醉性的特征。

周来祥先生则强调了美感是人和自然、人和社会、人和对象之间的一种"和谐"关系的状态或结果。这个看法实际上不仅看到了美感的状态,而且解释了美感的根源,"和谐"的关系使人产生幸福感、满足感等愉悦性的美感,因此,美感实质上是人的实践能科学合理地处理自己和外在世界的结果,是人和自然(含社会)和谐相处的结果。

张玉能先生则综合了以上几位大家的观点,认为美和美感是实践—自由创造的结果,美是自由创造在对象中的表现,美感则是人的自由创造在主体身上的体现,这种精神喜悦对人而言是一种肯定性的价值。这样,张玉能先生就把美和美感与实践——自由创造与价值紧密地联系起来了,这是新实践美学对美感理论的丰富和发展。

除以上几位大师之外,易中天和邓晓芒先生也对新实践美学的美感理论做出了新的贡献。他们提出的"美是人对自身的确证"和"审美活动是人借助于人化对象与别人交流情感的活动"强调的是美与人不可分割的关系,而且还突出了美感的媒介性、情感性、交流性等特征。

所以,新实践美学为我们认识美感的奥秘提供了更为有力的理论支持。本书的主要理论依据就是新实践美学的美感理论,在论述上可以说是新实践美学理论的具体运用。

在具体的阐述中,本书认为,美感是一种"特殊"的情感,因此,必须对其概念的含义和特征所表现出来的"特殊"予以阐明。美感是感觉的一种,但又不是一般的感觉。一般感觉是对周围环境刺激的一种反应,它虽然有选择性的特点,但它基本上是一种被动的反应;美感却不是一种被动的反应,它是人在实践中对自己的本质力量对象化之后的一种愉悦。一般感觉可以是快感的、舒适的,也可以是痛感的、不舒适的;美感却必然是人在创造性的实践过程或从对象化的成果中反观到自己本质力量之后的愉悦感,或者是人感觉到自己和环境之间的和谐之后的幸福感、满足感、自由感、愉悦感。因此,张玉能先生把美界定为"显现实践自由的形象的肯定价值",审美(即美感)则"是对美的价值的自由体验的感受"①,实际上就是对美感最本质的特征——自由感的揭示。

对美感的特征,前人多数是从静态的角度分析的,本书认为从动态的角度分析更能揭示美感的特殊性,因为美感是在不同的审美关系和不同的审美活动中产生的,因此,从美感的形成看,美感具有直觉性;从美感形成后的状态看,美感具有精神愉悦性;从美感的结果看,美感具有陶醉性。这个分析结果也表明,美感的确是一种不同于一般感觉的特殊感觉。

在明确美感的"特殊"性质之后,我们必须接着追问的是"美感是怎样产生的?"本书认为,无论是"客观论"、"主观论",还是"主客观统一论"的回答都有明显的漏洞,因为他们从本质上都把美感看成是和一般感觉相同的情感了,这样,在逻辑推论中就自觉或不自觉地运用了"刺激——反应"的理论来推论美感

---

① 张玉能:《新实践美学论》,北京:人民出版社,2007年版,第76页。

的产生原因。本书认为,美感是审美主体在审美关系中对审美客体的"特殊"外观的一种"特殊"体验和欣赏。美学意义上的"特殊"一是指不同的审美对象以具体特殊的形态存在——或是动态的主观体验、生命的模式、感知、情绪、情感,或者是特殊的声音,或者是特殊的形状,或者是特殊的色彩,甚至是特殊的运动态势,等等,这些特殊的情绪、声、光、色、形都能够以独特的形态唤起审美主体的审美体验。二是指由人创造并能使人产生美感的一种能够直观感受到的事物的独特特征。但是,必须指出,客体的"特殊"只是美感产生的中介符号。因为对"特殊"的把握可以说是认识论层次的,所以,"特殊"的客体要转化成美感(即从认识论层次转向审美层次)还必须具备一定的条件,这个基本条件是,审美主体和审美客体之间要建构起审美关系。而审美主体的形成要依赖于一般主体的审美潜力,审美客体的形成则要以一般客体的审美潜能为基础。这样,美感就在审美主体与审美客体之间建构起来的审美关系中得以产生。

解决了"美感是怎样产生的"这个问题,还只是解决了表面层次的问题,我们还必须深究,美感的最终根源到底是什么呢?

从表面层次看,美感根源于"特殊"。自然美、艺术美和社会美各以其"特殊"的形态作用于主体,使主体产生不同表现的美感。但是,如果我们进一步追问,"特殊"是怎样形成的呢? 这就必须从实践去寻找答案了。从艺术史的角度可以看出,无论是主体的"特殊"能力的形成,还是客体的"特殊"形状的形成,都是实践的结果。所以,从深层次看,美感的根源在于实践。实践的创造性是人类实现自己与自然和谐相处的手段,也是人类实现自己本质的手段,而自由则是实践的目的和指归,也是美感的一种状态。无论是自然美感、艺术美感,还是社会美感都体现着人的实践—创造—自由的轨迹。

总之,只有从实践观出发,才有可能对美感作出科学的阐释。

参 考 文 献

一、论著

（一）译著

1. 《马克思恩格斯论艺术》，北京：人民文学出版社，1960 年版。

2. 《马克思恩格斯全集》（第 20 卷），北京：人民出版社，1971 年版。

3. 《马克思恩格斯选集》（1—4 卷），北京：人民出版社，1972 年版。

4. 《马克思恩格斯全集》（第 42、46 卷上册），北京：人民出版社，1979 年版。

5. 《马克思恩格斯论文学与艺术》（上下卷），北京：人民文学出版社，1982 年版。

6. 〔德〕马克思：《1844 年经济学哲学手稿》，北京：人民出版社，2000 年版。

7. 《列宁全集》（第 38 卷），北京：人民出版社，1986 年版。

8. 〔古希腊〕柏拉图：《文艺对话录》，朱光潜译，北京：人民文学出版社，1963 年版。

9. 〔古希腊〕亚里士多德：《诗学》，陈中梅译，北京：商务印书馆，1996 年版。

10. 〔法〕笛卡儿：《笛卡尔思辨哲学》，尚新建等译，北京：九州出版社，2004 年版。

11. 〔意〕达·芬奇：《芬奇论绘画》，戴勉译，北京：人民美术出版社，1979 年版。

12. 〔英〕休谟：《人性论》（上下册），关文运译，北京：商务印书馆，1980 年版。

13. 〔英〕威廉·荷加斯：《美的分析》，杨成寅译，桂林：广西师范大学出版社，2002 年版。

14. 〔德〕爱克曼：《歌德谈话录》，朱光潜译，北京：人民出版社，1980 年版。

15. 〔德〕莱辛：《汉堡剧评》，张黎译，上海：上海译文出版社，2002 年版。

16. 〔德〕莱辛：《拉奥孔》，朱光潜译，北京：人民文学出版社，1979 年版。

17. 〔德〕鲍姆嘉登：《美学》，王旭晓译，北京：文化艺术出版社，1987 年版。

18. 〔德〕康德：《纯粹理性批判》，邓晓芒译，北京：人民出版社，2002 年版。

19. 〔德〕康德：《实践理性批判》，邓晓芒译，北京：人民出版社，2002 年版。

20. 〔德〕康德:《判断力批判》,邓晓芒译,北京,人民出版社,2002 年版。

21. 〔德〕康德:《论优美与崇高》,何兆武译,北京:商务印书馆,2001 年版。

22. 〔德〕康德:《历史理性批判文集》,何兆武译,北京:商务印书馆,1990 年版。

23. 〔德〕席勒:《审美教育书简》,冯至、范大灿译,上海:上海人民出版社,2003 年版。

24. 〔德〕席勒:《席勒散文选》,张玉能译,天津:百花文艺出版社,1997 年版。

25. 〔德〕黑格尔:《哲学史讲演录》,贺麟、王太庆译,北京:商务印书馆,1960 年版。

26. 〔德〕黑格尔:《逻辑学》(下卷),杨一之译,北京:商务印书馆,1966 年版。

27. 〔德〕黑格尔:《美学》(1—3 卷),朱光潜译,北京,商务印书馆,1979 年版。

28. 〔德〕黑格尔:《小逻辑》,北京:商务印书馆,1980 年版。

29. 〔德〕格罗塞:《艺术的起源》,蔡慕晖译,北京:商务印书馆,1984 年版。

30. 〔德〕叔本华:《作为意志和表象的世界》,石冲白译,北京:商务印书馆,1984 年版。

31. 〔意〕克罗齐:《美学原理·美学纲要》,朱光潜译,北京:外国文学出版社,1983 年版。

32. 〔奥〕弗洛伊德:《精神分析引论》,高觉敷译,北京:商务印书馆,1984 年版。

33. 〔奥〕弗洛伊德:《精神分析引论新论》,高觉敷译,北京:商务印书馆,1987 年版。

34. 〔瑞士〕荣格:《荣格文集》,冯川译,北京:改革出版社,1997 年版。

35. 〔瑞士〕荣格:《心理学与文学》,冯川等译,北京:三联书店,1987 年版。

36. 〔英〕鲍桑葵:《美学史》,张今译,桂林:广西师范大学出版社,2001 年版。

37. 〔英〕罗素:《西方哲学史》(上下卷),何兆武、李约瑟译,北京:商务印书馆,1963 年版。

38. 〔美〕桑塔耶那:《美感》,缪灵珠译,北京:中国社会科学出版社,1982 年版。

39. 〔美〕杜威:《艺术即经验》,高建平译,北京:商务印书馆,2005 年版。

40. 〔瑞士〕皮亚杰:《发生认识论原理》,王宪钿等译,北京:商务印书馆,1981 年版。

41. 〔俄〕普列汉诺夫:《没有地址的信》,丰陈宝等译,北京:人民文学出版社,1962 年版。

42. 〔俄〕普列汉诺夫:《普列汉诺夫美学论文集》,曹葆华译,北京:人民出版社,1983 年版。

43.〔俄〕车尔尼雪夫斯基:《车尔尼雪夫斯基选集》,北京:三联书店,1958年版。

44.〔俄〕高尔基:《论文学》,孟昌等译,北京:人民文学出版社,1978年版。

45.〔苏〕列·斯托洛维奇:《审美价值的本质》,凌继尧译,北京:中国社会科学出版社,1984年版。

46.〔苏〕奥夫相尼科夫:《美学思想史》,吴安迪译,西安:陕西人民出版社,1986年版。

47.〔苏〕阿·古贝尔、符·巴符洛夫:《艺术大师论艺术》(第二卷),刘惠民译,北京:文化艺术出版社,1992年版。

48.〔苏〕A.A.别利亚耶夫等编:《美学词典》,北京:东方出版社,1993年版。

49.〔俄〕瓦·康定斯基:《论艺术的精神》,查立译,北京:中国社会科学出版社,1987年版。

50.〔瑞士〕费尔迪南·德·索绪尔:《普通语言学》,高明凯译,北京:商务印书馆,1980年版。

51.〔法〕列维·布留尔:《原始思维》,丁由译,北京:商务印书馆,1981年版。

52.〔美〕苏珊·朗格:《艺术问题》,滕守尧译,北京:中国社会科学出版社,1983年版。

53.〔美〕托马斯·L.贝纳特:《感觉世界》,旦明译,北京:科学出版社,1983年版。

54.〔美〕托马斯·门罗:《走向科学的美学》,石天曙译,北京:中国文艺联合出版公司,1984年版。

55.〔美〕鲁道夫·阿恩海姆:《艺术与视知觉》,滕守尧译,北京:中国社会科学出版社,1984年版。

56.〔美〕鲁道夫·阿恩海姆:《视觉思维》,滕守尧译,成都:四川人民出版社,1998年版。

57.〔美〕鲁道夫·阿恩海姆等:《艺术的心理世界》,周宪译,北京:中国人民大学出版社,2003年版。

58.〔美〕苏珊·朗格:《情感与形式》,刘大基等译,北京:中国社会科学出版社,1986年版。

59.〔美〕马斯洛:《动机与人格》,许金声等译,北京:华夏出版社,1987年版。

60.〔美〕马斯洛:《马斯洛人本哲学》,成明译,北京:九州出版社,2003年版。

61.〔德〕汉斯·罗伯特·姚斯:《文学史作为向文学理论的挑战》,参见中文版《接受美学与接受理论》,周宁、金元浦译,沈阳:辽宁人民出版社,1987年版。

62. 〔英〕阿什布鲁纳·霍尔特:《诗的哲学默想录·英译本导言》,王旭晓译,北京:文化艺术出版社,1987年版。

63. 〔美〕弗兰兹·博厄斯:《原始艺术》,金辉译,刘乃元校,上海:上海文艺出版社,1989年版。

64. 〔美〕科恩:《科学中的革命》,鲁旭东等译,北京:商务印书馆,1998年版。

65. 〔美〕阿多诺:《美学理论》,王柯平译,成都:四川人民出版社,1998年版。

66. 〔德〕莫理茨·盖格尔:《艺术的意味》,艾彦译,北京:华夏出版社,1999年版。

67. 〔英〕H. A. 梅内尔:《审美价值的本性》,刘敏译,北京:商务印书馆,2001年版。

68. 〔法〕罗丹:《罗丹艺术论》,沈宝基译,桂林:广西师范大学出版社,2002年版。

69. 〔美〕理查德·舒斯特曼:《哲学实践》,彭锋等译,北京:北京大学出版社,2002年版。

70. 〔德〕恩斯特·卡西尔:《人论》,甘阳译,北京:西苑出版社,2003年版。

71. 〔美〕弗兰克·G. 戈布尔:《第三思潮——马斯洛心理学》,吕明等译,上海:上海译文出版社,2005年版。

72. 〔法〕茨维坦·托多罗夫:《象征理论》,王国卿译,北京:商务印书馆,2004年版。

73. 〔美〕埃伦·迪萨纳亚克:《审美的人》,户晓辉译,北京:商务印书馆,2004年版。

74. 〔法〕古斯塔夫·勒庞:《乌合之众》,冯克利译,北京:中央编译出版社,2005年版。

75. 〔美〕勒内·韦勒克、奥斯汀·沃伦:《文学理论》(修订版),刘象愚译,南京:江苏教育出版社,2005年版。

76. 〔法〕让·吕克·夏昌姆:《解读艺术》,刘芳译,北京:文化艺术出版社,2005年版。

77. 〔德〕汉斯·罗伯特·耀斯:《审美经验与文学解释学》,顾建光等译,上海:上海世纪出版集团,2006年版。

78. 〔英〕奥斯本:《鉴赏的艺术》,王柯平译,成都:四川人民出版社,2006年版。

79. 〔波兰〕瓦迪斯瓦夫·塔塔尔卡维奇:《西方六大美学观念史》,刘文潭译,上海:上海译文出版社,2006年版。

（二）中文著作

1. 蔡仪:《唯心主义美学批判集》,北京:人民文学出版社,1958 年版。

2. 吕荧:《美学书怀》,北京:作家出版社,1959 年版。

3. 郭绍虞主编:《中国古代文论选》(第一卷),上海:上海古籍出版社,1979 年版。

4. 曹日昌主编:《普通心理学》,北京:人民教育出版社,1979 年版。

5. 北京大学哲学系美学教研室编:《中国美学史资料选编》(上下册),北京:中华书局,1980 年版。

6. 北京大学哲学系美学教研室编著:《西方美学家论美和美感》,北京:商务印书馆,1980 年版。

7. 宗白华:《美学散步》,上海:上海人民出版社,1981 年版。

8. 廖可兑:《西欧戏剧史》,北京:中国戏剧出版社,1981 年版。

9. 鲁迅:《鲁迅全集》(第九卷),北京:人民文学出版社,1981 年版。

10. 鲁迅:《鲁迅全集》(第七卷),北京:人民文学出版社,1981 年版。

11. 沈雁冰:《茅盾论创作》,上海:上海文艺出版社,1981 年版。

12. 王夫之:《薑斋诗话》,见戴鸿森《薑斋诗话笺注》,北京:人民文学出版社,1981 年版。

13. 洪谦主编:《西方现代资产阶级哲学论著选辑》,北京:商务印书馆,1982 年版。

14. 高尔太:《论美》,兰州:甘肃人民出版社,1982 年版。

15. 蔡仪:《美学论著初编》(上下册),上海:上海文艺出版社,1982 年版。

16. 朱光潜:《西方美学史》(上下卷),北京:人民文学出版社,1964 年版。

17. 朱光潜:《悲剧心理学》,北京:人民文学出版社,1983 年版。

18. 朱光潜:《朱光潜美学文集》,上海:上海文艺出版社,1983 年版。

19. 朱光潜:《文艺心理学》,北京:三联书店,2005 年版。

20. 朱光潜:《论美》,合肥:安徽教育出版社,1997 年版。

21. 吴世昌主编:《美学资料集》,郑州:河南人民出版社,1983 年版。

22. 董学文编:《马克思恩格斯论美学》,北京:文化艺术出版社,1983 年版。

23. 谭霈生:《世界名剧欣赏》,长沙:湖南人民出版社,1983 年版。

24. 伍蠡甫主编:《现代西方文论选》,上海:上海译文出版社,1983 年版。

25. 庄志民:《审美心理的奥秘》,上海:上海人民出版社,1983 年版。

26. 周来祥:《论美是和谐》,贵阳:贵州人民出版社,1984 年版。

27. 朱狄:《当代西方美学》,北京:人民文学出版社,1984 年版。

28. 伍蠡甫:《西方文论选》(上下卷),上海:上海译文出版社,1984 年版。

29. 汪济生:《美感的结构与功能》,上海:学林出版社,1984 年版。

30. 蔡仪:《美学原理》,长沙:湖南人民出版社,1985 年版。

31. 彭立勋:《美感心理研究》,长沙:湖南人民出版社,1985 年版。

32. 四川省社会科学院文学研究所编:《中国当代美学论文选》(1—3 册),重庆:重庆出版社,1985 年版。

33. 刘骁纯:《从动物快感到人的美感》,济南:山东文艺出版社,1986 年版。

34. 曹廷华:《文学概论》,北京:高等教育出版社,1986 年版。

35. 吴世常、陈伟主编:《新编美学词典》,郑州:河南人民出版社,1987 年版。

36. 张锡坤主编:《新编美学词典》,长春:吉林人民出版社,1987 年版。

37. 王向峰:《文艺美学词典》,沈阳:辽宁大学出版社,1987 年版。

38. 马奇主编:《西方美学史资料选编》(上下卷),上海:上海人民出版社,1987 年版。

39. 叶舒宪:《神话—原型批评》,西安:陕西师范大学出版社,1987 年版。

40. 林同华:《美学心理学》,杭州:浙江人民出版社,1987 年版。

41. 蒋培坤:《审美活动论纲》,北京:中国人民大学出版社,1988 年版。

42. 彭立勋:《审美经验论》,武汉:长江文艺出版社,1989 年版。

43. 潘知常:《众妙之门:中国美感心态的深层结构》,郑州:黄河文艺出版社,1989 年版。

44. 彭克宏主编:《社会科学大词典》,北京:中国国际广播出版社,1989 年版。

45. 王朝闻:《王朝闻学术论著自选集》,北京:北京师范大学出版社,1991 年版。

46. 杨恩寰:《审美心理学》,北京:人民出版社,1991 年版。

47. 沈智编著:《美的灵感神赐乎——心理美学一览》,武汉:湖北人民出版社,1991 年版。

48. 张玉能:《审美王国探秘》,武汉:长江文艺出版社,1993 年版。

49. 司有伦:《新编美学教程》,北京:中国人民大学出版社,1993 年版。

50. 徐之梦、秦逸、吴仁援:《美与审美》,北京:机械工业出版社,1993 年版。

51. 王绍钦主编:《审美关系论》,成都:成都科技大学出版社,1994 年版。

52. 孟昭兰主编:《普通心理学》,北京:北京大学出版社,1994 年版。

53. 马新国:《西方文论史》,北京:高等教育出版社,1994 年版。

54. 赵宪章主编:《西方形式美学》,上海:上海人民出版社,1996 年版。

55. 周来祥:《古代、近代、现代的美》,合肥:安徽教育出版社,1996 年版。

56. 张品兴、乔继堂:《人生哲学宝库》,北京:中国广播电视出版社,1996 年版。

57. 蒋孔阳:《美在创造中》,桂林:广西师范大学出版社,1997 年版。

58. 金元浦:《接受反应文论》,济南:山东教育出版社,1998 年版。

59. 张安琪编订:《缪灵珠美学译文集》(第四卷),北京:中国人民大学出版社,1998 年版。

60. 滕守尧:《审美心理描述》,北京:中国社会科学出版社,1985 年版。

61. 方汉文:《现代西方文艺心理学》,西安:陕西人民教育出版社,1999 年版。

62. 金元浦、王军、邢建昌主编:《美学与艺术鉴赏》,北京:首都师范大学出版社,1999 年版。

63. 李泽厚:《李泽厚哲学文存》,合肥:安徽教育出版社,1999 年版。

64. 蒋孔阳:《蒋孔阳全集》,合肥:安徽教育出版社,1999 年版。

65. 张首映:《西方二十世纪文论史》,北京:北京大学出版社,1999 年版。

66. 蒋孔阳、朱立元主编,范明生著:《西方美学通史》(第一卷),上海:上海文艺出版社,1999 年版。

67. 蒋孔阳、朱立元主编,陆杨著:《西方美学通史》(第二卷),上海:上海文艺出版社,1999 年版。

68. 蒋孔阳、朱立元主编,范明生著:《西方美学通史》(第三卷),上海:上海文艺出版社,1999 年版。

69. 蒋孔阳、朱立元主编,曹俊生、朱立元、张玉能著:《西方美学通史》(第四卷),上海:上海文艺出版社,1999 年版。

70. 蒋孔阳、朱立元主编,张玉能、陆杨、张德兴著:《西方美学通史》(第五卷),上海:上海文艺出版社,1999 年版。

71. 蒋孔阳、朱立元主编,朱立元、张德兴著:《西方美学通史》(第六卷),上海:上海文艺出版社,1999 年版。

72. 蒋孔阳、朱立元主编,朱立元、张德兴著:《西方美学通史》(第七卷),上海:上海文艺出版社,1999 年版。

73. 张玉能主编:《美学教程》,武汉:华中师范大学出版社,2002 年版。

74. 陈新汉:《审美认识机制论》,上海:华东师范大学出版社,2002 年版。

75. 朱立元、李钧:《二十世纪西方文论选》(上卷),北京:高等教育出版社,2002 年版。

76. 朱立元、李钧:《二十世纪西方文论选》(下卷),北京:高等教育出版社,2002年版。

77. 李泽厚:《美学旧作集》,天津:天津社会科学院出版社,2002年版。

78. 潘知常:《生命美学论稿》,郑州:郑州大学出版社,2002年版。

79. 李泽厚:《美学三书》,天津:天津社会科学院出版社,2003年版。

80. 陶伯华:《美学前沿》,北京:中国人民大学出版社,2003年版。

81. 杨辛、甘霖:《美学原理》(第三版),北京:北京大学出版社,2003年版。

82. 陶伯华:《文学前沿》,北京:中国人民出版社,2003年版。

83. 周冠生:《审美心理学》,上海:上海文艺出版社,2004年版。

84. 陈迎年:《感应与心物》,北京:三联书店,2005年版。

85. 俞宣孟:《本体论研究》,上海:上海人民出版社,2005年版。

86. 彭富春:《哲学美学导论》,北京:人民出版社,2005年版。

87. 张玉能:《西方美学思潮》,太原:山西教育出版社,2005年版。

88. 王朝闻主编:《美学概论》,北京:人民出版社,2005年版。

89. 刘纲纪:《美学与哲学》,武汉:武汉大学出版社,2006年版。

90. 刘纲纪:《传统文化、哲学与美学》,武汉:武汉大学出版社,2006年版。

91. 刘纲纪:《艺术哲学》,武汉:武汉大学出版社,2006年版。

92. 袁济喜:《承续与超越》,北京:首都师范大学出版社,2006年版。

93. 戴阿宝、李世涛:《问题与立场》,北京:首都师范大学出版社,2006年版。

94. 蒋孔阳:《美学新论》,北京:人民文学出版社,2006年版。

95. 王先霈、王又平主编:《文学理论批评术语汇释》,北京:高等教育出版社,2006年版。

96. 章辉:《实践美学:历史谱系与理论终结》,北京:北京大学出版社,2006年版。

97. 张玉能:《新实践美学论》,北京:人民出版社,2007年版。

98. 邱明正、朱立元主编:《美学小词典》,上海:上海辞书出版社,2007年版。

二、外文资料

1. Bell,C. , *Art*. London,1914.

2. Bandonin,C. , *Psychology and Aesthetics*. New York,1924.

3. Sewall,A. , *Psychology of Beauty*. London,1931.

4. Vivas,E. , "A Definition of the Esthetic Experience", *Journal of Philosophy*, X

ⅩⅩⅣ,1937.

5. Ogden,R. M. , *The Psychology of Art.* New York,1938.

6. Pole, P. L. , " Variefies of Aesthetic Experience", *Philosophy*, Vol. 30,1955.

7. Asthana,B. C. , "Individual Differences in Aesthetic Appreciation", *Edus. and Psychol.* ,Delhi, 3 ,1956.

8. Beardsley, M. C. , *Aesthefics:Problems in the Philosophy of Criticism.* New York, 1958.

9. Aldrich, V. C. , *Philosophy of Art.* Englewood Cliffs,1963.

10. Arnheim,R. , *Art and Visual Perception.* London ,1967.

11. Sartre, J. P. , *The Psychology of Imagination.* London, 1972.

12. Arieti,S. , *Creativity:the Magic Synthesis.* New York,1976.

13. Arnheim,R. , *New Essays on the Psychology of Art.* London,1986.

三、参考论文

1. 李泽厚:《论美感、美和艺术》,《哲学研究》1956 年第 5 期。

2. 姜浪萍:《审美、美感决定论,还是劳动、历史决定论》,《复旦学报(社会科学版)》1979 年第 4 期。

3. 胡垲:《论美和美感是社会历史的产物》,《兰州大学学报(社会科学版)》1980 年第 2 期。

4. 武乾:《试论美感的性质》,《哲学研究》1981 年第 5 期。

5. 朱彤:《美与美感》,《文艺理论研究》1981 年第 2 期。

6. 杨清尘:《要划清美和美感的界限》,《求索》1982 年第 3 期。

7. 万健:《美感问题试探》,《吉林师范大学学报(人文社会科学版)》1982 年第 1 期。

8. 蔡仪:《美感简说》,《华中师范大学学报(人文社会科学版)》1982 年第 2 期。

9. 王德和:《黑格尔论美感的特征》,《求是学刊》1983 年第 4 期。

10. 洪毅然:《美和美感的复杂性》,《西北师大学报(社会科学版)》1983 年第 3 期。

11. 马觉民:《美感和审美心理学问题探讨概述》,《哲学动态》1983 年第 11 期。

12. 杨景祥:《马克思论美、美感、美的规律》,《河北师范大学学报》1983 年第 1 期。

13. 彭立勋:《"只有音乐才能激起人的音乐感"——美和美感的关系》,《语文教学与研究》1983 年第 2 期。

14. 任国敏:《美感与距离》,《天水师范学院学报》1985 年第 2 期。

15. 黄海澄:《控制论的美感论》,《文艺理论研究》1985 年第 4 期。

16. 燕柳:《论美感形态及其特征》,《西北民族大学学报(哲学社会科学版)》1985 年第 4 期。

17. 何宇平、周高:《略论美感成因》,《盐城师范学院学报(人文社会科学版)》1985 年第 3 期。

18. 陈少华:《从发生认识论原理看美感建构》,《华南师范大学学报(社会科学版)》1986 年第 2 期。

19. 彭立勋:《从系统论看美感心理特性》,《文艺理论研究》1986 年第 6 期。

20. 周文彰:《美感奥秘的探求——桑塔耶纳〈美感〉述评》,《读书》1986 年第 7 期。

21. 王洪清:《美感对美有无影响》,《鞍山师范学院学报》1987 年第 2 期。

22. 袁柏梁:《简论美感的产生及其心理因素》,《五邑大学学报(社会科学版)》1987 年第 3 期。

23. 蒋孔阳:《美感诞生》,《文艺研究》1987 年第 6 期。

24. 庞耀辉:《美感经验与思维智能》,《复旦学报(社会科学版)》1987 年第 2 期。

25. 龚武:《美感本体论初探》,《阜阳师范学院学报(社科版)》1987 年第 4 期。

26. 雨田:《浅谈美感的中介性》,《青海师专学报》1987 年第 3 期。

27. 高尔太:《美感与快感》,《文艺研究》1988 年第 4 期。

28. 杜东枝:《马克思的美感论》,《思想战线》1988 年第 5 期。

29. 王宜山:《论美感的品性形成和发展》,《齐鲁艺苑》1988 年第 3 期。

30. 蒋孔阳:《美感的生理基础》,《学术月刊》1988 年第 10 期。

31. 陶东风:《言不尽意与美感经验的特殊性》,《文学评论》1988 年第 6 期。

32. 樊德三:《李泽厚五六十年代美学思想概观之二——关于美感》,《盐城师范学院学报(人文社会科学版)》1988 年第 4 期。

33. 李岭:《主客体的双向建构与美感的发生》,《内蒙古社会科学(汉文版)》1989 年第 1 期。

34. 许钢:《美感—— 一种象征性的自由感》,《文艺评论》1989 年第 1 期。

35. 柴德胜:《马克思论美感的特殊性》,《辽宁大学学报(社会科学版)》1989 年第 6 期。

36. 蒋孔阳:《美感的心理功能》,《学术月刊》1989 年第 6 期。

37. 傅谨:《美感:体验还是判断》,《文艺研究》1990 年第 3 期。

38. 周济夫:《美感、形象及其他》,《海南师范学院学报(社会科学版)》1990 年第 2 期。

39. 王永昌:《浅论实践活动的美感尺度》,《甘肃社会科学》1991 年第 2 期。

40. 李森:《论美感的审美心理过程》,《西北大学学报(哲学社会科学版)》1991 年第 4 期。

41. 林溪:《美感及其特征》,《新闻与写作》1991 年第 2 期。

42. 汪信砚:《科学美感论》,《内蒙古社会科学(汉文版)》1992 年第 3 期。

43. 李果仁:《美感概念研究种种》,《理论前沿》1992 年第 7 期。

44. 姜开翔:《美感:有体验也有判断——与傅谨同志商榷》,《文艺研究》1992 年第 2 期。

45. 杜寒风:《〈1844 年经济学哲学手稿〉关于美感的思想历史地位和贡献》,《南京社会科学》1993 年第 1 期。

46. 杨春时:《走向"后实践美学"》,《学术月刊》1994 年第 5 期。

47. 江龙:《审美定势的突破与美感的产生》,《理论与创作》1994 年第 2 期。

48. 穆向阳、王丽军:《也谈美及美感的产生》,《内蒙古电大学刊》1994 年第 5 期。

49. 张勤继:《美是一种主观评价——从美感的二重性看美的本质》,《延安大学学报(哲学社会科学版)》1994 年第 4 期。

50. 张玉能:《评所谓"后实践美学"》,《云梦学刊》1995 年第 1 期。

51. 朱立元:《"实践美学"的历史地位与现实命运》,《学术月刊》1995 年第 5 期。

52. 潘知常:《论美感的超功利性》,《南京大学学报(哲学人文社会科学版)》1996 年第 3 期。

53. 张政文:《论康德对美与美感关系的批判性阐释——兼及其对 20 世纪西方美学的影响》,《学习与探索》1996 年第 3 期。

54. 徐岱:《暧昧的真实——论美感的发生机制》,《浙江大学学报(人文社会科学版)》1996 年第 3 期。

55. 杨春时:《再论超越实践美学》,《学术月刊》1996 年第 2 期。

56. 朱立元:《实践美学哲学基础新论》,《人文杂志》1996 年第 2 期。

57. 刘大新:《人、实践与自然》,《河北师范大学学报(社会科学版)》1996 年第 4 期。

58. 闫国忠:《再论朱光潜的美是主客观统一命题》,《河北大学学报(哲学社会科学版)》1996 年第 1 期。

59. 杨方:《康德的美感特性论体系述评》,《湖南师范大学社会科学学报》1997 年第 4 期。

60. 赵惠霞:《论美感的产生过程》,《陕西师范大学学报(哲学社会科学版)》1997 年第 3 期。

61. 潘知常:《从快感到美感:论审美活动的心理前提》,《益阳师专学报》1997 年第 3 期。

62. 徐岱:《体验自由——论美感的生命境界》,《浙江大学学报(人文社会科学版)》1997 年第 1 期。

63. 张勤继:《从人的需要看美感》,《固原师专学报》1998 年第 1 期。

64. 顾颖:《论朱光潜"美感经验"说的局限及其根源》,《河北师范大学学报(哲学社会科学版)》1998 年第 3 期。

65. 李丕显:《实践美学的哲学基础和理论逻辑》,《学术月刊》1999 年第 8 期。

66. 高文超:《简论美感在实践创造中的动力功能》,《吉林大学社会科学学报》1999 年第 2 期。

67. 杨云香:《物我两忘的美感高峰体验——略论美感极致》,《黄河科技大学学报》1999 年第 2 期。

68. 张玉能:《实践美学:超越传统美学的开放体系》,《云梦学刊》2000 年第 2 期。

69. 姜艳秋:《试析朱光潜倡扬的"心理距离说"》,《辽宁广播电视大学学报》2000 年第 1 期。

70. 赵红梅、黄恩发:《论桑塔耶那自然主义美学》,《湖北大学学报(哲学社会科学版)》2000 年第 1 期。

71. 彭春富:《"后实践美学"质疑》,《哲学动态》2000 年第 7 期。

72. 李志宏:《论人类主体认知在审美中的决定性作用》,《吉林大学社会科学学报》2000 年第 2 期。

73. 张天曦:《"积淀"——李泽厚美感论基石》,《人文杂志》2000 年第 2 期。

74. 黄艺农:《美感是求悦本质与悦情本质相结合的产物》,《求索》2000 年第 1 期。

75. 秦为忠:《论快感与美感的关系》,《湖北大学成人教育学院学报》2001 年第 4 期。

76. 胡文烽:《美感:审美直接性与间接性的辩证统一——兼评当前美感问题的

某些看法》,《江西财经大学学报》2001 年第 6 期。

77. 黄夏梅:《论美感的生命形态》,《宁波高等专科学校学报》2001 年第 1 期。

78. 成穷:《美感与灵性——美感性质新解》(下),《艺术·生活》2001 年第 5 期。

79. 杨春时:《〈"后实践美学"质疑〉的质疑》,《哲学动态》2001 年第 1 期。

80. 陈望衡:《李泽厚实践美学述评》,《学术月刊》2001 年第 3 期。

81. 邹其昌:《论"实践"与中国当代美学建构》,《湘潭工学院学报(社会科学版)》2001 年第 1 期。

82. 张玉能:《在后现代语境下拓展实践美学》,《广西师范大学学报(哲学社会科学版)》2001 年第 1 期。

83. 阎国忠:《何谓美学？——100 年来中国学者的追问》,《郑州大学学报(哲学社会科学版)》2001 年第 6 期。

84. 张玉能:《后现实主义与实践美学的回答》,《华中师范大学学报(人文社会科学版)》2001 年第 1 期。

85. 张玉能:《实践的结构与美的特征》,《华中师范大学学报(人文社会科学版)》2001 年第 1 期。

86. 施瑞萍:《试谈美感形成的原因》,《黑龙江教育学院学报》2002 年第 3 期。

87. 李大西:《美感与快感的界限》,《中南民族学院学报(人文社会科学版)》2001 年第 3 期。

88. 张玉能:《新实践美学与实践观点》,《武汉理工大学学报(社会科学版)》2002 年第 2 期。

89. 张玉能:《从实践美学的话语生成看其生命力》,《益阳师专学报》2002 年第 1 期。

90. 张玉能:《后现代主义与实践美学的同步》,《江汉大学学报(人文社会科学版)》2002 年第 4 期。

91. 胡景中:《西方美学家对审美经验的描述》,《宁夏大学学报(人文社会科学版)》2002 年第 2 期。

92. 易中天:《走向"后实践美学",还是"新实践美学"——与杨春时先生商榷》,《学术月刊》2002 年第 1 期。

93. 邓晓芒:《什么是新实践美学》,《学术月刊》2002 年第 10 期。

94. 张云鹏:《审美经验与审美对象》,《四川师范大学学报(社会科学版)》2002 年第 4 期。

95. 李志宏:《当代中国美与美感关系研究的回顾与分析》,《社会科学战线》

2003 年第 6 期。

96. 张玉能:《实践创造的自由与美和审美》,《汕头大学学报(人文社会科学版)》2003 年第 5 期。

97. 李建盛:《20 世纪中国美学中的审美经验理论》,《中国文学研究》2003 年第 3 期。

98. 薛富兴:《李泽厚后期实践美学的内在矛盾》,《求是学刊》2003 年第 2 期。

99. 朱立元:《走向实践存在论美学》,《湖南师范大学社会科学学报》2004 年第 4 期。

100. 李建胜:《20 世纪中后期中国美学中的本质论》,《深圳大学学报(人文社会科学版)》2004 年第 2 期。

101. 章辉:《论实践美学的九个缺陷》,《河北学刊》2004 年第 5 期。

102. 章辉:《实践美学:一段问题史》,《人文杂志》2004 年第 4 期。

103. 何振科:《杜夫海纳:审美经验现象学》,《黑龙江社会科学》2004 年第 4 期。

104. 张汝伦:《艺术:审美经验,还是存在经验——伽达默尔视域中的艺术经验》,《河北学刊》2004 年第 5 期。

105. 张玉能:《主体间性是后实践美学的陷阱》,《汕头大学学报(人文社会科学学报)》2004 年第 3 期。

106. 王金龙:《生活经验转化为审美经验的心理功能分析》,《安康师专学报》2004 年第 1 期。

107. 钮绪纯、马振宏:《文学欣赏"惊奇"美感略论》,《陕西师范大学继续教育学报》2004 年第 2 期。

108. 李波:《论中国现代美感研究中的"直觉"》,《番禺职业技术学院学报》2004 年第 3 期。

109. 朱立元:《美感论:突破认识论框架的成功尝试——蒋孔阳美学思想新探》,《文史哲》2004 年第 6 期。

110. 薛富兴:《感兴·意象·境界——试论美感的三阶段、三次第》,《烟台大学学报(哲学社会科学版)》2005 年第 1 期。

111. 薛富兴:《李泽厚后期实践美学的基本理路》,《广西师范大学学报(哲学社会科学版)》2004 年第 1 期。

112. 阎国忠:《给实践美学提十个问题》,《吉首大学学报(社会科学版)》2005 年第 4 期。

113. 曾忆梦:《再论蒋孔阳对实践美学的贡献》,《绥化学院学报》2005 年第

1 期。

114. 马弛:《论马克思的实践观》,《河北学刊》2005 年第 3 期。

115. 阎国忠:《实践美学的经典文本》,《文艺研究》2005 年第 11 期。

116. 柳倩月:《实践派美学家的美感根源理论之比较》,《江淮论坛》2005 年第 5 期。

117. 张玉能:《实践美学的价值论维度》,《三峡大学学报(人文社会科学版)》2005 年第 3 期。

118. 张玉能:《实践美学终结了吗?》,《汕头大学学报(人文社会科学版)》2005 年第 4 期。

119. 王汶成:《艺术审美经验是最基本的审美事实》,《临沂师范学院学报》2005 年第 5 期。

120. 张玉能:《实践美学与现代性》,《华中师范大学学报(人文社会科学版)》2005 年第 1 期。

121. 彭锋:《审美经验与审美对象》,《江西社会科学》2005 年第 4 期。

122. 刘强:《美感的根本在于生命活力的显现》,《前沿》2005 年第 11 期。

123. 黄健云、陈肖容:《审美直觉产生的原因》,《广西广播电视大学学报》2005 年第 3 期。

124. 黄健云:《实践美学视野下的悲剧本质》,《青岛科技大学学报(社会科学版)》2006 年第 2 期。

125. 刘雅琴、吴燕:《论艺术审美的美感与情感》,《江西财经大学学报》2006 年第 2 期。

126. 张玉能:《论美感在实践中生成》,《三峡大学学报(人文社会科学版)》2006 年第 2 期。

127. 张玉能:《论美的客体性和客观性》,《吉首大学学报(社会科学版)》2006 年第 4 期。

128. 许丙泉:《从快感到美感——论美感是生命生存繁衍的预警机制》,《辽宁师范大学学报(社会科学版)》2006 年第 5 期。

129. 汪济生:《"美感矛盾二重性"的科学解构——评李泽厚实践美学的"美感矛盾二重性说"》,《上海交通大学学报(哲学社会科学版)》2006 年第 6 期。

130. 张玉能:《美的规律与审美活动》,《西北师大学报(社会科学版)》2006 年第 4 期。

131. 王汶成:《论"艺术审美经验"的涵义》,《烟台大学学报(哲学社会科学版)》

2006 年第 3 期。

132. 张晶:《审美经验迁移论》,《社会科学辑刊》2006 年第 3 期。

133. 阎国忠:《蒋孔阳的美学——还原为审美现象学的美学》,《学术月刊》2006 年第 6 期。

134. 张玉能:《比较视野中的实践美学更有生命力》,《江西社会科学》2005 年第 6 期。

135. 周小红:《中国当代美学对马克思主义美感思想的研究与发展》,《长沙铁道 学院学报(社会科学版)》2007 年第 2 期。

136. 周小红:《浅谈蒋孔阳美感论中的实践观》,《文史博览(理论)》2007 年第 7 期。

137. 王倜、黄大力:《审美主体的自由是美感产生的基础——浅论美感产生的基础之"审美距离"说》,《湖湘论坛》2007 年第 5 期。

后　记

本书是我在博士论文基础上修改而成的。在是否印刷出版这个问题上我曾经踌躇了相当长的一段时间，因为总觉得有些问题我还不能作出有说服力的论证，比如说关于"特殊"向美感转化的心理机制问题，我始终觉得是一个很重要的问题，但因为资料的欠缺，我目前尚不能在本书中说明，这是我觉得最内疚的。

在本书即将出版之际，我首先在此深深地感谢我的恩师张玉能先生。是先生的不断提醒，使我拼搏的热情一直高涨；是先生的厚爱，使我有了更好的跳跃平台；是先生的悉心指导，使我明确了自己飞翔的方向！

我要在此特别感谢师母黄敏老师，她的经常鼓励，是我的信心不断增强的不竭源泉。

我的母校——华中师范大学文学院胡亚敏教授、王先霈教授、孙文宪教授、邱紫华教授、谭邦和教授、王又平教授、储泽祥教授、陈建宪教授等，他们在我求学期间，都给我提供了非常有益的启发和指导，我要永远地感谢诸位恩师。

与我共投在张先生门下的各位师兄弟姐妹，包括李显杰博士、王庆卫博士、季芳博士、陆兴忍博士、黄定华博士、陈全黎博士、张鉴博士、梁艳萍博士、石长平博士、彭公亮博士、黄卫星博士、刘继平博士、李三强博士等同学，也曾给了我最无私的支持和帮助。对他们，我总是心存感激。

我还要特别感谢我的爱妻黎祯，在我潜心研究的日子里，她独立承担了照顾老人、教育儿子等所有家务的重任，没有她的理解和支持，我的学术道路绝不会如此平坦。

还值得一提的是我的儿子黄梓韬对我的理解和支持。我攻读博士学位时，他刚好读初中，这是一个最需要父亲在身边鼓励和引导的时期，但他并没有因为我不在身边而苦恼，更没有因为我不在身边而放松学习，相反，他比以往任何时候都更加严格要求自己。最值得我欣慰的是，儿子学会了自己管理自己，还学会了关心班级、关心他人，这是儿子给我的最好支持。

我还要感谢我的工作单位——玉林师范学院领导为我创造的工作和学习条

件,学院党委书记张鹏教授、院长刘力教授在我攻读博士学位期间还亲自到江城武汉慰问过我,他们的关心和支持,使我时刻觉得研究生涯虽然寂寞却不孤单!

人民出版社的洪琼博士,为本书的出版也付出了艰辛的努力,我也在此表示衷心的谢意!

拙著即将出版,研究却不敢轻言结束。看着厚厚的手稿,我除了兴奋和感动以外,还感觉到一份沉甸甸的责任。因为我知道,只有继续努力,不断攀登,才能无愧于恩师的殷殷期望,才能无愧于各位师兄弟姐妹的款款深情,也才能无愧于我的亲人对我的理解和支持!

2009 年 7 月 1 日

责任编辑:洪　琼

图书在版编目(CIP)数据

"特殊"与美感——新实践美学视域下的美感研究/黄健云 著.
-北京:人民出版社,2009.9
(新实践美学丛书)
ISBN 978 - 7 - 01 - 008209 - 7

Ⅰ.特… Ⅱ.黄… Ⅲ.美感-研究 Ⅳ.B83 - 0

中国版本图书馆 CIP 数据核字(2009)第 161865 号

"特殊"与美感

TESHU YU MEIGAN

——新实践美学视域下的美感研究

黄健云　著

人民出版社 出版发行
(100706　北京朝阳门内大街 166 号)

北京龙之冉印务有限公司印刷　新华书店经销

2009 年 9 月第 1 版　2009 年 9 月北京第 1 次印刷
开本:710 毫米×1000 毫米 1/16　印张:14
字数:250 千字　印数:0,001 - 3,000 册

ISBN 978 - 7 - 01 - 008209 - 7　定价:36.00 元

邮购地址 100706　北京朝阳门内大街 166 号
人民东方图书销售中心　电话 (010)65250042　65289539